本の世界はへんな世界

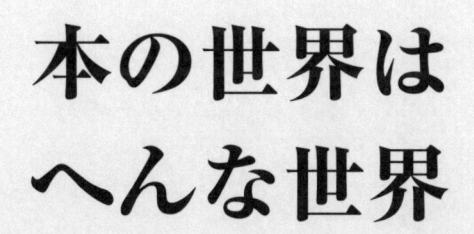

髙宮利行

雄松堂書店

「ベリー聖書」(12世紀前半)、ベリー・セント・エドマンズ (Corpus Christi College, Cambridge)
〔本文 p.128〕

英語の『新約聖書』(1640)、2点の刺繍した背合わせ製本〔本文 p.156〕

慶應義塾図書館蔵本

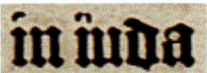
ケンブリッジ大学図書館蔵本

「グーテンベルク聖書」の印刷中の訂正

大英図書館でのHUMIプロジェクトのデジタル化作業〔本文p.125〕

『アメリカの鳥類』（19世紀初頭）、ジョン・ジェイムズ・オーデュボン（本文 p.22）

はじめに

　本書『本の世界はへんな世界』は、雄松堂書店のウェブにここ10年以上に亘って二ヶ月に一度寄稿してきたエッセイ「ほんの世界はへんな世界」と、カリグラファーの団体アルファ・クラブの季刊誌『アルファ・クラブ・ニュース』に寄稿したエッセイ「ほんの虫ですが」を集めたものです。アルファ・クラブは我が国に西洋書道を移入してすぐれた成果をあげてきましたが、2011年末をもってその活動に終止符を打ちました。その結果、『アルファ・クラブ・ニュース』の発行も83号をもって終了しました。欧米の著名なカリグラファーたちからも「日本にアルファ・クラブあり」として知られていただけに、その解散は惜しまれます。

　さて、「へんな世界」とは英語の extraordinary, eccentric を意図してつけた言葉です。前者には「おどろくべき、すばらしい」、後者には「一風変わった」という意味があります。日本語で「異常な」「奇矯な」というネガティヴな語感をもつ英語も、実はよい意味で使われる場合があるのです。

　例えば、ケンブリッジ大学図書館の館長代理を務め、図書館所蔵のインキュナビュラ（15世紀の印刷本）目録を編纂したジョン・オーツ氏は、第三者を評するさい必ずといってよいほど 'He is eccentric, isn't he?' という表現を使っていました。「あいつは変わったやつだね」というのは、オーツ氏にとってはほめ言葉だったのです。あるとき私が「いままでケンブリッジで eccentric でない学者に会ったことはありますか」と尋ねたとき、オーツ氏はにやりと笑い「金輪際会ったことがない」'Absolutely not!' と答えたほどです。論より証拠、本書のエッセイの随所で extraordinary, eccentric と呼べる現象に出くわすこと請け合いです。

　本書は、著者である私が、欧米各地を毎年数度公務の出張で飛び回った20世紀末からの10数年間に、出会った古書、古書店主、研究者、図書館関係者について書きつづった備忘録のようなものです。1996年春、それまで大学で英文学を教え、国内外の学会で研究発表していた私に、大学当局から新たな任務が与えられました。エステラ・ドヒーニ旧蔵のグーテンベルク聖書などを収蔵したのをきっかけに、内外の貴重書をデジタル化するための HUMI プロジェクトが誕生したのです。文部省からの研究資金やデジタル関

連企業からの研究支援を受けたこのプロジェクトの運営を任された私は、グーテンベルク聖書を所蔵する欧米の図書館と情報交換しつつ、各地でデジタル化を推進することになりました。いまや各地の図書館やグーグルが蔵書をデジタル化した書物の画像は、世界中で容易に閲覧できるようになりましたが、HUMI はその方面でのパイオニアだったのです（発足当初の1996年には、グーグルもフェイスブックもなかったことを思い出してください）。大英図書館のウェブで閲覧できる共同研究の成果に見られるように、私たちはデジタル画像の量より質を重視したために、欧米の図書館員の信頼と評価を得たのではないかと自負しています。

　その結果、私たちが海外に遠征する機会が増え、現地の関係者との連携も以前よりも密接なものになりました。プロジェクト遠征や打ち合わせ、講演、また国際会議出席の合間を縫って、私はさまざまな人と本に出会った貴重な体験をメモするようになりました。

　これらのメモをもとにしたエッセイがかなりの数量になりましたので、これを古書好きの読者にまとめて印刷媒体でお届けしようと考えました。学術的な論文であれば、著者はできるだけ表面に出ることなく、資料や文献の客観的な証拠によって論を進めます。しかし本書では、読者の皆様が私とともに古書の「へんな世界」に遊ぶことを期待して、あえてこのスタイルで記述することにしました。どうぞご了承ください。実は中世フランス文学の松原秀一先生（慶應義塾大学名誉教授）がこういったスタイルでお書きになったご著書に、少なからず影響を受けています。

　目次や章立てを考える上で、時間が前後する場合がありますが、読者の混乱を避けるためにエッセイの末尾におおまかな日付を加えてあります。

　本書の一部に、いやかなりの部分に情報や記述が重なる箇所が見られます。これらを割愛、統一すべきかどうか迷いましたが、読者のクロス・レファレンス（前後照応）の便宜のためにそのまま残しました。HUMI プロジェクト、エドワード・カペル協会、ケンブリッジ、クリストファー・ド・ハメル博士など頻出する固有名詞は、ワーグナーの楽劇に繰り返し用いられたライトモチーフのようなものだとお考えください。また、グーグルで画像検索すると、驚くほど多様な情報を得ることができますので、ぜひお試しください。

　では聖杯探求ならぬ、古書を愛でる喜びを探求する深い森に皆様をご案内いたしましょう。

目　次　iii

目　次

はじめに……………………………………………………………………………… i

第1章　やめられない古書店通い ……………………………………………… 1
オスカー・ワイルドの息子の本　だから神保町散策はやめられない………… 3
最近の神保町の古書店 ……………………………………………………………… 6
神保町の古書店は元気です ………………………………………………………… 8
中国に洋古書ブーム？ ……………………………………………………………… 10
クリスマス・ブックス ……………………………………………………………… 12
ワールド・アンティーク・ブック・プラザ …………………………………… 13
1970年代のケンブリッジ古書事情 ……………………………………………… 14
正直な古書業者　ロバート・ハーディング氏 ………………………………… 16

第2章　書物史 ……………………………………………………………………… 19
世界でもっとも貴重な本トップ5　価値は価格で決まらねど…………… 21
『西洋をきずいた書物』を改めて考える ……………………………………… 24
ギンガリッチ著『誰も読まなかったコペルニクス』
　　偏執狂あるいは学者の鑑？ ………………………………………………… 28
大陸の印刷本に席巻されていた16世紀英国の書籍市場 ……………………… 32
ケンブリッジ尽くしの本 …………………………………………………………… 35
16世紀ケンブリッジの製本師 …………………………………………………… 38
「アルキメデス・パリンプセスト」
　　最先端のデジタル技術が読み解く古代の英知 ………………………… 41
中世のベストセラー　ジョン・マーク著『祝祭日の書』
　　稀書にふさわしい英語のインキュナビュラ ……………………………… 44
『聖戦物語』写本断片の話　現代でもまだあるこんなこと ………………… 47
「ストーニーハースト福音書」写本、大英図書館へ ………………………… 49

ヘンリー 8 世500年 ……………………………………………………… 51
　　　カンタベリー大司教クランマーの蔵書
　　　　妻帯の聖職者がアンダーラインを引いた箇所は？ ……………… 54

第 3 章　愛書家倶楽部 ……………………………………………………… 59
　　　国際ビブリオフィル協会の日本大会終わる ……………………… 61
　　　オクスフォード大学愛書家協会50年と慶應愛書家倶楽部発足 … 65
　　　神奈川近代文学館 …………………………………………………… 69
　　　ケンブリッジ大学図書館参事会に出席して ……………………… 72

第 4 章　写本研究 …………………………………………………………… 75
　　　ウィリアム・フォイルとクリストファー・ド・ハメルについて … 77
　　　ブーン家聖書零葉　クリストファー・ド・ハメル博士の執念 … 80
　　　還暦を迎えたクリストファー・ド・ハメル博士 ………………… 84
　　　テリー・ジョーンズへの記念論文集 ……………………………… 87

第 5 章　追憶の人々 ………………………………………………………… 91
　　　気骨の人、チャールズ・マスカティン教授 ……………………… 93
　　　頑固一徹の侍　野口俊一先生を偲んで …………………………… 96
　　　クォリッチ書店のやり手経営者　マイロ・パーモア卿死す …… 99
　　　大正デモクラシーの寵児　厨川白村の墓碑と旧居 ……………… 102
　　　フィリップ・ギャスケル博士 ……………………………………… 105
　　　写本研究の天才　ジェレミー・グリフィス …………………… 109
　　　A. C. デ・ラ・メア博士逝去　15世紀イタリア古書体学の鬼才 … 113
　　　ジーン・プレストン女史とフラ・アンジェリコのテンペラ画 … 117
　　　ノーマン・ブレイク教授追悼 ……………………………………… 120

第 6 章　HUMI プロジェクト ……………………………………………… 123
　　　大英図書館でのHUMI プロジェクト …………………………… 125
　　　ベリー聖書について (1) …………………………………………… 128
　　　ベリー聖書について (2) …………………………………………… 131
　　　マロリーのウィンチェスター写本デジタル化へ ………………… 135

目次 v

- 第7章　蔵書コレクション、オークション ………………………………… 139
  - ジョン・ライランズ図書館の改修　英国研究用図書館第3位 ……… 141
  - エクレズ子爵メアリー夫人の蔵書 …………………………………… 145
  - 物差しミラーが収集した個人最大の英語文献蔵書 ………………… 149
  - 英国王室の相続税となった稀覯書
    - グロスター公爵旧蔵の『狩猟の管理者』写本 ……………………… 152
  - 白百合の花状の製本　コーネリウス・ホーク旧蔵書売り立て ……… 155
  - IT資本家の篤実な写本収集　シェーンバーグ写本データベース …… 158
  - アンリ・シレール氏のこと …………………………………………… 161
  - 若くても書物収集家はいる！　デイヴィッド・バターフィールドの場合 … 165

- 第8章　盗品、書物破壊 ………………………………………………… 169
  - 浜の真砂は尽きるとも…古書盗難の波紋 …………………………… 171
  - 書物の敵？ジョン・ラスキン ………………………………………… 174
  - 啓蒙か破壊か？　オットー・エギーの真似をしてはならぬ ………… 178
  - イタリック体の巨匠バルトロメオ・サンヴィート …………………… 181

- 第9章　珍本、稀本 ……………………………………………………… 185
  - 一見の価値あり！モホリン製本 ……………………………………… 187
  - あなどりがたい豆本　華麗なる豆本の世界ブローマー女史の講演 …… 191
  - 模倣？偽物？ ………………………………………………………… 195
  - ガードル・ブック ……………………………………………………… 197

- 第10章　カリグラフィー ………………………………………………… 201
  - 近代における写本装飾 ……………………………………………… 203
  - 尼さんとシドニー・コッカレル　20世紀カリグラフィーの一断面(1) …… 207
  - 尼さんとシドニー・コッカレル　20世紀カリグラフィーの一断面(2) …… 210
  - エルズミア写本の写字生はアダム・ピンクハースト(1) ……………… 214
  - エルズミア写本の写字生はアダム・ピンクハースト(2) ……………… 217
  - ケンブリッジ・イルミネーションズ …………………………………… 220
  - ジョンストンの装飾入り印刷本 ……………………………………… 223
  - カロリング朝体の写本断片 …………………………………………… 226

ジェーン・ロバーツの古書体学ガイドブック ……………………………… 229
　　　私の宝物——退職記念のカリグラフィー …………………………………… 232
　　　リーダ・キンダズリー ……………………………………………………… 234

第11章　古書往来 ………………………………………………………………… 237
　　　『ロリータ』出版50周年 …………………………………………………… 239
　　　トールキンのガウン ………………………………………………………… 242
　　　ケンブリッジの奇書　『ケンブリッジ夜の登攀者』 …………………… 245
　　　サッチャー英国首相も用いた「この女焚刑に及ばず」………………… 248
　　　日本の芸術伝統が誇る逸品　『絵本どんきほうて』 …………………… 251
　　　『もうすぐ絶滅するという紙の書物について』 ………………………… 254
　　　美しき書物の世界 …………………………………………………………… 257

おわりに ……………………………………………………………………………… 263
索引 …………………………………………………………………………………… 265

第 1 章

やめられない古書店通い

オスカー・ワイルドの息子の本
だから神保町散策はやめられない

同性愛者ワイルドの息子

　大学がまだ春休みだったこの3月のある日、一人で神保町に足を向けて、馴染みの洋古書店に入ってみた。ほどなく目に飛び込んできた小冊子があった。ヴィヴィアン・ホランドによる『中世の愛の法廷』と題する1927年の講演録である。しかも番号入り限定版で署名入り、被献呈者への回状まで付いている。値段は2500円とあったが、店主は2割引いてくれた。

　ヴィヴィアン・ホランド（Vyvyan Holland, 1886-1967）といえば、英国世紀末のダンディ、オスカー・ワイルドの息子、悲劇の人物である。帰宅してウィキペディアで調べてみるとやはりそうだった。

　彼はワイルドの次男として生まれ、幸せに育った。しかし、同性愛事件（1895）で有罪となったワイルドがその後も男色に溺れているのを知った妻コンスタンスは、一大スキャンダルから家族を守るため姓をワイルドから母方のホランド姓に変えなくてはならなかった。

　だが世の中はそんな甘くはない。ヴィヴィアンは折に触れて蔑まれて、ひどい屈辱を味わう青春時代を送った。カトリックのパブリック・スクールとして有名なストーニーハースト・コレッジに学んだヴィヴィアンは、父の母校オクスフォード大学への進学を希望したところ、悪名高き父への反感からか入学を拒否された。日本の社会と異なり、イギリスでは本来父は父、息子は息子のはずなのに、こんなことがまかり通るとは、当時の英国社会で同性愛への嫌悪感がいかに強かったかが分かる。個人主義を尊ぶイギリス人による決定とは思えないが、結局ヴィヴィアンはケンブリッジ大学で法律を学んだ。一旦は退学したが、後に復学して弁護士の資格を取得したものの、詩と短編小説を書き始めた。

　第1次世界大戦に従軍して負傷したヴ

ヴィヴィアン・ホランド

ィヴィアンは、英国に戻って作家や翻訳家として活躍するようになった。第2次世界大戦中はBBCのために翻訳の仕事をした。その後、父親がらみの著作や編集にも関係し、『オスカー・ワイルドの息子』(1954)、『オスカー・ワイルド―図説による伝記』(1960)をものした。

ワイルドの忌まわしい事件と裁判が起きたとき、コンスタンスは二人の子供を英国の学校に通わせておくことはできないと判断し、フランス人の家庭教師をつけて大陸に送り出した。この「亡命」は3年にわたったが、その間にヴィヴィアンは外国語の卓越した能力を身につけることができた。

愛の法廷―模擬裁判

神保町で購入した小冊子も、フランス中世の社会で上流階級の貴婦人の間で流行った、「愛の法廷」と称する遊びに関する講演内容を記録したものであり、巻末の参考文献をみてもフランス語とラテン語の著作が中心である。

封建主義の中世ヨーロッパは男中心の社会だったから、法廷も土地問題の係争、財産の継承や法律違反など生臭いものが扱われた。裁判の機会にも恵まれなかった女性たちは、男のいない法廷を開いて、文学上の主人公を被告人に仕立て上げ、模擬裁判を行って余暇を楽しんだのであった。トリスタンとイズーや、ランスロットとギネヴィアなど、不義密通で知られた文学上の恋人たちはさぞかし、女性陣の槍玉に上がったことであろう。特にクレチアン・ド・トロワなどの文人のパトロンとして知られたアキテーヌ出身のエレアノール(英国王ヘンリー2世の王妃)は、この遊びを好んでいた。1150-1200年の50年間に愛の法廷が開かれたというのも頷ける。ここでは31ヶ条からなる掟もあり、「1.結婚は第三者を愛することの障害にはならぬ。2.真の恋人はすべてをわきまえている。3.誰も同時に複数の人を真に愛することはできない。4.愛は常に情熱が増大したり減少したりする」などと続いている。

さて、この小冊子は「不ぞろいの全集」Ye Sette of Odd Volumes 第82番と記されている。見慣れぬ綴りは、中世英語の名残である。これは19世紀後半に世界の古書業界の帝王といわれたロンドンのバーナード・クォリッチが中心となって設立したランチェン・クラブで、毎回ゲストを招いて講演を聞く、文芸の紳士クラブだといってよい。ケンブリッジ大学図書館には、著作物や記録がアーカイヴとして保存されている。

ヴィヴィアン・ホランドの講演はその421回目の講演会として、1927年2月22日にロンドンのローヤル・アドレード・ギャラリーで行われた。

非売品の私家版で133部限定、私が入手したのはその第50番、ホランドから友

人の文人トマス・バルストンに署名入りで献呈されたものである。非売品、私家版という性質もあって、このシリーズは滅多に市場に現れない。ネットで探すのも難しい。しかも私の本の遊び紙には、T. Hirata というゴシック体のゴム印が押してある。おそらくこれはわが国の英文学研究のパイオニアの一人、平田禿木（1873-1943）の旧蔵書にあったことを示している。なお、禿木にはワイルドの『獄中記』の注釈本（1920-22）がある。

　3月の慶應愛書家倶楽部の例会で、松原秀一名誉教授が、日本のアテナ文庫などを例に挙げて、この種の小冊子シリーズを完全な形で収集する困難さを語ったが、「不ぞろいの全集」もそのひとつであろう。

　ほんの一冊だが、ヴィヴィアン・ホランドの講演録を安価に入手した私は、授業でも大学院生に紹介した。ワイルドの息子の著作というだけで、みな興味津々だった。5月に開催された日本ビブリオフィル協会の総会でも紹介したところ、参加していた神保町の古書店主たちも珍しいと言ってくれた。そして「購入価格の十倍で頂戴しますよ」とも言われた。もしそうなら店頭に並べば5万円の値段はつくだろう。神保町は、今でもこういった珍本を安価に入手できるところなのだ。

（2008年6月）

最近の神保町の古書店

慶應愛書家倶楽部

　2006年秋、わたしは慶應愛書家倶楽部を設立して、その会長におさまった。オクスフォードやケンブリッジにも同種の古書愛好者の団体があったが、今やイギリスでも学生で古書収集に励むオタクはいなくなったためか、ともに休眠状態だという。それなら母校の若手に本を読むと同時に手にする楽しみを、そして収集するノウハウを伝授する団体を作ってしまおう、と言うのが私の意図だった。文学部の教員に声をかけてみたら、皆が乗り出してきた。英文科の大学院生に声をかけたら、賛同者も出てきた。

　昔から慶應出身者に古書収集家は多い。金持ちの子弟が多いからと言うのは事実ではなく、説明にもならない。テレビで見られるセレブと呼ばれる人々の豪邸の居間に、これはと思う古書が置いてあるところなど、見たことがないからだ。代々その家にカルチャーがあるかどうかは、かなり影響があるだろうと思う。もっとも、年老いた両親がまだ健在だから大声では言えないが、我が家には一切カルチャーの匂いはなかったはずなのに、わたしには収集癖があった。

　慶應愛書家倶楽部は発足以来、3回の会合を持った。洋書、和書、漢書の順で、面白い座談を開いたあと、ワインを飲みながら2時間ほど古書について勝手に気炎を上げ、最後に持ち寄った古書をセリにかけて、会の運営資金を生み出す。これが例会のやり方である。女子の院生がやる気満々で落札するのが、予想外だった。

神保町古書ツアー

　春休みの3月半ばの土曜日に思い立って、半日の神保町古書ツアーをやってみた。院生が3名名乗りを上げたので、崇文荘（洋書）、古書会館、呂古書房（豆本）、源喜堂（美術展目録）、田村（洋書）、一誠堂（洋書）、北沢（洋書）、小川（英書）を皆で回った。これでも160軒あるというここの古書店街の一割にも

神田の古書店街

満たない。

「これはいい本だよ」と言いながらその理由を挙げると、「じゃあ買います」と声がかかる。どうも私の蘊蓄はかなり古書店にプラスになるようだ。慶應出身者が経営している店では、卒業生割引をしてもらう一方、2冊以上一度に買うと安くしてもらえる、クレジット・カードではなく現金だと安くしてもらえる、といったノウハウを実践させてみると、やはり効果がある。

私にとっては久しぶりの神保町めぐりだったが、最近は週末でも本を探す人の数は少ない。そのせいか、いろいろな異変が起きていた。辞書を専門にしていた進省堂はとっくに姿を消していたが、松村書店(美術洋書)もなくなり、北沢書店の一階は経営者が違う児童書の店になっていた。12歳から神保町に通っていた者にはさびしい限りだ。何とかスポーツ店ヴィクトリアの西進だけは食い止めたようではあるが。

久しぶりに神保町に出かけて古書の匂いをかぐと、もうだめだ。それからは毎週一人で、あるいは院生を連れて古書店詣でをする羽目に陥った。崇文荘では90歳をいくつも超えたはずの佐藤勉さんが脚立に乗って、セット物の古書に値の入った紙を挟んでいた。危ないのに、言い出したら聞かないらしい。浮世絵や和装本を売る大屋書房の纐纈さんが、自転車で颯爽と街を走っている姿は、何度も見かけた。神保町の古書店の経営者はみな元気だ。そういえば『古書通信』の編集長八木福次郎さんも、90を過ぎて現役だ。[2012年2月8日、96歳で逝去。]

値を下げたのに客が来ない洋書専門店に群がるのは、今や外国人だ。中国人がやってきた、という話も聞いた。欧米の市場よりかなり割安で買えると知って、東京在住の外国人収集家や来日した古書業者が大量に買って行くそうだ。

これはいけない。せっかく日本人のために外国からせっせと買い込んだ古書が、また外国に持ち出されるのは健全ではない。まるで美術品市場で起こっているのと同じことが古書市場でも起こっているということだ。

このことを知った私は院生に向かって、神保町の古書は今が買い時だとハッパをかけている。最近では研究会の学部生も、古書ツアーに連れて行けとせがんでくる。「教わる喜びより自分で見つける喜びのほうがずっと大きいぞ」と言っているのだが。

(2007年春)

神保町の古書店は元気です

　2007年5月19日・20日の両日、三田の本校では日本英文学会の第79回全国大会が開催された。

　実は今を去ること36年の昔、私が助手になりたての1971年に43回大会が三田で開かれて以来である。当時は大学紛争の真っ只中で、いつもの5月ではなく12月に開催せざるを得なかった。

　20日の午後、私は特別講演をすることになった。誰にでも分かる話をと思い、「中世と中世主義を超えて」という題を選んだ。専門分野に閉じこもるのではなく、日本人がやる英文学研究にはそれにふさわしいことがあるのではないか、というメッセージを伝えたかったのである。慶應義塾大学のキャンパスは三田綱町と呼ばれる一画にあるのをよいことに、羅生門の鬼退治で有名な渡辺綱がここで生まれたとされることから始め、英語最古の叙事詩『ベーオウルフ』の前半部分の怪物退治が綱の鬼退治と似た点があること、そしてその類似点に最初に気づいたのは日本人ではなく英国人で、1901年だった、といった話を、パワーポイントを用いて70分ほどした。

　講演の準備は春休みから本格化させた。渡辺綱の話が1900年以前の英語圏でどの程度知られていたかを知りたかったので、図書館員にも情報を依頼し、こちらはインターネットで探し、さらには神保町へ出かけた。

　そこで分かったのは（今頃分かったのかと、お叱りを受けそうだが）、神保町の古書店の相談係の方が、実に有益な情報を教えてくれることだった。

　12歳のときから神保町に通ってきた私だが、近年はどういうわけか足が遠のいていた。それが最近、慶應愛書家倶楽部の若手メンバーに穴場を教えたいという思い絶ちがたく、春休みに院生を誘って古書ツアーに出かけてみた。すると、瞬時にして昔の気持ちに帰るのだった。院生たちがつぎつぎと良書に手を出すのに驚き、もっと早く連れてくればよかった、と反省。その後はゼミの学部生まで連れてくることになった。それにはわけがある。

　日本経済が全盛だった80年代、90年代には、神保町では高い本でもさぞよく売れたのだろう。ところがバブルが崩壊すると、客は遠のき、古書の価格も下落した。

　昨今では、外国で古書が値上がりし、外貨が高い現在、低いままに設定された

国内の価格から判断すると、神保町価格はさほど高くなくなった。それが証拠に、寄りつかない日本人顧客を尻目に、飛び込みで買っていく欧米の古書業者や、中国人、韓国人の姿も目立つという。

(2007年6月)

中国に洋古書ブーム？

　2009年1月17日から三日間、香港の国際展示場で第2回香港国際古書展が開催され、講演のため生まれて初めて香港に出かけた。イギリスには百回以上行っているのにと、友人たちはおかしがる。与えられた講演の命題は、私自身の洋古書収集40年の体験から、なぜ日本という西洋文化から離れた市場で洋古書が売れるのか、あるいは売れたのか、同じ考えで中国市場でも高価な古書を売ることはできるのか、を話してくれという難問だった。

　大昔から中国の文物、宗教、諸制度を規範として仰ぎ見ながら蒐書してきた日本人だから、明治維新になって政府が西欧化という工業化政策に舵を切った際に、収集相手が中国の古書から西洋の書物に変化したとしても、十分説明はつくだろう。とりわけ1980年代から90年代前半にかけて経済バブルに沸き立ったわが国では、大学の図書予算は毎年10％以上の伸びを示し、その結果貴重書購入のための予算も伸びて、インキュナビュラや『西洋をきずいた書物』（PMM, *Printing and the Mind of Man*）に挙げられた名著の初版が収蔵された。またわが国に9セットも到来したケルムスコット・プレスなどの私家版、イギリスの古書店が築いた膨大なセット物の古書コレクションも記憶に新しい。洋古書の個人収集家も数は少ないが育ってきた。

　中華思想の強い中国で、また文化大革命という焚書坑儒を体験した中国で、同じように古書収集への熱が起こるのだろうか。関心の火をつけるにはどうしたらよいか。これを予測することは難しい。確かに香港におけるアジア絵画の競売市場は昨夏まですさまじい勢いを示していた。しかし一瞬にして襲った経済危機のため、この先どう展開するかは五里霧中の状態だ。況んや西洋古書市場をや。

　私は、欧米の大学や大学院に留学している夥しい数の中国人研究者が、早晩西

香港国際古書展 2009

洋の文化に目覚めて、成功者がその文化遺産に関心をもつ日が必ずや来ると考える一人である。そして中国マネーがそちらに動く可能性はあると思う。オスカー・ハンドリン（Oscar Handlin, 1915-2011）は著作『アメリカの人々』（*The American People in the Twentieth Century,* 1954）で、20世紀前半の成功したアメリカ人家庭には必ず一点以上のインキュナビュラがあったと言明したし、私たちは日本でもほんの20年ほど前に洋古書ブームが起きたのを目撃した。私は、膨大な中国市場に景気が回復する暁には、同じ現象が起こるのではないかと考え、そのときの受け皿を協力して作り上げることの重要性を強調した。

（2009年3月）

クリスマス・ブックス

古書をクリスマス・ギフトに

　ある12月の朝、ロンドンで古書店を営むリック・ゲコスキーのマンションに、あのエルトン・ジョンの作詞家として名高いバーニー・トーピンが愛妻と一緒に姿を見せた。「クリスマス・プレゼントに家内が古書を買ってくれるというんだ。何か掘り出し物はあるかね」と尋ねるトーピンに対して、ゲコスキーは『ロリータ』の初版（1955）を取り出した。原著者ナボコフが小説家グレアム・グリーンに献じたアソシエーション・コピー（手沢本）だった。9000ポンドという破格の値段をつけたのに、トーピン夫妻はすぐさま購入した。その後このコピーは2002年の競売で26万4000ドルという高値で落札されたという。このあたりの事情はリック・ゲコスキー著『トールキンのガウン』（早川書房、2008）に詳しい。こんな法外な話は別として、欧米にはクリスマスの時期に愛する人に本を贈る習慣があることがわかる。古書店がネットで目録を送ってくるようになった昨今、これを書いている12月初めには連日、クリスマス・ギフトにうってつけの挿絵本や初版本のリストが届く。一方、わが国の書店がクリスマス用と銘打つ目録を出したのを目にしたことはない。彼我の習慣の違いか、わが国ではクリスマス・プレゼントといえば、ブランド物のバッグや宝飾品、タイやマフラーを指すのが普通だろう。

　さて、今も人気が衰えないモンティ・パイソンのテリー・ジョーンズといえば、

『ロリータ』初版

『チョーサーの騎士』

オクスフォード出身の才人として知られる人物、俳優、映画監督、脚本家、童話作家など多方面で活躍しているが、1980年に『チョーサーの騎士』と題する研究書を出版して中世英文学界を震撼させたことがある。先行研究を否定し、新説を出したからだ。わが国でタモリやさんま、たけしが学問的な著作を出版するだろうか。これも彼我の差か。ともかくもジョーンズのこの研究書はベストセラーとなり、クリスマス・ブックスの売り上げランキングのトップとなった。クリスマス休暇に読むためか、はたまたプレゼント用だったのかは定かでないが。

（2011年12月）

ワールド・アンティーク・ブック・プラザ

　2011年11月末、日本橋丸善にワールド・アンティーク・ブック・プラザ（WABP）がオープンした。短期のブックフェアではなく、内外の古書店10社以上から送られてきた良書や美書を展示発売する常設コーナーとしては、ユニークな試みである。私ならクリスマス・ブックスに最適な20点ほどにヒイラギの葉をつけてアピールしたいと考える。もっとも販売担当者は、展示品すべてがクリスマスにうってつけというだろう。

　ともかくも、東京にいながらにして、いつでも世界の名著を目にし、手で触れる機会が生まれたことになる。図書館の展示コーナーのガラス越しの状況に飽きた方、手漉きの紙の手触りや匂いを愛でたい方、光にかざしてウォーターマークを見たい人には特にお奨めできる。なお「アンティーク・ブックス」は、「ナイター」と同じように英語ではない。本来はantiquarian booksとなる。

WABP

（2011年12月）

1970年代のケンブリッジ古書事情

去年の雪いまいずこ

　ケンブリッジでは、まともな古書店といえばもはやG.デイヴィッドしかない。モードリン・コレッジの筋向いにあった良質の古書店も2、3年前に閉店した。

G.デイヴィッド書店

　そこで今回は、私が留学していた1975－78年のケンブリッジでの古書事情を回顧してみよう。街の中心地トリニティ・ストリートには、各部門からなるダイトン・ベル社があって、目録も出していた。古典部門には、ギリシャ、ラテン語の古版本が並び、値段も手ごろだった。私の専門は英文学なのにここに足しげく通ったのは、英語と容姿が美しい女店員がいたことが主たる理由で、私の英語が上達したとしたら、彼女との無料の英会話のおかげだったと思う。

　しかし売り上げが伸びず、この部門が閉鎖されたとき、大量の古版本を買い付けて、三田の図書館に推薦することができた。ここは、ロンドンのドーソン・オブ・ペルメル古書店の一部だったが、経営者の放漫経営からやがてつぶれてしまった。その後新刊書店へファーズ社が引き取ったが、やがて消滅した。

　グリーン・ストリートには個性的な店が並び、同性愛者が入り浸るパブなどもあったが、その一角に昔から続いたグレイ製本所と、ブックルーム書店があった。後者については拙著『愛書家のケンブリッジ』（図書出版社）でも触れたが、かなりユニークな古書店だった。経営者のエドワード・サール氏は、書物収集家ではあったものの、長く英国外務省からウガンダに派遣された外交官だった。定年後に自分の蔵書を売ることからはじめた古書店だったから、バーゲン本を探すには格好の場所、私は週に三回は通った覚えがある。19世紀末に活躍した英国紋章官アーサー・フォックス・デイヴィスの蔵書が一括して出てきて、安価に購入できたのも楽しい思い出だ。彼が研究書や自著の改訂に用いた書き込み本がたくさん含まれていた。

　グレイ製本所もブックルームも、まも

なく街の中心から離れていった。土地や建物を所有するトリニティ・コレッジが、地代を高騰させたからだ。こうしてケンブリッジの中心にはロンドンのチェーン店やブランド店ばかりが目立つようになってしまった。

1970年代半ばにケンブリッジ内外にあった古書店は他にも、Bowes & Bowes、Peter Wood（演劇）、Hammond、Jean Paine、Derek Gibbons（現在のThe Haunted Bookshop）、David Bickersteth、Adam Millsとさまざま存在した。もう存在しないか、あっても目録を出さないかのどちらかである。

その中で、今も中心地で頑張っているのが、デイヴィッド（G. David）書店である。ここは学生時代から通った研究者が蔵書を売ったりする場所として知られている。わが恩師の故デレク・ブルーア教授の蔵書も生存中にも、また死後も大量に売られた。最近では、19世紀英国小説の校訂や研究で知られるイアン・ジャック教授の旧蔵書が現れたので、聞いてみると、前年に逝去されたということだった。このように、偉大なケンブリッジの学者コレクターが書き込みをした手沢本（association copy）がここでは無造作に出てくるのである。

現在ケンブリッジで書店を営んでいるのは、2、3軒に過ぎない。街のマーケットにも本屋はあるものの、良書は少ないようだ。

ケンブリッジの書物文化

書物文化といえば、1970年代のケンブリッジでは、国際的に有名なレタリング・デザイナーのデイヴィッド・キンダズリー、ウィリアム・モリスの流れを汲む私家版のランパント・ライオンズ・プレス、それに第1級の皮革製本とマーブルペーパーで知られるシドニー・コッカレルの工房があった。私をケンブリッジに訪ねてこられた庄司浅水氏や反町茂雄氏をこういった場所にお連れしたのも懐かしい思い出である。この中ではキンダズリー工房だけがリーダ夫人によって継承されている。

また、ケンブリッジ大学にはEdward Capell Societyという愛書家倶楽部もあった。年齢も地位も関係なく本好きが集まり、情報を交換することができた。本好きにとっては至福のひと時だった。ところが、学生メンバーが一人もいないため、この倶楽部もいまや休眠状態とか、オクスフォードも同じで、ああ、去年の雪いまいずこ。

（2012年3月）

正直な古書業者
ロバート・ハーディング氏

手沢本の世界

　古書収集家にとってたまらない領域に「手沢本」の世界がある。その本の関係者、つまり著者や編者が所有して、本文に加筆修正したり、あるいは著名人が所有銘を残したり、傍注を施したりしたもので、英語ではアソシエーション・コピーという。

　単なるいたずら書きとも見えるような書き込みでも、その本の古書としての価値のみならず研究者の垂涎の的になる場合がある。そのことを知ったのは30年前、ケンブリッジに留学後しばらくして、当時は大学図書館の貴重書部長だったデイヴィッド・マキトリック氏と、同図書館の運営部門にいたデイヴィッド・ホール氏に、エドワード・カペル協会という古書同好会で出会ってからだった。我々3人はほどなく、2ヶ月に一度、土曜一日を費やして私の車で、ケンブリッジ郊外やもっと遠くまで古書ハンティングに出かけることになった。

　イギリスの田舎には、大きな家に万巻の古書を擁して、目録販売をするでもなく、顧客が来るのを待つ古書店があった。オクスフォード郊外にあるリリーズという館がそうだった。朝到着すると、本が詰まった30もの部屋を案内するツアーがあり、コーヒーで一息ついたところで、玄関にはカギがかけられる。その後は昼食時間まで、我々は魑魅魍魎が古い館を跳梁跋扈するごとく、各部屋の古本を丹念に見て周り、めぼしいものはダンボールの箱に放り込んでいく。そのとき気付いたのだが、ふたりのデイヴィッドたちは、本を棚から取り出すと、必ず表紙の裏やタイトル・ページに書き込みがないかどうか、いちいちチェックするのである。本来ならば、手に取った本の目次や内容を見るだろうと思う、とそうではない。要するに、二人は署名などを手がかりに手沢本を探しているのである。

　こうして私も次第に手沢本、つまりアソシエーション・コピーに多大の関心を抱くようになり、ありきたりの古書よりは、何か付加価値がついたものを好むようになっていった。

マッグズ書店の目録

　あれは1999年頃の話になる。ロンドンの老舗マッグズ古書店（Maggs Bros Ltd.）から届いた『近代初期のイギリスの印刷本と写本』という分厚い目録をめくっていたら、「ベン・ジョンソンとジ

第1章　やめられない古書店通い　17

ジョン・イーヴリン

ベン・ジョンソン

ョン・イーヴリン旧蔵本」という見出しに出会った。ベン・ジョンソン（Ben Jonson, 1572-1637）はいうまでもなく、シェイクスピアと並ぶエリザベス朝の劇作家で、ケンブリッジ出身の才人、一方ジョン・イーヴリン（John Evelyn, 1620-1706）は日記作家として著名なオクスフォード出身者である。ともに英文学史をひもとけば、必ず登場する重要なイギリス人だから、この二人が所蔵していたとなれば、飛び切りの珍本といえる。

件の書は、17世紀初めにライデンで出版されたゲルハルト・ヨハン・ウォシウス（1577-1649）のラテン語の修辞論2編が合冊されたものである。目録には同書を開いた2ページの写真があり、解説にはジョンソンが鉛筆で下線を施したり、さまざまな記号を書き込んでいる、とある。しかもウォシウスは、ジョンソンの友人だったトマス・ファーナビーやジョン・セルデンらとも文通していたことは分かっている。

ジョン・イーヴリンの膨大な旧蔵書は、彼の子孫によって、1977年から4回に亘ってロンドンのクリスティーズで競売された。英国の文化遺産の散逸を恐れた書誌学者サー・ジェフリー・ケインズらが、新聞紙上で暴挙として抗議したが、その声は無視された。

競売には3点のベン・ジョンソン所有だった本が含まれていた。最終的に、そのうちの2点は大英図書館に収蔵された。ところが競売目録には、このウォシウスはジョンソン旧蔵書と同定されてはいなかった。タイトル・ページにあったジョンソンの署名と彼のラテン語のモットーが一部抹消されていたために、彼のものとは認識されなかったのである。

今回のマッグズ目録では、解題者ロバート・ハーディング（Robert Harding）氏が、抹消された署名とモットーを判読して、ベン・ジョンソン旧蔵書として掲載したのであった。これを見て私は飛びついた。こうして大英図書館以外にはな

い英文学史上の珍本がわが書斎にやってきたのである。何たる至福、何たる僥倖！

ハーディング氏の弁解

それから2年ほど経た2001年9月18日、突然ハーディング氏からメールが飛び込んできた。「大英図書館で開催されたジョン・イーヴリンに関する会議から戻ったところだが、あのウォシウスに書き込まれた下線や記号はベン・ジョンソンのものではなく、イーヴリンのものらしい。わが社の2年前の目録記述とは異なるので、その本をお返し願いたい。もしくは販売価格の20%を割引したい」という内容だった。わたしは「あなたはなんと良心的な古書業者であることよ」とハーディング氏を称える返事を送り、もちろん後者、つまり20%の割引のほうを選んだ。メールの内容からは、古書市場でのベン・ジョンソンとイーヴリンの商品的評価の差が見られて面白い。マッグズ古書店としては、そのまま放って置けばよかったのかもしれないが、古書店としての信用とプライドがこういった行動に駆り立てたのだろう。

レンブラント真贋鑑定に似て

ことはこれで落着したかに思えた。しかし、そうではなかった。再びどんでん返しが起きたのである。一年後の2003年8月12日にハーディング氏から来たメールは、「これはまるで、レンブラント絵画の真贋鑑定が時の研究者の気まぐれで、すぐひっくり返るのと同じだ。大英図書館のイーヴリン研究の権威ジャイルズ・マンデルブロート氏は、例のウォシウスの本文中に施された下線や記号がイーヴリンによるものではなく、ベン・ジョンソンの筆跡だと認めた。イーヴリンの旧蔵書に多い同種の書き込みは、おそらくジョンソンのそれに影響を受けたものだろうという。私も書き込みの仕方がジョンソンによるきわめて知的な読書の結果ではないかと思っていたのだが」という文面だった。これでことは決着し、元の鞘に収まった。もちろんわたしは、前回もらった20%割引の額をマッグズ書店に支払う羽目となったが。

この一件の後、わたしのロバート・ハーディング氏への評価と信用は一挙に上がった。古書の中に見られる些細な証拠から、所有者を割り出していく探偵的な才能と知識という点では、現代の古書業者でハーディング氏にかなう者はいるのだろうか。そう思っていたら、2003年に行われたニューヨークの愛書家団体、グロリエ・クラブでの講演で、フォルジャー・シェイクスピア図書館のリチャード・クータ館長が、彼の名前をわざわざ挙げてその目録記述の素晴らしさを絶賛していた。

（2005年春）

第2章
書 物 史

世界でもっとも貴重な本 トップ5
価値は価格で決まらねど…

　イギリスにあるポール・フレーザー・コレクティブルズ（Paul Fraser Collectibles）は、希少価値の高いワイン、コイン、切手、美術品などを商う会社として知られるが、2010年6月に世界でもっとも貴重な本のトップ5を発表したと、9月29日付の *Sankei Express* が伝えている。古書関係の作家庄司浅水氏がお元気だったら、すぐ飛びつくような話題だ。そこで、今は亡き庄司氏に代わってこの話題を取り上げてみよう。

「レスター手稿」
　「世界でもっとも貴重な本」のトップに挙げられたのは、あのレオナルド・ダ・ヴィンチが晩年に残した、天文学などに関する論考の自筆写本「レスター手稿」（Codex Leiceter, 1506-1510）である。イギリスの貴族レスター伯爵旧蔵なので、今もこう呼ばれている。わが国のバブル経済の終わりに近い1994年に、クリスティーズで競売されたので、東京でも下見会で展覧された。本物も素晴らしかったが、たった一冊だけ制作された手稿のレプリカですら、本物と寸分たがわぬ完璧さで作られていた。手稿はマイクロソフトのビル・ゲイツ会長が購入したので、彼のウェブに入れば見ることができる。サイバー・スペースで億万長者となった同氏も、やはりアナログの貴重書の肌触りを欲していたことがよく分かると、当時大きな話題になった。現在の価値は約40億5000万円と見積もられている。

「ハインリッヒ獅子王の福音書」
　第2位は、12世紀ドイツのハインリッヒ王が、ベネディクト派の修道会で制作させた「ハインリッヒ獅子王の福音書」（Gospels of Henry the Lion, 1188）である。4つの福音書を50の細密画で装飾したいとも豪華な中世写本で、落札価格は当時写本の世界記録となった。ロンドンのサザビーズで競売されたとき、西ドイツ政府（まだ東西に別れていた）の命を受けて交渉に当たったドイツ銀行の重役

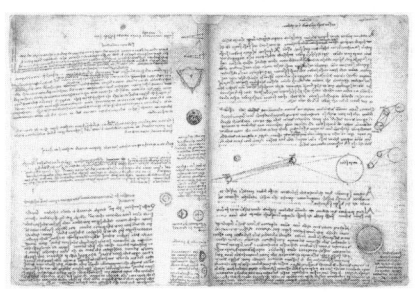

ダ・ヴィンチの「レスター手稿」

が、その後東京支店長として赴任してきたので、競売に関する生々しい舞台裏の話を聞くことができた。現在の見積価値は約23億5000万円とされている。

「ハインリッヒ獅子王の福音書」

「マグナ・カルタ」

　第3位は1215年に、領土だったフランスを失い、国民に重税を課したジョン王から、英国議会が勝ち取ったイングランド憲章「マグナ・カルタ」（The Magna Carta, 1215）である。同時代に制作された写本で、現存する17部のうち個人所有だった唯一の写本が、3年前に約19億5000万円で競売された。もっとも権威ある「マグナ・カルタ」は、ロンドンの大英図書館展示室の特別コーナーに、デジタル画像とともに展示されている。ここを訪れるアメリカ人学生は、必ず歓声をあげる。歴史の授業で学ぶのであろう。

『アメリカの鳥類』

　第4位はアメリカの鳥類研究家のジョン・ジェイムズ・オーデュボンが、19世紀初めに10年かけてイギリスで印刷した『アメリカの鳥類』。先日、愛書家が集うサイトで荒俣宏氏と対談した際、ナポレオンの『エジプト遠征誌』とともに世界の巨大な書物として取り上げた。10年以上にわたって北アメリカを旅して描いた1000羽の鳥について、彩色銅版画で再現したものである。印刷された119セットのうち、ほとんどが美術館や図書館に収蔵されているが、今でも折に触れて個人蔵書からの本が競売に現れる。わが国にもあるが、完全セットは珍しい。わが国で原寸のファクシミリも制作されているが、その巨大さゆえ製本を担当したティニ・ミウラ女史も苦労したと聞く。この12月にサザビーズで競売される『アメリカの鳥類』の見積価格は、約5億3000万円—8億円である。　　　（口絵参照）

「マグナ・カルタ」

『ファースト・フォリオ』

そして5位は、シェイクスピアの二折判全集の初版『ファースト・フォリオ』(*Shakespeares Comedies, Histories, and Tragedies*(First Folio), 1623)である。フォルジャー・シェイクスピア図書館（ワシントンDC）や明星大学図書館（東京）が多くの部数を有しているが、本文の印刷は少しずつ異なる。750部が印刷され、219部の現存本のうち個人蔵は3部というが、そんなことはあるまい。2006年に競売された本は、過去最高の約4億4000万円で落札された。

このトップ5のリストに「グーテンベルク聖書」が入っていないのはなぜだろうと、訝しく思われる向きもあるかもしれない。もし完全本が市場に出れば、少なくとも50億円にはなるだろうと思われるのに。48あるいは49部といわれる現存本はことごとく図書館に収蔵されており、もはや市場に出てくる可能性はないのである。もちろん、零葉は市場に出回っているし、他の書物の製本補強材として用いられた断片もこれからも発見されるだろうが。

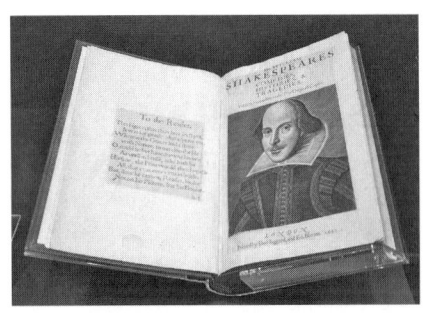

シェイクスピア著『ファースト・フォリオ』

（2010年10月）

『西洋をきずいた書物』を改めて考える

　雄松堂書店が毎年開催してきた雄松堂フォーラムが、2007年は第25回となり、ちょうど創業75周年と重なったこともあって、10月23日に東京の印刷博物館で、24日には京都のホテルで「古書談義—日米のビブリオフィルが語る世界を変えた書物」が開催された。おめでたい限りだが、ウィークデイの昼間、こんなかたい演題の会にいったいどんな人が集まるのかと思っていたら、図書館員はじめ多くの出席者が集った。東京で160名、京都で70名というからたいしたものだ。講演者はコロンビア大学バトラー図書館のマイケル・ライアン博士と私、それぞれ1時間の持ち時間で、『西洋をきずいた書物』に取り上げられた西洋の古書を3、4点選び、分かりやすく説明するという趣向だった。

　雄松堂の籠田古書部長がライアン博士に来日を交渉すると、髙宮なら知っている、前任地ペンシルヴァニア大学図書館でデジタル講演を聞いたことがある、という返事で、今回の古書談義はとんとん拍子に決まった。

Printing and the Mind of Man

　さて、『西洋をきずいた書物』について説明しておかなければならない。1963年7月ロンドンで、エリザベス女王を総裁とするPrinting and the Mind of Manという展覧会が開催された。「印刷と人間精神」とでも訳せばよいのだろうか。当時普及していたラジオが一般人から印刷本への関心を奪いとるのではないか、視覚に訴える読書から聴覚重視だった中世の世界に戻るのではないか、という危機意識から、活版印刷本がいかに西欧近代の誕生に寄与したかを示すために開かれたのである。既にテレビも存在したイギリスだが、戦後の質素な生活を強いられた一般人の間にはまだ普及していたとはいえず、ラジオから流れる音楽や講演が楽しみだったのである。展覧会の目録

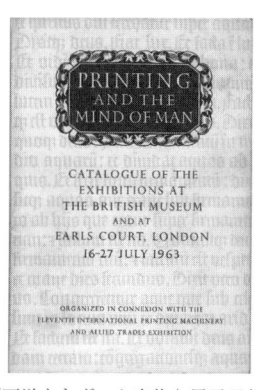

「西洋をきずいた書物」展示目録

に見る展示本の分類や図版にも、印刷業界の宣伝臭が感じられる。

展覧会の各種委員会のメンバーを見ると、John Carter, Stanley Morison, Howard Nixon, George D. Painter, John Dreyfus, Percy H. Muir, S. H. Steinberg, Nicolas Barker, Harry Carter, James Mosley と、当時からイギリスを代表するタイポグラファー、図書館員、書誌学者、印刷出版史の研究者が綺羅星のごとく並んでいる。まだ存命中の人物もいるから、みな若く、張り切っていたことが想像できる。

Printing and the Mind of Man: A Descriptive Catalogue

展覧会から4年後の1967年、*Printing and the Mind of Man: A Descriptive Catalogue* が出版された。まもなくPMMと略称されるようになる本書の編者は、トマス・ワイズの偽作を見破ったカーター（John Carter, 1906-1976）と、児童書書誌で知られるミュアの二人だった。グーテンベルク聖書に始まる420点の印刷本を出版年順に並べた本書は、戦後の古書業界と図書館界に大きな衝撃を与えた。PMMに掲載された初版はただちに、古書業者や収集家の垂涎のブランド物と化したのである。

2度の世界大戦に参戦したアメリカ人の間に、自分たちが西欧文明を享受する一員だという認識が生まれるとほどなく、グレートブックス教育が声高に叫ばれるようになった。それに呼応してアメリカの大学図書館が、ギリシャ・ラテンの古典や英仏語の文学や社会科学の著作がグレートブックスのコアだったところに、科学史などの重要な著作も収蔵する必要が生まれた。潤沢になった図書館予算とPMMの出版が重なった効果は大きかった。PMMに掲載された初版なら、古書業者は高値でも売りやすく、図書館は買いやすかったからだ。

『西洋をきずいた書物』

よく似た状況はわが国にも現出した。雄松堂書店がPMMの邦訳『西洋をきずいた書物』を出版した1977年といえば、日本経済が国際競争力をつけたために、蓄積された外貨は増え続け、大学図書館の収蔵予算が右肩上がりで伸び始めた時期だ。その後バブル時代に入ると、欧米から高価な貴重書が輸入されたが、

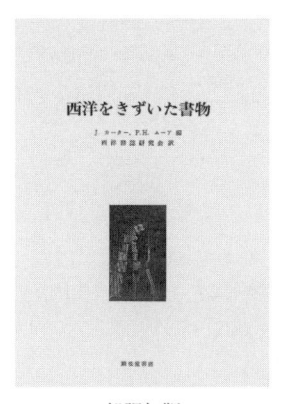

邦訳初版

PMMの番号が付いていればブランド物として珍重されるようになった。おりしも主要な私立大学が踵を接して創立100周年を迎えていた。その記念に一点豪華主義でPMM掲載書を購入する場合も、決して少なくなかったはずだ。こうして『西洋をきずいた書物』は刷りを重ねていった。一方、ドイツでは英語版PMMの改訂重版が1983年に出版された。

今回のPMMに関する古書談義といっても、実際には二人による講演だった。ライアン博士が取り上げたのは、「われ思う、ゆえに我あり」で西欧に個人主義を確立したデカルトの『方法序説』(1637、PMM129)、ソ連や中国の社会主義・共産主義を生み出す元となったマルクスの『資本論』(1867、PMM359)、人の心は解明できないと言われていたにもかかわらず無意識の世界を炙り出したフロイトの『夢判断』(1900、PMM389)、そしてわずか3分で民主主義を説いたリンカーンの『ゲティスバーグ演説』(1891、PMM351)だった。いずれも文字通り「世界を変えた書物」だった。

それに続いて私が担当したのは、グーテンベルク聖書 (c.1455、PMM1)、地動説を主張したコペルニクスの『天球の回転について』(1543、PMM70)、生物進化論を唱えたダーウィンの『種の起源』(1859、PMM344b)だった。後の2点は宗教と相容れない立場の「危険な」書物だった。わたしは初版からの出版史に注目し、また書き込みに注目して、書物史的観点から解説した。講演後の質疑応答では「そんなに書き込み本は沢山あるんですか」といった質問が出た。コロンビア大学図書館には、ホメロスの初期刊本にあのエラズムスが夥しい書き込みをした貴重書があるという。私は書き込みの分析が、書物の受容の解明に役立つことを説明した。

どうも日本人には小学校で教員に言われた「落書きや書き込みは書物への冒瀆」という思い込みがあるらしい。もちろん図書館から借りた本に書き込むのはご法度だが、自分の蔵書に書き込むメリットは歴史が証明している。私など「読書」とは「読んで書き入れること」と信じてやまないほどだ。

世界を変えた書物

今後PMMが改訂される機会があれば、どうなるかについても議論があった。イギリスで制作されたPMMはやはりイギリス人の西欧中心主義で編集されていることは否定できない。いまではイギリス人に尋ねても知らない著作も含まれている。ましてやアジアやアラブ諸国で「世界を変えた書物」は、一顧だにされていない。1970年代からゆれ始め、何を文学史の中核に置くかの正典見直しは、当然ながらPMMの編集方針にも疑問が投げかけられ、日本や中国で出版された

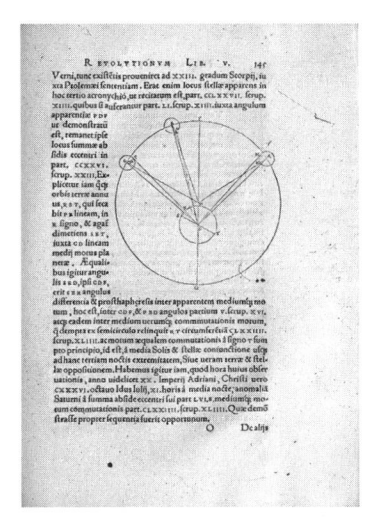

『天球の回転について』初版　　　　　『北斎漫画　八編』（国立国会図書館蔵）

本も含まれてしかるべきだろう。

　そのとき、何を選ぶべきか。私は一例として『北斎漫画』（1814）を挙げた。シーボルトはこれを『ニッポン』（1831）で紹介している。明治維新前に薩摩藩から薩摩焼の陶器が輸出される際、衝撃よけに用いられた『北斎漫画』の反古紙が、ヨーロッパ人の目にとまり、フランスの印象派を初めとして大きな影響を与えることとなった。外国語で書かれた北斎論の嚆矢は、1863年（明治維新前！）に英国の画家ダンテ・ゲイブリエル・ロセッティの弟ウィリアム・マイケル・ロセッティ（William Michael Rosetti, 1829-1919）が書いたエッセイだった。その同じ年、薩摩藩からイギリスへの若い留学生たちがロンドンにやってきたのである。

　北斎は1997年『ライフ』誌が選んだ過去千年間の重要人物百傑にランクされている。知らぬは日本人ばかりなり、こういう国際的な知名度をもつ北斎の漫画なら、胸を張ってPMMに推薦できるのではないだろうか。

　　　　　　　　　　　（2007年12月）

ギンガリッチ著『誰も読まなかったコペルニクス』
偏執狂あるいは学者の鑑?

2005年9月半ばに早川書房から翻訳書『誰も読まなかったコペルニクス』が届いた。副題に「科学革命をもたらした本をめぐる書誌学的冒険」とあるので、旧知の早川社長が私の関心ある領域の本だと察して送ってくれたのだと思う。原著者はオーウェン・ギンガリッチ（Owen Gingerich, 1930-）、英語の原題は『誰も読まなかった本—ニコラウス・コペルニクスの「天球の回転について」を追い求めて』である。400ページに近い邦訳だが、まだ夏休みが残っている数日で読みきった。久しぶりに爽快感、ところどころで戦慄さえ覚える名著だと思った。早川氏には礼状を書くと同時に5部注文して、周りにいる関係者に配った。みな感動してくれた。新学期の最初の大学院の授業でも、読後感を述べると同時に学生諸君に推奨したことはいうまでもない。

ささやかな販売実績

本書の著者は、ハーバード大学の天文学と科学史の教授であるギンガリッチ博士である。博士は若い頃に読んだアーサー・ケストナーの『夢遊病者』（1959）で、コペルニクスの『天球の回転について』は読者がつかない本だったという言説に接した。その後まもなく、エディンバラで見た本に夥しい書き込みがあったことに刺激を受けて、以後30年かけて世界中に散在する本書の初版（1543）と第2版（1566）の現存本を精査、その結果ケストナーの説が完全に誤りであったことを証明した。つまり本書は、後代の科学者によく読まれ、書きこみが施された本が多かったのである。言い換えれば、本書はケストナーの言説にコペルニクス的転回を与えた刺激的な書なのである。『夢遊病者』のうちコペルニクスを扱った第3部は、邦訳が『コペルニクス—人とその体系』という題で出版されている（有賀寿訳、すぐ書房、1977）。

『天球の回転について』という、わが国の教科書でも扱われる地動説の科学書

邦訳初版

を、専門家もほとんどまともに読まなかったというケストナーの論拠は、印刷の頻度と引用の誤りに基づいている。

　1543年にニュルンベルグで1000部印刷された初版は、ついに売り切れとならなかった。その後400年間に、それは4回版を重ねただけだった。1566年のバーゼル版、1617年のアムステルダム版、1854年のワルシャワ版、そして1873年のトルニエ版である。

　それに引き換え、13世紀にジョン・ホリウッドが天動説を扱った『サクロボスコ』などは、少なくとも59回版を重ねたという。確かに慶應義塾図書館には13世紀の写本をはじめ、2種類の15世紀本があるし、我が蔵書にある16世紀本には夥しい書き込みが見られる。また天動説といえばプトレマイオスの『アルマゲスト』が有名だが、16世紀でもよく読まれていた。

　ケストナーによれば、『天球の回転について』が無視されてきたのは、ラテン語の論文が途方もなく難解だったからだという。その結果、コペルニクス学説の周円転の数の数え方に関して、前の者が犯した誤謬を繰り返すことで、期せずして本人がその本を読んでいないことが暴露される。それは『チェンバーズ百科大事典』での記述や、1943年のコペルニクス没後400年記念講演会でも起こったという。ケストナーの記述は、ギンガリッチ教授の記憶に焼きつくと同時に、疑問も生まれたようだ。そして1970年に国際学会のおりに訪ねたエディンバラ王立天文台の図書館で、『天球の回転について』の初版にびっしりと書き込みがあり、出版当時の空押し製本に押されたERSという頭文字が、コペルニクスの天文学をまとめたヴィッテンベルク大学教授エラズムス・ラインホルトのことだと発見したことが、その後の現存本所在調査のきっかけとなったという。

書猟の旅

　30年間にわたって執拗にコペルニクスの初版と第2版のすべての現存本を追って、文字通り世界中を旅した教授の趣味のひとつが旅行というのは、このプロジェクトにはうってつけだった。私はこれ以上本書の中身に深入りするつもりはない。柴田裕之氏の読みやすい翻訳で楽しんでいただきたい。初版の一冊を巡って法廷に証人として呼ばれた一日を綴った第1章から、終わりに至るまで、本書には探偵小説のような味わいがある。実際、書誌学とは印刷本に関する探偵のような仕事を必要とする。

　30年間で601冊を精査したと聞くと、奇矯な偏執狂の姿を思い出すかもしれない。ギンガリッチ教授のことが知りたくて、検索エンジンに"Copernicus Owen Gingerich"と入れてみると、まず出てきたのは本書の原書が出版された直後にボストンで行った、本書の内容に関する講

演だった。しかも、60分にわたる講演と質疑応答が、コンピュータ画面ですべて見られるのである。美しいハーバード英語で丁寧に質問に答える教授の姿からは、偏執狂というイメージはまったく見られない。すばらしいジェントルマン・スカラーだ。

発見、発見、未だ見つかる蔵書

さて、本書の巻末には、著者が2002年に公刊した『コペルニクスの「回転について」の注釈つき所在調査』(ライデン、ブリル社)から抜粋した、現在公共機関に収蔵された初版と第2版の所在調査表が掲載されている。これで見ると、わが国でも初版が6箇所、第2版が2箇所の図書館にあることが分かる。ところが、慶應義塾図書館にも本書には挙げられていない第2版があり、1月に日本橋丸善で開催した科学書の展覧会に出展されていた。そこで原本に当たってみると、見返しには18世紀のものと思われる所有銘、本文中の欄外には数箇所詳しい注が、16世紀のイタリック体で書き込まれているではないか。また本書が禁書目録に掲載された後で、本文を消したと思われる形跡もある。要するにきちんと読まれた証拠があるわけだ。

これはギンガリッチ教授に報告しなければならない、と思った。教授がジョナサン・ヒル書店やバーナード・クォリッチ書店などとも付き合いがあることが分かったので、後者から教授のメール・アドレスを入手して、慶應本における注釈の存在についてメールを送った。現代の情報手段はさすがたいしたもので、打てば響くように教授から返事がきた。慶應本の所在を知らせてくれて感謝する、実は2002年に出版した『所在調査』が、出版社の思惑とは裏腹にたちまち在庫切れになったので、現在訂正版を準備中なので好都合だった、との内容だった。

それならばと、私は貴重書室に該当箇所を撮影してもらい、そのJPEG画像を教授に送った。ラテン語が堪能な慶應の外国人教授でも解読できなかった所有銘などから、既に教授が調査したことがある本かどうか判明するのではと考えたのである。ところが、教授も解読できず、この時代の古書体学に秀でたフランスの学者に画像を転送したという。

一方、私は慶應義塾図書館で、慶應本をいつどこから購入したか調べてもらっ

『「回転について」の注釈つき所在調査』

た。1988年にイタリア関係の古書を扱う都内の業者から買ったという。ところが業者が持ち込んできた解説は、イタリア語でわずか3行、所有銘についても欄外書き込みについても一切説明されていない。図書館側からこの業者に出所について問合せても、昔のことで記録がない、記憶ではイタリアの古書目録で見て購入したという、予想したとおり曖昧な返事だった。

1988年ごろには、ギンガリッチ教授のコペルニクスの大家としての令名は既に響いていた。一流の古書店なら、来歴のはっきりしない初版や第2版が出てきたら、教授に鑑定してもらうだろう。以前の所有者や書き込みの内容がはっきりすれば、その本に付加価値がついて、より高い値をつけられるからだ。なぜ、このイタリアの古書店はそれをしなかったのだろうか。そう考えると想像が膨らんでいく。ひょっとすると何処かから盗まれた本ではないか。コペルニクスの名著がよく盗難にあうことは、本書にも書かれているからだ。

事の真偽はまだ分からない。私は今ギンガリッチ教授からの報告を、首を長くして待っているところだ。

（2005年11月）

[その後、六本木で開催された東京国際古書展にも『天球の回転について』の第2版があらわれた。書込みが多く見られたこの本も、ギンガリッチ教授の『所在調査』からもれていた。]

http://forum.wgbh.org/wgbh/

大陸の印刷本に席巻されていた16世紀英国の書籍市場

2006年1月23日の夜、ロンドンのクリスティーズでわたしはHUMIプロジェクトのデジタル画像について講演をした。古書部門のマーガレット・フォード（Margaret Ford）博士のお声がかりで、50名を越す聴衆となり、中にはこちらが会いたくても会えなかったイギリス人学者まで来てくれた。講演の後は、そばにあるイタリア料理店でこじんまりしたディナーを開いてくれたおかげで、大英図書館の大物ロッテ・ヘリンガ（Lotte Hellinga）博士と隣り合わせに座ることができた。フォード博士はクリスティーズに移る前は、ヘリンガ博士の助手として、『ケンブリッジ版書物史』第3巻の手伝いをすると同時に、本人自身が2つの章を寄稿しているアメリカ人だ。

大陸生まれのラテン語書物

ディナーの途中で、わたしは二人に「16世紀の英国では国内の印刷業者が印刷出版した本より、大陸で印刷された本の数のほうが圧倒的に多かったと聞きましたが」と尋ねてみたところ、答えは然りだった。1600年以前に英国に到来した大陸本に英国人が所有銘を残した現存本を、ヘリンガ博士が1000部ほど特定、その調査を引き継いだフォード博士は4000部のデータベースを作成したという。そしてこれを基にしてヘリンガ博士がロンドン書誌学会から「書物への書き込み」という研究書を出す予定とか。

英国では1476年のウィリアム・キャクストン（William Caxton, 1422-1492）に始まって、ウィンキン・ド・ウォード（Wynkyn de Worde, ?-1534）、リチャード・ピンソン（Richard Pynson, 1448-1529）など名前の知れた印刷業者が16世紀に活躍したにもかかわらず、大陸からの印刷本のほうが幅を利かせていたというのは、にわかには信じがたい話だ。ところが調べてみると、やはりそうだったらしい。それには、いくつか理由があることも分かった。

まず、イギリス国内の印刷業者は主に英語で出版していた。チョーサーやシェイクスピアなどの作品も印刷本で流布した。そして当時の知識層なら誰でも読めたラテン語の本は、大陸の書物市場に依存していたのである。法律、医学、大学、教会や修道院の関係者はいずれもラテン語で教育を受け、仕事をしていたから、英語の教科書など必要としなかったのである。グラマー・スクール、パブリッ

ク・スクールといった初等、中等教育の現場ですら、必要なのはラテン語文法書やテキストだった。

拙著『西洋書物学事始め』（青土社、1993）で記したように、大陸で印刷された本は未製本シートのまま、本来ならワインを寝かせる大きな樽に入れられて、海上輸送でイギリスに運ばれた。ロンドン、オクスフォード、ケンブリッジに到着した大陸本は、それぞれの地に流行する独特の装丁デザインで製本されて、顧客の手に渡った。おそらく顧客の注文により製本されたはずである。現存するのは、こういった本の見返しや標題紙に所有者が名前を入れたものだ。

15世紀に印刷されたインキュナビュラでも、未製本シートのままイギリスに輸送されて、ロンドンやその近郊で装飾された本もある。大英図書館のバグフォード旧蔵書から発見されたグーテンベルク聖書（1455年ごろ）の零葉や、ランベス宮図書館所蔵のグーテンベルク聖書はその好例だ。10年ほど前、マインツのフストとシェファーが1462年に印刷した聖書の不完全本の装飾が、ロンドン郊外のシーンにあったカルトジオ修道会で施されたという研究書まで現れた。

焚書の危機

大陸からイギリスに輸入された本を調査する際、いくつか難しい点がある。ひとつは、海上輸送で到着するわけだが、

15世紀に印刷された注解書

テムズ川のロンドン塔にあった税関はじめ、各地の税関に残された輸入品台帳で現存する例が少なく、あっても記載内容が書物を特定できるほど詳しくないこと、それに16世紀前半に行われたヘンリー8世による修道院改革の結果、修道院図書館に所蔵されていた多くのラテン語の著作、つまり大陸からの輸入本が捨て去られてしまったことである。また英国国教会が設立されると、特に時禱書やミサ典礼書などカトリック関係の書物は目の敵にされた。

こういう実情を知ると、我が家で今まで何気なく購入してきた古書の中に、16世紀に大陸から輸入されてイギリス人が所有していたという証拠のある本がないかどうか調べたくなった。狭い部屋の蔵書だから調べるのにはさほど時間がかからない。リストにしてみたら、ちょうど20点がそれに該当することが分かった。

その中にはウィリアム・リンドウッド

の宗教関係の法律書がある。1505年にパリで印刷されたものだが、面白いことにロンドンの商人ウィリアム・ブレットンが資金を出してパリの印刷業者ウォルフガング・ポピルに印刷を依頼、出来上がった本はロンドンのセント・ポールにあるヘンリー・ジャコビとジョイス・ペルグリムの店で販売することになっていた。赤と黒の2色印刷で、レイアウトといい、大きな木版画といい、この頃のイギリスの印刷技術では到底望めないようなレベルの高さである。むろんラテン語の著作だが、これはイギリスの市場向けに印刷された出版物だ。

　この手の出版物、つまりパリやアントワープ、ブルージュなど大陸の都市で印刷され、イギリスの市場に送られた書籍は存外多い。中には英語で組まれた時禱書まであった。こういった印刷所では、イギリス人を植字工に雇っていたのであろう。

　これで16世紀はじめの大陸とイギリスの交易が極めて緊密に行われていたことが理解できよう。もちろん、イギリスの学者が大陸で買い求めて国内に持ち込んだ本もある。

　こうやってリストを作り、詳しい解説をつけたら、32ページを超えるブックレットになってしまった。書物史の専門家に添付ファイルを送ってみたら、そのうちの一人、ニューヨークのマーサ・ドライヴァー教授は、本当はこの貴重な情報を独り占めしたいところだけれど、自ら編集する『初期書物学会ジャーナル』(*Journal of the Early Book Society*) に掲載したいといってきた。なるほど、この主題はイギリスの書物史研究では今はやっているらしい。

(2006年冬)

第2章 書物史

ケンブリッジ尽くしの本

Thys Boke Is Myne

　さきごろ唐突に、ワシントンD.C.にあるフォルジャー・シェイクスピア図書館のリチャード・J・クータ（Richard Kuhta）館長から手紙が来た。2002年の秋から同館において、「これはわたしの本」と署名した数々の印刷本の展覧会を開く、そのほとんどは同館の誇るコレクションでまかなえるが、一冊だけ貴方の手元にある本を展示したい、ぜひ貸してもらえないだろうか、という内容のものだった。

　その本とは、前年ロンドンのマッグズ古書店から校正段階の目録が送られてきた時に注文、さいわいうまく入手できたものである。

　この本はエラズムス（Desiderius Erasmus, 1467頃 –1536）のラテン語作品『キリスト教君主教育』 *Institutio principis Christiani*、1518年にスイスのバーゼルで、ヨハン・フローベンによって出版された。

　その内容は、わずか6歳の未来の神聖ローマ皇帝シャルル5世を教育するために、政治における平和と理性を強く標榜したものだ。本書の初版は既に1516年5月に上梓されているから、1518年7月15日付けのシャルル宛の書簡が追加されたわたしの本は再版にあたり、初版本マニアには縁がない。巻末にあるべき4葉の索引が欠けており、その点では完本とはいえない。標題には破れた個所があり、小さな虫食いも見られるし、水を被ったページもある。要するに最高のコンディションとはいえない。

　これらの欠点にもかかわらず、わたしの本にはフォルジャー・シェイクスピア図書館が展示したいと考えるほどの付加価値がついているらしい。それは、「ジョン・ビックナーなる人物がこの本を所有する（John Bickner oweth this Booke）」とブラックレターで印刷されたブック・ラベルの小片が、標題の上部に貼ってあり、これこそイギリスで蒐集

フォルジャー図書館展覧会目録

された本の中に印刷した所有銘が存在する最古の例なのである。わずか2行の印刷ラベルだが、れっきとした印刷物なので、STC*（印刷本簡略タイトル目録）でも3368.5という番号で分類されているほどだ。このビックナーなる人物は、1540年ごろに生まれ、1554年にケンブリッジ大学ペンブルック・コレッジに入学したが、何か事情があったのだろう、途中で所属コレッジを替えて、1560年にコーパス・クリスティ・コレッジを卒業したことが判っている。

さて、わたしの本は厚紙ボードの上に茶色の皮で装丁され、その上に空押しのデザインが施されている。その意匠から、製本したのは、1534年にケンブリッジ大学の書籍商と印刷業者に任命されたニコラス・スピエリンクだと判明している。ビックナーはこれを、おそらくケンブリッジの大学生時代に、しかも古本として入手した可能性が高い。

エラズムスとケンブリッジ

本書の著者エラズムスは、オランダの人文学者で北方ルネサンス文化の立役者の一人だった。トマス・モアの進言で、神学者や教会関係者を揶揄した『愚神礼賛』(1511)は、わが国の教科書にも言及されている。彼はイギリスを何度か訪れ、ケンブリッジ大学ではギリシャ語を講じた。1511-12年のケンブリッジ滞在では、一時書籍商のガレット・ゴドフリー（Garrett Godefrey）宅に身を寄せていたことがある。大陸に戻った後も、エラズムスがケンブリッジで書物流通の担い手だった人々と密接な関係をずっと維持していたことは、1525年のクリスマスに、ケンブリッジ時代に助手と通訳を務めたロバート・オルリッジ博士へ出した手紙で分かる。そこでは、ガレット・ゴドフリー、ニコラス・スピエリンク（Nicholas Spierinck）、ジョン・シバーチ（John Siberch）らケンブリッジの書籍商たちによろしくと書いているからだ。ゴドフリーとスピエリンクはともに、エラズムスと同郷のオランダ人だった。かれらは大陸の書物流通業者と組んで、ドイツ、スイスや低地地方から未製本の書物を輸入し、イギリス国内で手広く販売した。

エラズムスやトマス・モアの肖像画といえば、ハンス・ホルバインによるものが有名だが、エラズムスはホルバインの友人でパトロンでもあり、本書の木版装飾もホルバインの手によるものだった。本書と同様に、エラズムスの他の著書も16世紀には大量にケンブリッジに輸入された。ケンブリッジの人文学者たちとエラズムスの深い関係を示すものである。

ケンブリッジ尽くし

20世紀半ば、わたしの『キリスト教君主教育』は、A. N. L. マンビーが所有していた。見返しに彼の蔵書票が貼ってあ

る。マンビー（A. N. L. Munby, 1913-74）は長くサザビーズに勤めた後、19世紀の偉大なコレクターとその蔵書の顛末を描いた『フィリップス研究』全5巻を出版した書誌学者で、後にケンブリッジ大学キングズ・コレッジの図書館長となった。わたしはマンビー博士の著書を通して、その学風を尊敬していたので、1975年ケンブリッジ大学に留学したとき、博士の教えを受けることを楽しみにしていた。しかし、前年のクリスマスに、博士は卒然として逝ってしまった。

長々と書き綴ってきたが、要するにこの本は著者エラズムス、製本師スピエリンク、初期の所有者ビックナー、最近の所有者マンビーと、いずれもケンブリッジに縁のある人物ばかりなのである。これをマッグズ古書店の目録で見つけたわたしは、全身に鳥肌が立つ思いで、すぐメールで注文した。おそらくフォルジャー・シェイクスピア図書館もほぼ同時に注文を出したに違いない。

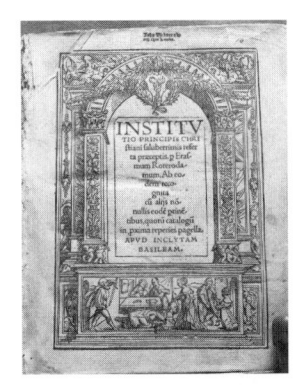

エラズムス著『キリスト教君主教育』

わたしは図書館長から件の手紙を受け取って、ただちに光栄である、ぜひ出展させていただきたいと返事を書いた。それから、そうだ、あのケンブリッジ関係者の背後に連なろうと、マンビー蔵書票の横に、鉛筆で自分の名前を書き込んだ。とても万年筆で書く勇気はなかった。

(2001年秋)

[この展覧会は2002年11月13日から2003年3月1日まで、フォルジャー・シェイクスピア図書館で開催された。詳細は次に詳しい。Richard J. Kuhta, 'Thys Boke Is Myne: Further Reflections on the Subject of Provenance', *Gazette of the Grolier Club*, n.s., no. 54 (2003), 5-58]

*STC（印刷本簡略タイトル目録）：*A Short-Title Catalogue of Books Printed in England, Scotland, & Ireland and English Books Printed Abroad, 1474-1640.*

16世紀ケンブリッジの製本師

2008年10月初めから、最後の研究休暇でケンブリッジにやってきて1ヶ月になろうとしている。この間オクスフォードとヨークで講演をやり、恩師の葬儀に出席し、昔の友人たちと会い、というぐあいで存外忙しい生活に追われている。長年の念願がかなって、スコットランドの古城にある映画『モンティ・パイソン・アンド・ホーリー・グレイル』のロケ地まで見に行ってきた。

しかし今回の研究休暇の目的は、16世紀初めに大陸で印刷された書物が未製本のままイギリスに輸入されて、ロンドン、オクスフォード、ケンブリッジに工房を持つ製本師によって製本された実物をできるだけ多く調べることである。そのきっかけは『ケンブリッジ版英国書物史』

『ケンブリッジ版英国書物史』第3巻

第3巻（1999）の中で、クリスティーズの貴重書部長マーガレット・フォード博士による「16世紀前半のロンドンの書物市場は大陸からの輸入本に圧倒されていた」という解説を読んだことにある。

ケンブリッジの製本事情

16世紀初頭といえばイタリアの人文主義の学問や思想が、イギリスの大学にもたらされた時期である。大陸に近いケンブリッジには、新しい学問の到来とともに、これに影響を受けたイギリス人学者が集った。ロジャー・アスカム、ジョン・チークらすぐれた人文主義者たちである。エラスムスが短期間ながらここで教えたことも重要だった。彼を迎えたのは、母国オランダから移住して書籍商や製本師として活躍したニコラス・スピエリンク（Nicholas Spierinck）、ガレット・ゴドフリー（Garrett Godefrey）、ジョン・シバーチ（John Siberch）らであった。シバーチはケンブリッジ最初の印刷業者でもある。こういった事情から、バーゼルのフローベンなどが印刷出版した人文学者の著作がこの地にもたらされて、そのままコレッジの図書館に架蔵されているに違いない。そこでできる限り

多くの事例に接することにした。その結果分かったのは、この種の本を網羅的にリストアップした書誌は現存しないが、デジタル化の波に乗って初期の製本の画像が図書館のウェブで見られることだった。

今までに訪れたのは大学図書館のほか、セント・ジョンズ、コーパス・クリスティのパーカー図書館である。友人と話しているとさまざまな助言をもらえるから便利である。明日はケンブリッジ最古のピーターハウスのパーン図書館を訪ねる予定だし、ゴンヴィル・アンド・キース、エマニュエル、トリニティにも行かねばならない。

パーカー図書館の初期印刷本

パーカー図書館は、16世紀後半にカンタベリー大司教で書物収集家だったマシュー・パーカーが遺贈した蔵書をもとに作られている。多くの研究者は貴重な中世写本を求めてここを訪れるが、初期印刷本を調査に来るケースは少ないという。そのせいか1921年に編纂された簡単なリストがいまだに用いられているほどだ。もっとも相手をしてくれる専門図書館員は、こちらからの質問に対して、打てば響くように回答してくれる。HUMIプロジェクトがここで「ベリー聖書」のデジタル化をやったという経緯もあって、クリストファー・ド・ハメル（Christopher de Hamel, 1950-）館長、ジル・カ

16世紀の空押し製本

ネル副館長らもいたって親切に応対してくれた。前日までにこういった類の本を見たいとメールで連絡して、当日10時に到着すると、大きなテーブル一杯に空押し製本された書物が待っていてくれるからだ。ここで出してもらったスピエリンクの製本は大小10点を超えていた。しかもほぼすべてパーカー自身が所蔵していた本で、中には彼が読んで書き込んだメモまで残っている。こちらはニヤつくどころか畏怖の気持ちにとらわれてしまう。

昨今の書物史研究では、印刷出版された書物がいかに受容されたかが、重要な主題のひとつである。そして初期印刷本の受容形態としては、合冊本あるいは合綴本と訳されるSammelbandが注目されてきた。同じ判型の薄い出版物を、主題、印刷業者、出版地、出版年がほぼ同じか近いものを、書店ないし顧客が数点まとめて製本させるという形態である。パーカー図書館に残る4折ないし8折本には、合冊本が多く含まれていた。ものによっては数点のブックレットが同じ順

番で合冊されたケースが報告されているから、顧客の注文でなく、書店または製本工房の判断で最初から合冊本として製本され、販売された例もあるようだ。

こうやって調べていくうちに、空押し製本の意匠はウェブで確認できても、やはり実物を調べないと理解できない部分が多いことを知った。

（2009年冬）

「アルキメデス・パリンプセスト」
最先端のデジタル技術が読み解く古代の英知

　2006年8月7日付け朝日新聞の朝刊社会面に「アルキメデス著作記録の古文書解読」という小さな記事が載った。共同通信が配信したニュースは古写本を古文書とするなど、はっきりしない箇所が多かったが、既にBBCのウェブニュースでは、2日午後には報道していた。* 要するに、重ね書きされていたために肉眼や光学的な手段では判読できなかったアルキメデスの10世紀に作られた写本に、最先端のX線を照射した結果、有名な「アルキメデスの原理」、つまり浮力の原理の現存最古の写本解読に成功したということだ。

パリンプセスト（重ね書き）写本

　この写本は山羊の皮をなめして作った獣皮に、本文が転写されている。紀元前3世紀のギリシャの数学者アルキメデスによる図入りの著作数点が10世紀に、ビザンツ帝国の首都コンスタンティノープルで転写された。それから300年後、イェルサレムのヨハネス・ミロナスなる僧侶が、アルキメデスの論文が書かれている獣皮の表面をナイフでそぎ取り、写本を小さく畳んで、ギリシャ正教の祈禱文を転写した。これはパリンプセスト（重

「アルキメデス・パリンプセスト」

ね書き）と呼ばれ、羊皮紙の供給が十分でなかった中世ギリシャではよく行われたリサイクルの方法だった。これは紙では決してできない業である。

　中世修道院におけるアリストテレス写本をめぐってウンベルト・エーコ（Umberto Eco, 1932–）が著した小説『薔薇の名前』が映画化されたとき、副題が「エーコの小説へのパリンプセスト」という乙な表現が用いられたのを覚えている方も多いはずだ。

　ギリシャ正教の祈禱書として長く用いられたこの写本は、再びコンスタンチノープルの教会に移された。紆余曲折の後、ちょうど100年前にデンマークの古典学者ヨハン・ハイベルクは、拡大鏡を用いてこのパリンプセストの一部の解読

に成功し、1910-15年に出版したアルキメデス著作集の校訂版に研究成果を盛り込んだ。その後写本は盗難に遭い、長くパリの個人収集家の元にあった。そして、1998年10月にニューヨークのクリスティーズで競売にかけられたのである。

デジタル・プロジェクト

このニュースがもたらされると、慶應義塾大学 HUMI プロジェクトは色めきたった。既にグーテンベルク聖書のデジタル化を推進する一方、その年の3月にアテネの古写本研究所を訪れた私たちは、ギリシャの図書館や修道院にはパリンプセストが多く収蔵されており、その判読にはデジタル化が有効であることを知っていたからだ。ギリシャ国立図書館には3層のパリンプセストからなる写本が展示されていた。HUMI の主事を務めていたわたしは、このデジタル化プロジェクトを立ち上げた慶應の担当理事に、アルキメデス・パリンプセストを購入する可能性を打診してみた。しかし彼の答は否定的だった。それもごもっとも、既に8億円もするグーテンベルク聖書を研究の原器として購入していたからだ。

ところが、あきらめていた私の元に数日後、その理事から電話が入った。朝起きるとまず CNN ニュースを見るという理事だが、その日テレビでは、アルキメデス・パリンプセストが国際紛争の火種になっていると報じていたのである。盗難写本を母国に帰せというギリシャ、一時は写本があったイスラエル、それにトルコも所有権を主張している、というのだ。理事は、「ギリシャがこの写本を獲得できるように援助しようじゃないか。ギリシャ政府にはコネはないのか。上首尾の暁には HUMI がデジタル化権利を獲得すればいい」と言い切った。たまたま当時の文学部長はアテネに5年も留学していたギリシャ古典学者だった。彼が各方面に電話をかけまくって、24時間以内にギリシャ政府の関係者と連絡がついた。私たちは、競売での落札の援助を申し出た。

しかし、ことは楽観的には運ばなかった。10月29日に行われたオークションでは、見積価格の2倍、約2億3000万円で氏名不詳のアメリカ人収集家が落札した。噂によれば、ビル・ゲイツ氏ではないが、アメリカで台頭してきた IT 資本家だという。写本はギリシャには戻らなかったのだ。こちらが落胆するまもなく、ボルティモアにあるウォルターズ美術館のウィリアム・ノエル（William Noel）部長を中心に「アルキメデス・パリンプセスト」のデジタル・プロジェクトが立ち上

「アルキメデス・パリンプセスト」

がった。** 購入者が学問研究のためならと快く寄託してくれたこのパリンプセストを、まずシラキュース大学の研究所に持ち込んでデジタル化して、世界中の学者を集めて研究を始めた。

　この研究の中心人物ノエル博士にはロンドンで会ったことがある。ケンブリッジで学位をとった若く有能な美術史家として知られていた。どうもあまりにことがうまく運んでいる様子から、既にパリンプセストがクリスティーズにある段階から、デジタル化を進めていたのではないかとも思われた。販売目録にはデジタル画像と思しきものが用いられていたからである。

　今回の報道によると、光学的、あるいはデジタル技術を用いても判読できないアルキメデスの科学論文の写本を、人体に放射する強さの百万倍というスタンフォード大学のX線放射装置によって調査した結果、下層に存在する本文が浮かび上がったという。20世紀初めに誰かが悪意をもって、4ページにわたって金や派手な顔料を用いて福音書家の姿を描いており、そのために肉眼では見えないパリンプセストがX線のおかげで浮かび上がったとき、ノエル博士は「これこそ世界で8番目の驚異だ」と叫んだそうだ。もちろんこの言葉の裏には「世界の七不思議」が意図されていた。IT時代ならではの今回の発見の経緯は、次のウェブページに詳しい。あるいはGoogleイメージ検索にArchimedes Palimpsestと入れるのも面白い。

（2006年8月）

*　http://news.bbc.co.uk/1/hi/sci/tech/5235894.stm
**　http://www.archimedespalimpsest.org/

中世のベストセラー　ジョン・マーク著『祝祭日の書』
稀書にふさわしい英語のインキュナビュラ

　2008年6月初め、ロンドンはクリスティーズの古書競売に、珍しいインキュナビュラ（15世紀ヨーロッパの初期印刷本）が出た。フランスの都市ルーアンで、印刷業者マルタン・モランが書籍業者ジャン・リシャールのために1499年6月22日に印刷出版した、ジョン・マーク（John Mirk）著『祝祭日の書と4つの説教』Festialである。優れた印刷技術を持つモランは、1492－1517年に多くのミサ典礼書をイギリスの市場に向けて印刷した。リシャールも1496年以降はモランと組んでイギリス市場を狙った。但し、そのほとんどはラテン語の書物だった。

　珍しいといったのは、イギリス人が英語で書いた書物が、イギリスではなくわざわざフランスの都市で出版されていることだ。本書の初版は1483年にウィリアム・キャクストンが上梓しており、それ以後1501年までに14版を重ね、1532年までにさらに10版が印刷された。当然のことながら、ヘンリー8世による宗教革命以降はない。いわば中世後期イギリスのベストセラーのひとつだったことは疑いない。あまりの売れ行きにフランスの業者が目をつけて、印刷してイギリスに持ち込んだのであろう。1499年といえば、リチャード・ピンソン、ウィンキン・ド・ウォード、ジュリアン・ノータリーがロンドンを中心に、踵を接して本書を出版しているのである。なぜそんなに人気が出たのだろうか。

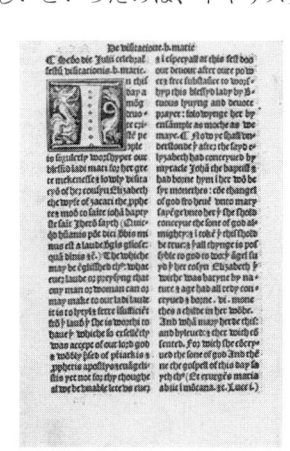

著者マークについて

　著者ジョン・マークは、シュロプシャーのリルシャル出身のアウグスティヌス派の僧侶で、15世紀初めに活躍した。いくつか説教集を残しているが、最も有名なのはこの『祝祭日の書』である。といっても現代では読者はほとんどいない。本書は、キリスト教の祝祭日に教会で説教をしなければならない教区司祭が、直

マーク著『祝祭日の書』

接原典に当たらなくとも、ラテン語を知らない一般信徒に説教ができるように編集された一種のマニュアルである。祝祭日にそのまま使える説教散文と例え話、聖書からの抜粋が付いているという利便性から、愛用されたのであろう。マークは、説教の中で突然ロビン・フッドの名前を持ち出すなど、信徒を喜ばせる術を心得ていたようだ。

英語のインキュナビュラは市場に中々現れないし、キャクストンのみならず、彼の弟子だったウィンキン・ド・ウォードら後継者の印刷本でも極めて高価である。それに比べて1499年出版の『祝祭日の書』の見積価格は驚くほど低かった。競売でぜひ獲得したい、と思ったのだが、雑事にかまけて、気付いた時にはこの競売は終了していたのである。やんぬるかな、切歯扼腕とはこのことだ。

ところが7月半ばに学会出張のためロンドンに到着したその夕方、バーナード・クォリッチ書店を訪れて雑談やら情報交換をしていると、帰りしなに重役が「これはあなたにぴったりだと思うけど」といって持ち出してきたのが、なんと本書だった。もちろん値段は予想よりいささか高くなっていた。しかも、STCには、17966番として現存する本書を収蔵している5つの図書館のひとつに、スウォンジー大学図書館（しかも完本！）が挙がっている。スウォンジー大学は、たまたま翌日から新チョーサー学会のために出かける場所である。これも何かの奇縁だ、と思った。

スウォンジー大学のゴースト

翌日、ロンドンのパディントン駅から急行で3時間、スウォンジー駅に到着したのは午後6時前だった。ありがたいことに、学会の主催者ヘレン・フルトン教授と夫君ジェライント・エヴァンズ博士が迎えに来てくれた。そこで、図書館所蔵の1499年版『祝祭日の書』の話をすると、翌朝連れて行ってくれるとの親切な申し出があった。ところが、ウェールズ大学所属のコレッジから最近スウォンジー大学として独立した図書館には、インキュナビュラは僅か4点しか所蔵されておらず、この1499年版『祝祭日の書』は含まれていない。貴重書担当者も首を傾げながら、色々調査してくれたが、結局出てこなかった。目録に掲載されながら現物がないことはたまにある。書誌学ではこの種の本をゴースト（幽霊）と呼んでいるが、STC改訂版の正誤表にも原本は出てこない。スウォンジー大学本がゴーストだとすると、クォリッチが購入した本は世界で5部しか現存しない稀書ということになる。

印刷本に珍しい呪いの言葉

今回新たに現出した本は、祈禱書専門家のダニエル・ロック（1799-1871）旧蔵本として、長くサザーク・ローマ・カ

トリック・メトロポリタン司教座図書館に収蔵されていた。本文途中の欄外には「カンタベリーの法廷で、二人とも鉤に吊るして縛り首にしてやるぞ」という意味の呪いの言葉が、16世紀初めの英語で書き込まれている。

　中世の書物には、所蔵者が自分の名前と同時に「これを盗む者あらば縛り首にしてやるぞ」なる内容を呪いとして書き込む例は多い。マーク・ドロージンはこれらを集めて出版しているほどだ（Marc Drogin, *Anathema!: Medieval Scribes and the History of Book Curses*, 1983）。

このテーマについては拙著『西洋書物学事始め』（青土社、1993）で扱ったことがある。呪いの言葉は、写本には多く見られるが、印刷本には少ない。

　2段組の英語散文で小型4折判として印刷された原本は、ルーアンの印刷所で英語を理解するフランス人の植字工が組んだのだろうか。あるいはそこにはイギリスからやってきた植字工がいたのだろうか。本書を調べていると、こういった興味ある疑問が次々と沸いてくる。書物史では未知の主題であろう。

（2008年8月）

『聖戦物語』写本断片の話
現代でもまだあるこんなこと

十字軍遠征

　ケヴィン・コスナー主演の映画『ロビン・フッド』（1991）の終幕近くで、ショーン・コネリー演じるリチャードⅠ世（獅子心王）が、十字軍遠征からイングランドに帰還する場面がある。コスナーのための友情出演だったこともあって、クレジットにはコネリーの名前もない。映画ファンは、あのスコットランド訛りの強い英語で振り向く姿から、ようやく確認できるに過ぎない。しかし、わたしはこの場面は重要だと思う。シャーウッドの森に住む義賊ロビン・フッドが活躍したのが12世紀後半だったことを示す時代設定だったからだ。中世ヨーロッパのキリスト教圏の諸王は、エルサレム奪回を目指して次々と十字軍を結成させたが、いずれも負け戦に終わった。ただリチャードⅠ世が指揮する第3回遠征（1190-92）だけが、引き分けに持ち込み、キリスト教徒のエルサレム巡礼を邪魔しないという約束を取り付けたのである。

　キリスト教徒にとっての聖戦、この十字軍遠征にロビン・フッドも参加していたという映画の設定は、もちろんフィクションである。しかし、13世紀初頭にアンブロワーズなる人物がフランス語で著した『聖戦物語』が現存している。八音節の対句からなる1万2000行を超える大作で、リチャード王の第3回十字軍遠征を褒め称えながら描写している。現在ヴァチカン図書館が所蔵する唯一完全な形で伝えられた写本は、13世紀前半にイギリスで制作されたもので、スウェーデンのクリスティナ女王の蔵書にあった。既に1897年に碩学ギャストン・パリスによって校訂されたが、2003年には再校訂された本文と現代訳が出版された。

　1986年、ロンドンのクォリッチ書店のリチャード・リネンタール氏が、本書の写本断片一葉を新たに発見した。古い製本の補強材として用いられていたために糊付けされた側は変色し、本文の解読も難しかった。原葉は慶應義塾大学の中世

『聖戦物語』第三の写本

英文学の教授だった安東伸介氏が、当時逝去した母堂の追善供養のために購入し、慶應義塾図書館に寄贈した（MS 170X.9.11）。

『聖戦物語』第三の写本

ところがわたしが、2008年3月にロンドンのサザビーズ写本部門を訪れたところ、クリストファー・ド・ハメル博士とその後継者ティム・ボルトン氏が、「第三の写本の断片が発見されたよ」と現物を見せてくれた。しかも彼らの手元には、慶應所蔵の断片に関して松原秀一名誉教授が学内雑誌に書いた日本語の一文のコピーまで用意されていた。彼らの情報収集能力は007のそれをしのぐといってもよいだろう。しかも、第三の写本発見の過程も驚くべきものだった。

あるイギリス人がロンドンの古書店で19世紀の刊本を購入して、代金を払おうとしたところ、栞代わりにはさんであったこの断片がはらりと床に落ちた。本を購入すると同時に断片を取得した持主が、サザビーズに持ち込んだ後、ド・ハメル氏が約一ヶ月かけて、本文を突き止めたという。書体は13世紀前半だが、現存する3写本の中では最も古いものだ。アングロ・ノルマン語も用いられている。大文字は彩色されている。

著者アンブロワーズの正体

長いあいだアンブロワーズはリチャード王の廷臣の一人として、実際に十字軍に参加し、そこで見聞したことを書き残したのではないかと考えられてきた。しかし2003年に『聖戦物語』を再校訂したエイルとバーバーの二人は、アンブロワーズがリチャード王の息子ジョン王（フランスの領土を失ったことから欠地王という不甲斐ない呼び名で知られる。ピーター・オトゥール、キャサリン・ヘップバーン共演の映画『冬のライオン』を参照のこと）に仕えていた人物であることを突き止めた。ジョン王が1200年に結婚した後、ほどなく行われた王妃の戴冠式で彼が歌ったことに対して、対価が支払われたことを示す記録を発見したからである。

『聖戦物語』は、フランスの英雄的な武勲詩（シャンソン・ド・ジェスト）から歴史的な散文記述に移行する時期の作品として重要性が認められてきた。中世フランス文学史では最も重要な資料のひとつと言われている。サザビーズに持ち込まれたこの断片は2008年7月8日、ロット4番として競売に付された。

（2008年秋）

「ストーニーハースト福音書」
写本、大英図書館へ

聖カスバート

　イングランド北部のリンディスファーンを訪れた人も多いだろう。ここに来ても別に「リンディスファーン福音書」Lindisfarne Gospel を拝めるわけではない。大英図書館の展示場にあるからだ。しかし、この福音書写本がもともと置かれていた場所、つまり潮が引いたときだけ徒歩で渡ることができる砂嘴リンディスファーン（またはホーリー・アイランド）の修道院跡には、今も巡礼や観光客の姿が絶えない。私も数度訪れたことがあるが、運よく徒歩で渡れたときは、実に嬉しかった。

　今は繁栄の跡を探すのも困難だが、中世前期のイギリスでは、北方のノーサンブリアは文化芸術の面でもっとも栄えた地方だった。そこに司教として活躍した聖カスバート（Cuthbert, 634頃 -687）は、昔も今も北方の聖人として敬愛されてきた。北方イングランドの羊飼いたちが、牧羊犬を今もバートと呼ぶのはその証拠のひとつだろう（南方ではリチャード2世の名前を使うのが一般的だという）。

　聖カスバートは684年にリンディスファーンの司教となったが、その3年後には没している。彼の令名は、むしろ死後生まれた伝説によるところが大きい。死後7年して棺が開けられたとき、彼の体は朽ちることなく生前の姿のままだった。有名な年代記作家ビードは彼の伝記を詩と散文で著した。

　875年、ヴァイキングがリンディスファーンに来寇したおり、僧侶たちはカスバートの棺とともに各地をさまよった。メルローズ、チェスター・ル・ストリート、リッポンを経て、ダラムの大聖堂に落ち着いた。今でも祭壇の背後に、彼の墓がある。わたしはダラム大学図書館の古書部長イアン・ドイル博士の指導を受けていたので、図書館の隣にある大聖堂を訪れるたびに、この聖人の墓に詣でたものだ。

小さな宝物

　1104年、この墓が再び開けられたとき、「ストーニーハースト福音書」（Stonyhurst Gospel=St Cuthbert Gospel）として知られた小さな写本（8.9×13.0cm）などが遺骸のそばで発見された。アングロ・サクソン時代の写本としては現存する最も小さな写本で、ラテン語によるヨハネの福音書を内容とする。重要なことは、650年ごろ真紅に染められたヤギ革

The pocket-size Gospel of St John was found inside the coffin of St Cuthbert in 1104 (CNS photo/courtesy of British Library)

「ストーニーハースト福音書」

の製本は、現存する西欧写本の最古という点だ。その意匠には、ビザンチン美術の影響も指摘されている。

この写本も、ヘンリー8世による修道院改革の結果、所属先を転々と変えていった。最終的には1769年、イギリスのイエズス会所蔵としてストーニーハースト・コレッジの図書館に収蔵された。そしてその重要さに鑑み、1979年以来ずっと大英図書館に貸し出されてきた。豪華な「リンディスファーン福音書」の横にひっそりと置かれたこの小型写本に気付く見学者はそう多くあるまい。

ところが2011年7月14日、このイエズス会は「ストーニーハースト福音書」を、大英図書館に900万ポンド（1ポンド130円で計算してください）で売却することを発表した。大英図書館はこの巨額の購入予算を調達する見通しがついているという。

今後この写本は、半年間は大英図書館で、もう半年間はイングランド北東部の場所で公開されるという。おそらくダラム大聖堂であろう。

（2011年12月）

ヘンリー8世500年

　2009年の今年、エドガー・アラン・ポー、アルフレッド・テニソン、チャールズ・ダーウィンといった歴史上の著名人が生誕200年を迎えたので、内外で記念事業が開催されている。しかしイギリスとイギリス人（正確にはイングランドとイングランド人）にとっては、500年前の1509年にヘンリー8世が即位して、その後良くも悪くも現在の大英帝国の礎が築かれたことのほうが重要らしい。その証拠に、大英図書館では Henry VIII: Man and Monarch（2009年4月23日-9月6日）、ハンプトン・コート宮殿では Henry VIII: Heads and Hearts（2009年4月10日-2010年1月17日）、ウィンザー城では Visit Henry VIII: at Windsor Castle on his 500th Anniversary（2009年4月8日-2010年4月18日）と、踵を接して大展覧会が開催されている。これだけみても、イギリス人のヘンリー8世への並々ならぬ関心が分かろうというものだ。

ヘンリー8世の登場
　アーサー王伝説を研究している私にとっては、ヘンリーより兄のアーサー皇太子のほうに興味があった。ランカスター家のヘンリー・テューダーは、1485年8月ボズワースの戦いで、ヨーク家出身のリチャード3世（シェイクスピアが悪役に描いたあのせむしの王）を破り、ヘンリー7世としてテューダー朝を樹立した。テューダー・ローズと知られるその紋章は、両家のバラを組み合わせたものである。そして両家による内乱、薔薇戦争を終結させるために、ただちにヨーク家のエリザベス（エドワード4世の長女）と政略結婚し、翌年生まれた第1王子をアーサー（1486-1502）と名づけた。アーサー王が伝説の世界から出て実在の王となるお膳だてを整えるために、皇太子はウィンザーでもバッキンガムでもなく、今もアーサー王の円卓が残るウィンチェスター城で誕生した。これでイギリス王家の歴史の中に「第2のアーサー」が現れて、祖国を救うはずだった。伝説

大英図書館のヘンリー8世展覧会

のアーサーは死なない、アヴァロンの島で傷を癒して眠っていたからである。
　こうして国内を統一したヘンリー7世が、国外に目をやると、アラゴンのフェルナンド2世がカスティーリャのイザベル1世と結婚してできたスペイン王国が、脅威の的となっていた。そこでヘンリー7世は、二人の末娘キャサリン・オブ・アラゴン（1485-1536）とアーサーとの婚姻を画策した。さまざまな紆余曲折の挙句、二人は1501年末に結婚した。このアーサーはインテリだったが、生まれつき病弱で、翌年病死した。アーサーが王として君臨できたなら、宗教的にも政治的にも、イギリスは現在とはまったく異なる国になったであろう。

信仰の擁護者
　第2王子として生まれたヘンリー（1491-1547）が皇太子になり、父王が没した1509年に18歳で英国王になり、寡婦として喪中にいたキャサリンと政略結婚した。彼女をスペインに送り返すわけにはいかなかったのである。ヘンリーはイングランド王室史上、ラテン語、スペイン語、フランス語を操る最高のインテリであり、舞踏、馬上槍試合、作曲などに秀でていた。マルティン・ルターの新教を批判するラテン語論文を出版して、ローマ教皇から「信仰の擁護者」の称号を受けたほどだった。これは現在のエリザベス女王までずっと引き継がれてきた称号である。

ヘンリーの宗教改革
　ところがヘンリー8世は、世継ぎの王子が生まれなかったことを契機に、キャサリン王妃と離婚しようとした。これを認めなかったローマ教会から離れて、自らが階級秩序の頂点に立つ英国国教会を設立、王妃を次々と6人も替え、修道院財産を没収し、トマス・モアを初めとする側近を次々と処刑していった。この時代、ヘンリー8世によって処刑されたり、失脚させられたりしたトマスが何と6名以上もいたのである。こうして独裁者ヘンリー8世は誰からも恐れられたが、イギリス海軍の礎を築くなど、娘エリザベス1世による大英帝国作りの準備をしたメリットも認められる。
　ヘンリー8世と6人の王妃の結婚と離婚、処刑の物語は、わが国で言えば忠臣蔵の話と同じく、イギリスでは広く人口に膾炙している。下世話な話題が、当時の宗教、政治、社会におけるほとんどすべての問題を含有するからである。多くの研究書や一般書が出ており、TVドラマや映画の主題にもなってきた。2008年秋、日本でも封切られた『ブーリン家の姉妹』はその一つだったし、わたしと同じ世代なら、ヘンリー8世とトマス・モアの確執を描いたアカデミー賞作品『わが命つきるとも』（1966）を思い出す向きもあろう（この作品が、後にチャールトン・ヘストンの監督主演で1988年にリメークされたことを最近知った）。

大英図書館の展覧会

　わたしは今回の大英図書館での展示を目にする機会があったが、その質量ともにきわめて高いレベルに興奮した。ヘンリー8世の生涯を9分類し、それぞれにふさわしい第1次資料が選ばれている。従来は本の中でしか見られなかった王室のメンバーの肖像画や貴重な写本、文書、書簡が、惜しげもなく本物で展示されているではないか。ローマ教会寄りに論じたルターへの反駁論文『七秘蹟に関する論考』（1521）などは、30部がローマに送られ、教皇や枢機卿に贈呈された。展示されているのは、ヴァチカン図書館から里帰りした豪華な装飾入り本で、そこには Henry R[ex] と署名が見られる。

　大英図書館の展覧会だから図書資料が多いのは当然だが、老若男女を問わず観客が参加できるコーナーも設けられている。馬上槍試合を好みながら危険だという理由で参加することを禁じられていたヘンリーだが（お忍びで参加して落馬したことあり）、ヘルメットの細いバイザーからスクリーンに映った相手を見ながら、右手で重い槍を持つと、誰でも槍試合のバーチャル体験ができる工夫もされている。

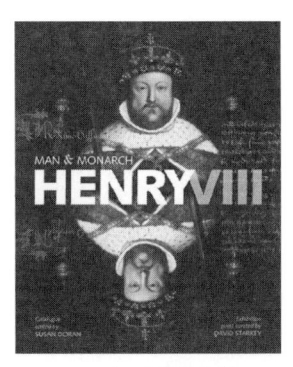

ヘンリー8世展目録

　TV番組などでよく知られたヘンリー8世研究の権威、デイヴィッド・スターキー博士が監修したこの展覧会の目録も素晴らしい。ヘンリー8世の自筆原稿も判読できる大きさに復元されているから、展覧会に行けなかった人には福音だろう。それより興味深いのはスターキー博士が明瞭この上ない英語で解説するDVD、"Henry VIII: Mind of a Tyrant" である。随所に王の筆遣いを現代のカリグラファーが真似て書くシーンがあり、この時代の筆順もわかるというものだ。

　なお、イギリスのブッククラブとして知られるフォリオ・ソサエティは、ヘンリー8世の祈禱書など数点をファクシミリで出版した。

（2009年夏）

カンタベリー大司教クランマーの蔵書
妻帯の聖職者がアンダーラインを引いた箇所は？

イギリス16世紀の前半、テューダー朝の時代は宗教的な激動が続いたため、王から遠ざけられたり処刑されたりした大物が多く、その中にはトマスが6名もいた。トマス・モア、トマス・ウルジー、トマス・クロムウェルなどはよく知られているが、宗教改革の推進者だったカンタベリー大司教トマス・クランマー（Thomas Cranmer, 在位1533-56）はそれほどの人気がない。ヘンリー8世の離婚問題にカトリックの立場から毅然として反対し、潔く断頭台に送られたトマス・モアについては、ウェストエンドでヒットした劇『わが命つきるとも』が2度も映画化されたほどだ。一方、王権に妥協的で、その行為には無定見な面が見られたトマス・クランマーは、主人公どころか、脇役としてもあまり映画には描かれない。しかし、同時代のロジャー・アスカムやヒュー・ラティマーといった人文主義者たちから高く評価されたクランマーの蔵書は、イギリス書物史の観点から見るときわめて重要であった。

クランマーとヘンリー8世

クランマーは1489年に生まれ、14歳でケンブリッジ大学に学び、卒業後はコレ

クランマー大司教

ッジのフェローとなった。黒死病を避けてエセックスに滞在中に、ヘンリー8世の知遇を得た。ヘンリーは世継ぎのないキャサリン后との婚姻無効を画策していたため、クランマーは解決策を探る研究に加担することになった。1530年に教皇への使節団の一員としてローマに派遣されたクランマーは、2年後には神聖ローマ帝国への大使に任命された。同年夏、ニュルンベルクで新教の動きに関心をもったクランマーは、ルター派の学者アンドレアス・オシアンダーの親戚に当たるマルガレーテと結婚した。

1533年3月、クランマーはカンタベリー大司教に任命された。この人事は、ヘンリーの再婚のためと、クランマーの聖

職者としての妻帯を禁止するカトリック教会から離脱するために、両者の利害が一致した結果だという見方もある。2ヵ月後、クランマーは教皇の反対を押し切って、ヘンリーとキャサリン后の婚姻を無効とし、既に妊娠していたアン・ブーリンを合法的な王妃と宣言した。9月に生まれた王女にエリザベス（祖母の名）を与えたのも、クランマー自身だった。

　心情的には生涯カトリックだったヘンリーの下で、英国国教会への改革を推進したクランマーは、できるだけ相手を刺激しないように自らを偽ることも多かった。例えば化体説（パンとぶどう酒をキリストの身体と血そのものと考えるカトリックの教え）を誤りと断定しなかった一方で、聖職者の禁欲を再確認したヘンリー8世の6か条には反対した。ヘンリーを尊敬していたクランマーは、王が死んだ際、弔意を表すため2度と髭を剃らぬと宣言したほどだった。

クランマーとエドワード6世
　それ以後、生まれながらの国教徒として9歳で即位したエドワード6世（在位1547-53）の治世をも含めて、クランマーは教会改革の担い手として国教の確立に努め、「祈禱書」の式文を制定し、「クランマー聖書」の使用を広めた。また聖職者の妻帯を許し、ミサを廃した。エドワードは、カトリックのミサ典礼書などを迷信深い書物と糾弾して、公共の建物から駆逐する法律を出した。

　クランマーの悲劇はエドワードが若くして病死し、その後自らの手で即位させたレイディ・ジェイン・グレイをわずか9日間で排斥したメアリーが、女王に即位（在位1553-58）したときに始まった。母親キャサリン后の婚姻無効を宣言した際、その娘メアリーを私生児と断じたのがクランマーだったため、メアリーの恨みと怒りは容易に想像できた。彼はさまざまな見解を異にする嘆願書を提出したが、カトリックだったメアリー女王はレイディ・ジェインの即位を画策したクランマーをまず反逆罪で、次に異端として、1556年焚刑に処した。処刑の場に臨んだクランマーが「この恥ずべき右腕」が災いのもとだったとして、まず右手を炎の中に突きだしたという。この場面は友人ジョン・フォックスが現場で目撃したので、彼の『殉教者伝』（1563）に生々しく再現されている。次のカンタベリー大司教に任命されたのはカトリック枢機卿のレジナルド・プールであった。

クランマーの蔵書の行方
　当然のことながら、クランマーの著名な蔵書は王室に没収されたが、その際の目録は現存していない。彼が所有した書物の標題紙の上方余白には秘書の筆で「カンタベリーのトマス」というラテン語の書き込みで入っている。新教関係の

書物は行方不明になったか廃棄されたが、蔵書の残りは第12代アランデル伯ヘンリー・フィッツァラン（1512-80）の所有に帰した。この移動が購入か寄贈かは定かでない。アランデルは標題紙の中央あたりに名前の印を押させた。

次にアランデルが蔵書を女婿、初代ラムリー男爵ジョン（1533頃-1609）に譲った。標題紙の下部余白には、ラムリーの大きな署名が書き入れられている。多くの本を追加したラムリーが亡くなると、蔵書目録が編纂された（1956年に出版）。蔵書はジェイムズ1世の皇太子ヘンリーのために購入されたが、法律書や医学書、それに重複本は廃棄されたか、受け渡されなかった。ヘンリー皇太子は多くの本に王室の紋章を加えて再製本させた。こうして王室図書館に入った蔵書は、大英博物館が1753年に創設されると、ジョージ2世から参考部門に寄贈されたので、現在はセント・パンクラスの大英図書館の重要なコレクションのひとつとなっている。

フリギオ『世界年代記』

しかし数は少ないが、ラムリー家に残された蔵書の一部もあり、それらは後に外部に散逸したものもあるが、姻戚を代々下って受け継がれてきた書物もある。このうちチャムリー（Cholmondeley）侯爵の館には2点所有されてきたが、そのうちのひとつは、クランマーの経歴を

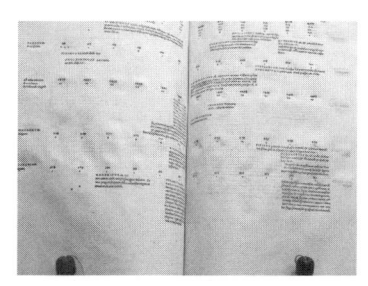

フリギオ著『世界年代記』

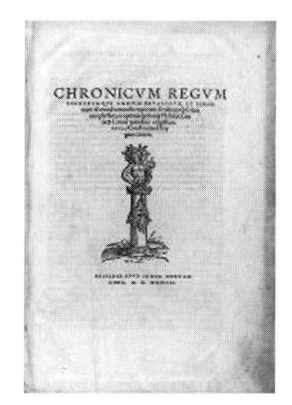

『世界年代記』標題紙

考えるとき看過できない意味をもつ未発見の書である。

問題の書は、アルザス生まれの人文主義者パウル・フリギオ（Paul Phrygio 1483-1543）のラテン語による『世界年代記』（バーゼル、J.ヘアヴァーゲン印行、1534）である。同時代のロンドンで空押し製本されており、標題紙には「カンタベリーのトマス」と「ラムリー」の署名が見える。見開き2ページ毎の年表と短い記述からなる不思議なレイアウトをもつ。本書の序文では、シモン・グリ

ナエウス（1494頃 – 1541）が『世界年代記』を編纂する仕事を途中で、フリギオに任せたと書いている。グリナエウスは1529年以来バーゼルでギリシャ語教授を務めた重要な人文主義者で、消失していたリウィウスの41 – 45巻の写本を発見した人物としても知られる。エラズムス、フローベンら人文主義者サークルの一員でもあり、1531年にはイングランドを訪れて、ヘンリー 8世やクランマーにも会っていた。クランマー蔵書の研究者デイヴィッド・セルウィン教授の調査（1996年出版）によれば、グリナエウスの著作のうち3点をクランマーが所蔵していたことから、本書もグリナエウスがクランマーに献呈したものではないかと考えられる。但し、献辞はどこにもない。

聖職者の禁欲について

本書にはクランマー自身の書き込みこそ見られないものの、かなり多くの文章に赤や黒のインクで定規を用いて、丁寧に下線が施されている。おそらく後にその下線部分をノートに書き取ったかもしれないが、その類のものは現存していない。下線の対象は教皇の権力にかかわる部分、また聖職者の禁欲に関する部分である。特に重要だと考えられるのは、後者に関してニケーア公会議で表明された次の意見である。つまり紀元325年に「叙階される以前に妻帯していた聖職者は、その関係を捨てる必要なし、叙階の際に独身だった者だけが独身を貫くべし」と定められたのである。

実は、クランマーはケンブリッジ大学のジーザス・コレッジに所属していた1515年から4年間の間にジョーンという市井の女と結婚したので、コレッジのフェロー職を剝奪されたことがあった。なお、ジョーンは出産の際に死んだ。また1532年にマルガレーテとドイツで再婚したクランマーは、カンタベリー大司教に任命された時彼女を連れてきたが、聖職者の独身主義を破ったのではと見られるのを恐れて、彼女を外に連れ歩かなかったという。おそらく上の記述を知ったクランマーは、それ見たことかと思ったことだろう。本書が1534年の出版というのも重要であろう。

（2007年1月）

第 3 章
愛書家倶楽部

国際ビブリオフィル協会の日本大会終わる

1999年秋の前半は、国際ビブリオフィル協会の日本大会に忙殺された。AIBと略称されるこの協会は、ひとことでいえば本の虫、古書の虫の集まりで、本部はパリの国立図書館にあって、公用語はフランス語と英語である。しかも、もっとも重要な総会はフランス語だけで行われる。消息通によれば、アメリカ人会員を理事や会長にさせないためというが、真偽のほどは定かでない。たしかに、戦後に生まれて40年を超える歴史をもつこの協会の会長に、アメリカ人が就任した例はないという。なお、日本支部の会長は渡部昇一上智大学名誉教授、副会長は森田嘉一京都外国語大学総長とわたし、事務局長は新田満夫雄松堂書店会長であった。

AIBとは

ビブリオフィルとは愛書家のこと、ただしフランス語による協会名は国際ビブリオフィリー協会（Association Internationale de Bibliophilie）で、文字どおりに訳せば国際愛書学協会となる。会員は約500名、稀覯書図書館員、オークション関係者、古書業者、研究者、コレクターなどからなり、コレクターの職業は実業家や医師が多い。今回の参加者の肩書きにはプリンスだの、侯爵、男爵といった貴族の称号が並んだ。協会員となるには二人の会員の推薦によって理事会に諮られるが、古書業者だとかなり難しく、長い間待たされるとのことだ。

第21回を迎えた日本大会への準備は、3年前の総会から始まった。2年に一度9月に国際大会を、その間にはコロキウムという小規模の大会を開催してきたこの協会が、1999年秋に初めてアジアの日本で国際大会を開催することが決まったのである。日本人会員はわずか数名、頻繁に学会に顔を出しているのは、新田満夫氏と渡部昇一氏ぐらいのものであった。わたし自身はといえば、行きたいのは山々なれど、何せ9月後半には本務校の大学院入試があり、ままならなかった。20年以上も会員なのに、国際大会に出席できたのは、研究休暇でイギリス留学中の1993年に、マドリッドを中心に行われたスペイン大会だけだった。それでも、エスコリアルの壮麗な図書館、会員の貴族の館で開催された貴重書の展示とディナーパーティ、セヴィリア大学図書館で「触らせて」もらったグーテンベルク聖書など、今でも強烈な印象が残っている。

AIBの学会は、会員が居住する大都市を中心に、古書を擁する図書館や修道院、個人蔵書を訪れて、その内容や展示品に関して講演を開いた後、鑑賞するといったやり方が多い。また年に2度刊行される紀要には、英仏の言語による書誌学や書物史の本格的な論文が掲載される。

日本大会

9月26日から10日間にわたって、日本大会が京都・奈良・大阪・東京・箱根で繰り広げられた。欧米からの約80名と国内の20名ほどが参加したが、平均年齢が65歳というのもうなずけた。最長老は南アフリカからはるばる参加した92歳の男性、足が不自由だったにもかかわらず、全行程を乗り切ってわたしたちを感動させた。一方、旅程の世話をしてくれた旅行社の担当者は、これだけ高齢者が多く、異国での生活と旅行を強いられたのにもかかわらず、途中で一人の病人も落伍者もいなかったことに感心していた。それぞれ自らの世界で何かを成し遂げた人たちだけあって、自己管理が行き届いていたのである。

今回のプログラムでは、京都外国語大学、龍谷大学、天理図書館、大阪青山歴史文学博物館、明星大学、慶應義塾大学、早稲田大学演劇博物館、立教大学、静嘉堂文庫などの図書館を訪れて、講義と見学のひとときを楽しんだ。また随所で、手漉き和紙工房や浮世絵刷りの実演、墨作りの工房のスライド紹介、日本古書籍商協会の古書展、日本の装丁家による製本展なども開かれた。

稀覯書のデジタル化

慶應義塾大学では、グーテンベルク聖書など稀覯書のデジタル化を推進するHUMIプロジェクトが中心となって、3年前に開催した稀覯書展覧会をゆったりとしたスペースで再現することにした。覚えておられる方もあるだろうが、あのときは中世の写字生ジャン・ミエロの書写机やグーテンベルク印刷機のレプリカを用いて、時代衣装に身を包んだ外国人に実演してもらったが、今回は静かな展覧会となった。日本大会だから、すぐれた和漢書のコレクションを見せるべしという意見もあったが、戦後の慶應義塾図書館に西洋のすぐれた稀覯書が多く到来しているので、慶應では後者を中心に展示することにした。

1998年秋、わたしがロンドンの書誌学会の例会に出席したさい、AIBの会長アンソニー・ホブソン氏に会って、日本大会の準備状況を説明した。イートン、オクスフォード卒で、長年にわたってサザビーズの古書部長をつとめ、『偉大な図書館』などの著作も多い78歳のホブソン氏は、わたしが稀覯書のデジタル化に携わっていることをご存知なのか、「日本では稀覯書の現物が見たい、デジタル画像には関心はないから」と釘をさして

きた。正直者のわたしは、その意向を受けて、慶應の展示会では極力デジタル画像の紹介を避けた。

しかし一方で、慶應で古典文学を専門とするアンドルー・アーマー教授の講演では、770年に印刷された世界最古の印刷物「百万塔陀羅尼」を高精細デジタルカメラで撮影し、拡大画像で見せたところ、会員たちは固唾を呑んで見守っていた。何しろ、中国から渡来したといわれる手漉きの紙の繊維まではっきり見えるのだ。講演後も質問が集中し、アーマー教授はコーヒー・ブレイクの間もみなに取り囲まれる羽目となった。ホブソン会長は「デジタル化への考えを変えたよ」とはっきりいわれた。その後展覧会場に案内したのだが、会員の半数は稀覯書展示より先に、デジタルカメラの撮影デモに群がるほどの盛況だった。

もちろん、他の図書館では和漢書の一級品が勢揃いした。とりわけ関西では、すぐれた蔵書を誇る図書館がライバル意識にあおられて展示したせいか、国宝、重文が10点以上見られる機会となった。まさに眼福とはこのことだ。またどこでも「百万塔陀羅尼」を展示し、とりわけ静嘉堂文庫では40基をすべて出したので、一週間の間に50基以上を閲覧できる希有の機会となった。渡部教授は「韓国の印刷物の方が古いと言うが、一部しか現存していない物は印刷物といえない、それに引き替え「百万塔陀羅尼」はこれだけ現存しているのだから」と、あちらが聞いたら柳眉を逆立てるような発言をしていた。

今回参加した会員の中には、サザビーズ写本部長のクリストファー・ド・ハメル、現在世界最大の写本コレクターであるマーティン・スコーヤン、ウィリアム・モリスの研究家で古書業者のコリン・フランクリン、東京に住む国際的な装幀家ティニ・ミウラ女史などがいた。ベルギーやスペインの著名な製本家もいたが、カリグラファーの姿はなかったように思う。

かくして、日本大会は成功裡に終わった。成功の裏には無償の便宜を提供してくれた日本人会員の善意があった。帰国した多くの会員からは、礼状やスナップ写真が送られてきた。こちらからはクリスマス・カードを出さねばなるまい。

(1999年秋)

「百万塔陀羅尼」

［2011年3月の東日本大震災後、国際ビブリオフィル協会のT. キンバル・ブルッカー会長から丁重な見舞いの手紙を頂戴した。アメリカ人だった。］

オクスフォード大学愛書家協会50年と慶應愛書家倶楽部発足

今年初めに送られてきたロンドン書誌学会の季刊誌『ザ・ライブラリー』に、オクスフォード大学愛書家協会が50周年を祝って、今までの活動記録を300部限定で出版し、記念のディナーを3月17日に開く旨のチラシが入っていた。わたしはライバル校ケンブリッジ大学に留学していた1975－78年の3年間、エドワード・カペル協会という愛書家クラブに所属し、毎年一度はオクスフォードの愛書家協会と一緒に図書館の見学旅行などに参加していたので、早速この『オクスフォードの愛書家たち』という活動記録を注文することにした。もうかれこれ25年もの付き合いになる古書業者クリストファー・エドワーズ氏にメールを送って3部頼んだ。

C. エドワーズを介して

エドワーズ氏はオクスフォード大学で歴史を学んだ後、ロンドンの競売会社で研鑽を積み、後にピカリング・アンド・チャトー古書店で働いた後、独立した。小柄で人なつっこい、しかも素晴らしい学殖の持ち主で、17、18世紀の書物への書入れから所有者を特定するのを得意とする。私が信頼するイギリスの古書業者3名の中に入る。

エドワーズ氏は早速、今回の出版物の編者ポール・ナッシュ氏に注文を入れてくれた。出来上がって送られて来たのは、小ぶりではあるが、200ページを超える充実した協会の記録だった。これを見て、20世紀後半のイギリスの印刷、出版、図書館、古書販売などの分野で活躍した多くの人物がここの出身だと分かった。表紙カバーに印圧の跡があるので、嬉しくなって調べてみると、ナッシュ氏がストロベリー・プレスで自ら活字を拾って印刷したという。いまどき珍しい。もう一人の編者ジャスティン・ハウズ氏は、ロンドン南部にある活字博物館のキュレーターの仕事を辞して、セント・ブライド

『オクスフォードの愛書家たち』

印刷図書館に関係しながらレディング大学の客員教授になった矢先の2005年3月に急死した。氏は20世紀の最も優れたタイポグラファーの一人で、私の教え子たちにも、活版印刷の技術的な面を指導してくれていた。

本書の標題紙の隣には、折りたたまれたグループ写真がある。1978年3月9日にオクスフォードのブレズノーズ・コレッジの学長室で開かれたこの協会の催しの際、撮られたものだ。驚かされるのは、男性は全員タキシード姿、女性は長いスカートを着用している。その後急速に社交の場面から姿を消した正装のプロトコールが、ここにはまだあった。ケンブリッジのカペル協会の催しには、一度たりともタキシードで参加した覚えがないので、オクスフォード紳士の保守的な態度を見せ付けられた思いだ。

もっと驚かされるのは、そこに集った面々のすごさである。学長で18世紀フランス啓蒙主義の大家ロバート・シャックルトン教授、若いころマロリーのウィン

オクスフォード大学愛書家協会のパーティー（1978年）

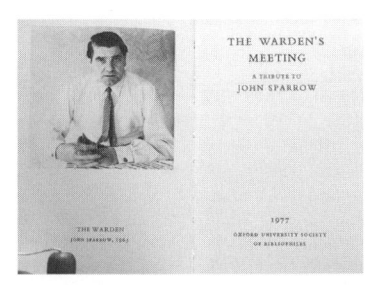

スパロウ学長への献呈エッセイ集

チェスター写本を発見し、後にオクスフォード総長を務めたサー・ウォルター・オークショット博士、オール・ソウルズ・コレッジのジョン・スパロウ学長をはじめとする錚々たる愛書家たちだ。面白いのは最前列にちょこんと座っているのが、ベビー・フェースの学生事務局長クリストファー・エドワーズ氏だったことだ。

ジョン・スパロウ

これでお分かりのように、オクスブリッジでの課外活動は、わが国とは大いに異なり、学生と教職員などが一緒に楽しむのである。スパロウ学長は1951年にこの愛書家団体が誕生して以来、ずっと自室を集会のために提供してきた。そこで1977年には、協会の25周年を記念して、『学長の集会―ジョン・スパロウ学長へ捧げる』というエッセイ集が編纂された。執筆者には『ブック・コレクター』誌の編集長ニコラス・バーカー氏、サザビーズの写本部長を長く務めたクリストファー・ド・ハメル博士、大英図書館写本室

のヒルトン・ケリハー氏、18世紀書物流通史を書いたジョン・フェザー博士、ロンドン大学のヘンリー・ウッドホイゼン教授、イタリアのインキュナビュラ研究者デニス・ローズ博士、古書業者コリン・フランクリン氏など、綺羅星のごとく並んでいる。

エドワーズ氏からは、スパロウ氏に献呈したエッセイ集には、印刷ミス入りのコピーがまだ少し残っていると連絡が来たので、6ポンドという昔のままの値段で入手した。比較してみると、序文と図版一覧が逆の位置で印刷されていた。ここまで来ると何でも入手したくなったので、3月17日の記念ディナーのメニューと座席表はないか問い合わせてみた。エドワーズ氏は自分の分は捨ててしまってないからと、ナッシュ氏に尋ねてくれた。送られて来たメニューは、やはりナッシュ氏が活版で印刷していた。座席表には大英図書館のクリスチャン・ジェンセン博士、レディング大学でタイポグラフィーの歴史を教えていたペギー・スミス博士、元イートン・コレッジ図書館長のポール・クウェリー氏、書誌学者のロビン・マイヤー女史、フランクリン氏、バーカー氏、ド・ハメル博士など、旧知の顔ぶれが揃っていた。

クラブの凋落

今回の活動記録を読みながら感心していると、最近はこの協会に学生会員がいないという。もったいない話だが、ケンブリッジでも1993年に私が一年滞在したとき既に、カペル協会は学生会員が皆無のため活動停止に追いやられていた。恩師デレク・ブルーア（Derek Brewer, 1923-2008）教授の言によれば、「現代はもはやクラバブル clubbable な時代ではなくなった」、つまり18世紀以降イギリスで発達したジェントルマン・クラブで「群れ集う」楽しみがもはや消失してしまったというのだ。教員たちも早く帰宅して家庭サービスに時間を費やさねばならぬ、ということか。そういえばわが国の大学でも、体育会はおろかテニス・サークルに集まる学生数も激減しているという。

オクスフォードでは曲がりなりにも愛書家協会の活動記録が出版されたのを知ると、ケンブリッジではどうかと思って、最近まで大学図書館の事務方 No. 2 だったデイヴィッド・ホール氏にメールで尋ねてみた。彼からの返事は私を悲しませた。18世紀のシェイクスピア学者に由来するエドワード・カペル協会は、代々の学生書記のミスにより、記録や文献が消失しており、彼の手元にあった資料はすべて大学図書館に寄贈したという。ケンブリッジだって、名のある書誌学の研究者、古書業者、印刷業者を輩出したのに、残念至極である。

我が国でも愛書家倶楽部

　ここまで来たとき、私は一案を思いついた。こんな時代だからこそ、母校に慶應愛書家倶楽部を作り、卒業生、教員、学生が一体となって、愛書精神を確認しあうのはどうだろうか。海の向こうで学生にも見放された状態ではあるが、自分が定年までの3年間でもやってみたい、という気持ちがふつふつと湧いてきた。慶應出身の愛書家は多い。書誌学、出版、印刷、古書販売の世界で成功した卒業生も多い。書誌学関係のゲスナー賞だって、審査委員は紀田順一郎氏、林望氏、それに私と、みな慶應だ。学内のこれはと目星を付けた教員や大学院生はみな賛成してくれた。4月初めの紀田順一郎氏の出版記念会のおり、この話を紀田氏と荒俣宏氏に持ちかけたら、お二人とも乗り気だった。話を伝え聞いた早稲田の卒業生（雄松堂の会長）からも、ぜひ入れて欲しいとの声もある。

　今年は、大学の書物史の授業で「書物の敵、書物愛」を主題に取り上げている。ぜひ秋口辺りに慶應愛書家倶楽部の発会式をやりたいと、ない知恵を絞っているところである。

（2006年6月）

［こうして発足した慶應愛書家倶楽部は、順調に活動を続け、2012年9月に第20回の例会を開催した。］

神奈川近代文学館

2006年秋三田に生まれた慶應愛書家倶楽部は、順調に例会をこなして、まもなく1周年を迎える。言いだしっぺの私にとって嬉しいのは、学部の学生から大学院生、卒業生と、年齢層の広がりを見せる団体としてスタートできたことで、会員の中には紀田順一郎、荒俣宏、といった古書収集のプロもおられるので、頼もしい限りである。一年に4回ほど、3ヶ月に1回のペースで、土曜日の午後に講話を聞き、情報交換などおしゃべりをし、最後に持ち寄った古書の競売をやって、売上金は会費を取らない倶楽部の運営資金に当ててきた。最初に作った奇妙なルールのひとつに、講師は古書に関する自慢高慢の話を披瀝するのだから、講演料をいただくなどもってのほか、むしろ面白くもない自慢話を耐えて聞いてもらうのだから、講師自身がワイン類を持参してみなに振舞う、というのがある。今までの講師はみなこれに同意してくださったのだから、ありがたいもので、倶楽部の和やかさを分かっていただけよう。

倶楽部の遠足

さて、去る6月の土曜日、梅雨の合間の珍しくも快晴の午後、倶楽部の活動としては初めて三田のキャンパスを離れて、横浜に出かけた。港が見える丘公園にある神奈川近代文学館で例会をやり、夜は中華街で一杯やろうという趣向だ。幸い、館長を務める紀田順一郎氏が、文学館の裏側をつぶさに見せてくださるという甘い言葉に誘われて、館内の小会議室は18名の参加者で満員の盛況だった。

港が見える丘公園を訪れたのは何年ぶりだろう。定刻より早く着いたので、常設展示を見て回る。入り口そばには漱石山房と呼ばれる漱石の書斎が再現してある。写真でよく見る紫檀の文机、火鉢、喫煙具、いくつもの文箱と、実物が眼前にあるので、作家自身と対峙している錯覚にとらわれる。文机の上に昔懐かしいオノト万年筆のペン軸が置かれているが、ペン先がない。説明書きによれば、これは納棺の際、鏡子夫人によって副葬品と

神奈川近代文学館

されたという。有名な「漱石山房」の原稿用紙は、漱石本の装丁を多く手がけた橋口五葉のデザインによるが、当時の「朝日新聞」の新聞小説の欄に合わせて1行19字詰めになっている。

解説を頼りに見ていくと、時間がいくらあっても足りない。しかし、神奈川にゆかりのある小説家や詩人がこんなにいるのか、と思い始める。文中に一語でも地元に関する表現が出てくれば、その作家は近代神奈川文学館が扱う範疇に入ると聞いて納得した。戦前に洋行といえば、まず横浜港が出てくるだろうから、戦前の作家はほとんどみなここに原稿があってもしかるべきだ。

紀田館長の講話

さて、この日の講話は紀田館長による「資料の収集・保存について（神奈川近代文学館の収蔵にふれて）」という50分ほどの、ハンドアウトを用いた卓話だった。ちょうど私は「大学図書館の洋古書管理への不安」というエッセイを発表したばかりで、日ごろ利用する図書館での古書保存の現状に不安を感じる院生が多かったので、格好の主題だった。

収蔵品の徹底した保存

次が「収蔵品の保存について」である。ここで収蔵の対象とするのは、日本近代作家の原稿、創作ノート、日記、書簡、文書、書籍の類で、主要な個人文庫は目録を作成し、一括保存する。いったん散失すれば代替物がないオリジナル一点物ばかりだから、耐震、除湿、空調、防虫（防かび）、経年変化には神経を集中しているようだ。とりわけ地震国日本ゆえ、公園内の安全地で隣接する建物がない場所で、しかも岩盤の固い箇所を選び、強度は建築時の基準で25％増の建物を建てたというから、どこかの原発関係者に聞かせたいぐらいだ。子供のころ、地震が来たら裏の竹やぶに逃げろといわれたが、港が見える丘公園の周囲に住む県民は、この文学館に逃げ込めば他人より助かる率が高いかもしれない。

誰でも古書を扱った者なら、きちんと保管しておいても次第に経年変化を起こすケースを知っているだろう。要するに、酸化防止の手立てをしなければならない。そこで、ここでは、自筆原稿は一枚ずつポリプロピレン製の中性紙封入ホルダーに収め、作品ごとに端を閉じておくというやり方で、経年変化の問題に対応しているという。

第3部は「参考複製（レプリカ）について」であった。初版本刊行時の理想的な状態を再現して一般にも販売するという、かつての日本近代文学館の複製とは異なり、神奈川近代文学館では現時点での状態を再現する5部ほどの複製を作成している。その印刷には、オフセットの刷り重ね方式（四色分解ではなく、各色製版）という手間と費用がかかる方式を

採用しており、時には10色以上の刷り重ねを行うという。

　こうやって紀田館長のお話を伺っていると、その後の文学館裏側ツアーがますます楽しみになってくる。しかし、その前の質疑応答でも、面白いことが分かった。こういった丁寧な保存方法を知ると、存命中の作家もここへ原稿を委託したり、遺贈したりというケースが多くなるはずだ。「誰のものでも受け入れるのですか」という質問に対して、紀田館長は「近代日本文学は三島由紀夫と大岡昇平で終わりでしょう」とすげない。また「現存作家でワープロを使って原稿書きをする場合、展示できないではないか」との質問に対しては「ベストセラーになった作品の最初の2、3ページを原稿用紙に書き起こしてもらうのだが、推敲の跡がなく、面白くないですね」という答だった。スケッチも原稿もワープロの中に眠ってしまうとすれば、21世紀作品の本文批評や校訂版作りはいったいどうなるのだろうか。

図書館の裏側ツアー

　神奈川近代文学館に勤務する二人の専門図書館員の案内で、いよいよ裏側ツアーに向かう。廊下の床は平坦でごみひとつ落ちていない。書庫ではわざと埃を探して指で表面をなぞってみたが、汚れは付かなかった。たしかに自筆原稿は、みな通気性のあるポリプロピレン製のジャケットに収められていた。館内の隅々にまで文化を守ろうとする使命と誇りを、プロ意識と相俟って、感じたのは私だけではなかったと思う。燻蒸装置も大掛かりだった。ただここの使用薬品が環境意識の変化で、だんだん難しくなっているという現状もあった。これについては、今年三田の「書物の敵・書物愛」というオムニバス講義で、文化財に付着する害虫研究の権威（？）杉山真紀子博士からも伺った話だった。

　ここには漱石が用いた多数の落款も残されていた。相当の凝りようだったことが分かる。これを復刻しようという話もあると聞いた。私はミュージアム・ショップで、漱石の落款ばかりを集めたカラー・ファイルを購入した。翌月イギリスに学会出張があるので、よい土産になるだろうと思ったからだ。

　こうやって講話とツアーが終わると、午後5時を回っていた。みなでゆっくりと語らいながら丘を下りて、元町から中華街に足を運んだ。

（2007年9月）

ケンブリッジ大学図書館参事会に出席して

ケンブリッジ大学 800 年祭

　2009年10月初め急ぎ足でケンブリッジを訪問した。市内の至る所に800という数字が入ったバナーが翻っていた。1209年、オクスフォードにおける学者と町の人々との度重なる確執に嫌気がさした一部の学者が、ケンブリッジに逃げて新たな大学を作った、という半ば伝説めいた起源から800年経過した今日、大学を挙げて主催行事を展開している、というわけだ。ただ伝統を墨守するのではなく、モットーは「明日を変える」だ。

　ケンブリッジ大学図書館と私は縁が深い。1975年夏から3年余りここに留学した私は、ほぼ毎日図書館に通った、だけではない。日本学の専門家だったエリック・キーデル館長に頼み込んで、所蔵する国文学関係の貴重書を特別展示してもらったこともある。嬉しいことに、これをきっかけに未知の奈良絵本が発見された。また、図書館サービスを改善するための提案を頻繁に目安箱に入れたため、3年の留学期間の終わりには、図書館長室にティーに招待されたほどだ。

　その後もこの図書館を利用するたびに、図書館長、写本部長、貴重書部長らと親密になった。特に1998年にここのグーテンベルク聖書を、私が主事を務めた慶應のHUMIプロジェクトがデジタル化してからは、ピーター・フォックス館長とは一層親密度が増した。その裏にはナンバー2のデイヴィッド・ホール氏がいたが、彼とは1975年以来ずっと古書収集仲間だった。

　そんな背景ゆえか、2007年からケンブリッジ大学図書館の参事会（Visiting Committee）のメンバーに任命された。それまでも顧問委員会が存在したが、国際情勢の大きなうねりの中で、より国際的な諮問委員会を作ったわけだ。初の女性総長として着任して3年目のアリソン・リチャード博士は、タイムズ紙の世界大学ランキングでケンブリッジがハーバードの後塵を拝して2位に位置している（因みにわが本務校は2009年は142位である）現状に危機感を抱いている。ト

ケンブリッジ大学図書館閲覧室

ップ5から滑り落ちたら、2度とはい上がれないだろうと、周りを叱咤激励してきた。

　この3月にフォックス館長が勇退した後、図書館長に選任されたのはアン・ジャーヴィス副館長だった。彼女は650年の歴史を誇る図書館の歴史の中で、最初の女性館長である。そして、各学部図書館を傘下に収める図書館サービス管理者（Director of Library Service）をも兼務する。すなわち彼女の職掌は、大学のメンバーに使いやすい施設と質の高いサービスを提供して、研究者を手助けすることである。

大学図書館参事会
　二日間にわたって開催された参事会は、ジャーヴィス館長が「世界の大学ランキングでは2位だが、図書館に関しては19位という現実をどう受け止め、向上させていくか」という問題提起で始まった。参事の顔ぶれは、ケンブリッジに関係ある卒業生、学者、経営者（ウォーターストーン書店のオーナー）など10数名である。決して図書館運営の専門家ではない。議長のダドリー・フィッシュバーン氏は、サッチャー政権で保守党議員を10年務めた後雑誌『エコノミスト』の編集長、ハーバードの諮問委員のみならず12年間ハーバード大学図書館の参事会議長を勤め上げ、最近HSBC銀行の取締役を退いたという、輝かしい経歴の持ち主だった。

私が参事会に出席したのは2度目だが、厳しいスケジュールの中で議論が沸騰する会議を巧みに捌いていくフィッシュバーン氏の才覚には瞠目した。

　図書館関係者からは、図書館運営の現状と問題点、今後の運営方針、それに伴う財政的な措置の可能性がプレゼンテーションされた。特にジャーヴィス館長が「21世紀の大学図書館はどうあるべきか」という発表では、デジタル化の諸問題、学部図書館との連携、私立大学として存在する31のコレッジの図書館との関係などが明らかにされた。ここでは、わが国の大学図書館の委員会で聞かれる「予算」という言葉はなく、強調されたのが必ず「寄付金」「基金作り」「外部資金」だったというのも印象深い。外部の篤志家からいかに大規模な寄付を得られるかが、ケンブリッジ大学図書館の生命線なのであった。

　英米人に混じって私が参事に選ばれたのは、図書館資料のデジタル化にHUMIプロジェクトが優れた業績を上げていること、それに中世の写本や初期印刷本の領域にいささか明るいという事情であろう。彼らの議論に割ってはいるのは並大抵ではないが、発言を始めれば、全員が耳を傾けてくれた。あるとき、HUMIプロジェクトがデジタル化したグーテンベルク聖書の高精細データを送っているのに、さほどそれを利用した形跡がないのはもったいないではないか、と指摘し

た。現在新しい貴重書部長を公募しているが、応募条件にはデジタル技術のかなり深い知識が課せられているという。

今回最も強く印象に残ったのは、図書館関係者も参事会も、ケンブリッジ大学図書館をより使いやすいものにするにはどうしたらよいかを、真剣に考えている姿勢だった。「ここの貴重書コレクションはハーバードのものより数段優れているのだから、恐れることはない。正しくデジタル化して、誰にでも分かりやすい形で提供するのが一番ではないか」という意見にみながうなずいたことは、いうまでもない。コンテンツ（英語ではcontent）を所有し活用することの重要性が強調されていた。

最後のプログラムは、最近寄付金によって収蔵された第1次大戦の戦争詩人ジークフリード・サスーンの手稿類の展示だった。しかも書誌学者ジェフリー・ケインズの貴重書コレクションが置かれた記念室で、旧知のパトリック・ズッチー写本部長による解説付きだった。

（2009年11月）

第4章
写本研究

ウィリアム・フォイルとクリストファー・ド・ハメルについて

　6月後半のロンドンは楽しい。夏時間のせいで日没は9時過ぎで、外はいつまでも明るい。風のない夕方に、公園や民家の庭先を通ると、すいかずらの官能的な匂いが漂ってくる。負けじとばかりバラも美しく咲き誇る。ウィンブルドンでは全英テニス選手権が始まり、外のテントでは夏のいでたちに白い帽子を被った紳士淑女が、採れたての小粒の国内産のイチゴにデヴォン・クリームをかけて、アフタヌーン・ティーを楽しむ。

　各種のオークションが最も活気を呈するのも例年なら6月である。世界中から集まった本の虫たちが、ロンドン・ブック・フェアに群がり、サザビーズ、クリスティーズのシーズン掉尾を飾る中世写本の競売に参加するからである。ところが今年（2000年）は少々様子が異なる。写本競売が7月にずれ込んだのである。

どんな事情か知らないが、そのため、わたしは11日から3日間クリスティーズで繰り広げられる、フォイル蔵書の売り立ては見学できそうだ。

ウィリアム・フォイル旧蔵書

　ロンドンで神田神保町の古書店街に相当するのは、映画「チャリング・クロス街84番地」（1986）でも知られるチャリング・クロス街だ。この通りでひときわ目立つビルは、フォイルズであろう。いまでは古書部門が小さくなってしまったが、昔から有名な店だ。ウィリアム・フォイル（William Alfred Westropp Foyle, 1885-1963）が、1903年に兄のギルバートと書店を開いたのだが、経営は順調に進んで、1920年代には200万冊の在庫を誇る「大衆のための」大書店にのし上がった。戦時中の1943年、エセックスにあった12世紀の修道院ビーリー・アビーを購入したフォイルは、20年後に亡くなるまでここを住処として、今世紀最大の蔵書の一つを構築した。中世に作られた装丁のままの写本を初めとして、多くのインキュナビュラ、キャクストンからケルムスコット・プレスにいたる英文学の貴重書を収集し、書斎で愛でたのである。

フォイル書店

フォイル蔵書競売目録

フォイルの死後は娘のクリスティーナが経営権と修道院を相続した。彼女は研究者には惜しげもなく、父の蔵書を閲覧することを許したから、12世紀の修道院にある書斎で至福のときを過ごした学者もいた。わたしもその一人である。昨年クリスティーナが亡くなったので、この蔵書は競売に付されることとなった。

クリストファー・ド・ハメル氏の目録

一方、サザビーズの写本部門も負けてはいられない。なにしろ、1975年以来中世写本の競売目録を作ってきたクリストファー・ド・ハメル博士の最後のシーズンだったからである。

ニュージーランド生まれのド・ハメル博士は、オクスフォード大学に進んで、1979年13世紀パリで作られた聖書注解書の研究で博士号を取得した。その4年前にサザビーズに就職した博士は、それまでの写本競売目録を一新させた。リチャード・ハント（Richard Hunt, 1908-1979）、ニール・ケア（Neil Ker, 1908-1982）、ジョン・スパロウ（John Sparrow, 1906-1992）など、オクスフォードの古写本学者や愛書家の薫陶を受けたド・ハメル氏は、必要ならばひとつの写本を10ページも割いて記述し、必ずカラー写真を掲載したのである。超一流の学者が競売屋になったのだから、その博識といい、記憶力といい、誰も適わなかった。

わたしはロンドンに出かけると、三度に一度はド・ハメル氏に会いにいく。それがサザビーズのオフィスであろうが、彼の自宅であろうが、博識で冗談好きの彼と話すのはじつに楽しい。大声と笑い声はまるで子供のようだ。大学教授でもないのに、講演に招かれると誰よりも面白く話をするのもなるほどとうなずける。

既に数度にわたって来日しているド・ハメル氏だが、一番最近では、昨秋の国際ビブリオフィル協会の日本大会のおり、慶應にも我が家にもやってきた。例によって、写本の零葉集を見せて欲しいという。そして、汚れた断片ばかり入ったボックスをひっくり返しながら、同席していたノルウェーの大コレクター、マーティン・スコーヤンに向かって突然叫ぶではないか。「マーティン、ここに君が探しているカタラニア語写本の一葉があるぞ。」たしかにそれは、わたしがカラマズーの国際中世学会の出店で5ドルほど

で買ったものだが、わたしにはその正体は分からないままだったのだ。「トシ、マーティンの持っているアングロ・サクソン写本と交換してやったらどうだ」このド・ハメル氏のアドバイスにも関わらず、スコーヤンからの交換の申し出は残念ながらまだない。

この秋ド・ハメル博士は、ケンブリッジのコーパス・クリスティ・コレッジの図書館長に就任する。ケンブリッジ出身の本の虫としては、こんな嬉しい知らせはない。就任を目前に彼は、既に『パーカー蔵書―コーパス・クリスティ・コレッジの至宝』と題する、飛び切り美しいブックレットを出版した。これは、カリグラファー必携の書である。わたしに贈ってくれた本には、サザビーズのスリップが挟んであり、そこには次のような言葉が添えられていた。「君が毎年夏にケンブリッジで本の虫を集めてやる昼食パーティを、来年はコーパスでやろうね」。その日が待ち遠しい。

『パーカー蔵書』

（2000年秋）

ブーン家聖書零葉
クリストファー・ド・ハメル博士の執念

ブーン家聖書とは

　2007年8月末、ロンドンに滞在していたわたしは、大学の公務がひと段落した後、今春から同僚となったTさんを伴ってマッグズ書店に出かけた。ここは看板に英国王室御用達と謳う有名な古書店である。何人かの店員に彼女を紹介した後、わたしたちは中世写本の零葉が入っている引き出しの中身をじっくり調べ始めた。すると見慣れた大型聖書写本の一葉が目にとまった。最近ではブーン（Bohun）家聖書零葉と呼ばれている一葉だ。高さ45cm、幅31cmの大型の羊皮紙に、2段組で僅か22行の本文しか書かれていないので、いやがうえにも目立つのである。値段がいくらだったかは覚えていないが、すぐTさんにいい買い物だからと勧めてみた。彼女はこれを購入して、下宿先のクリストファー・ド・ハメル博士の家に持ち帰った。旅行先から戻った博士に見せたところ、「でかした」と大喜びしてくれたという。

　博士は故郷のニュージーランドで高校に通っていたころ、デューディーン公共図書館で展示されている、14世紀英国で制作されたブーン家聖書の2枚の零葉を飽かず眺めていた。これがTさんの所蔵となった零葉の仲間である。博士はそれ以来、今はバラされてしまった聖書の零葉を、古書店や競売の目録で見つけるたびに、記録にとっておき、1973年と1989年に所蔵調査の結果を公にした。そして今や、150点もの零葉の存在を確認した博士が最新版を準備中だったところへ、Tさんの購入が明らかになったのである。

フィラデルフィアで

　11月初めにフィラデルフィアのペンシルヴァニア大学図書館で、中世写本の収集に関するシンポジウムが開催された。ド・ハメル博士もわたしもそこに参加したので、3泊4日の滞在は中世写本漬けの実に楽しいものとなった。近くのボル

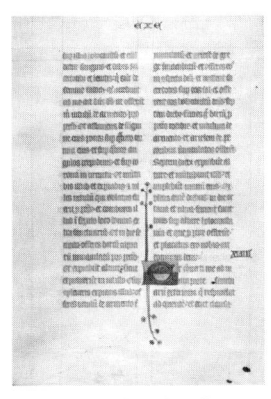

ブーン家聖書零葉

ティモア市にあって中世装飾写本の一大蔵書を誇るウォルターズ美術館を一緒に訪れた帰り途、フィラデルフィアに戻る電車のなかで、博士の話は件のブーン家聖書零葉に及び、「日本には慶應義塾図書館、横浜のTさん、それに東京の君の所に一葉ずつあるね」と言う。そこで「もっとあるよ」と答えておいた。

帰国して数日もしないうちに、フィリップ・ピラージュ古書店から分厚い目録が届いた。いつも数多くの写本零葉や貴重書を満載しているのだが、今回の54号には736点も掲載されている。ゆっくりカラー写真を見ていくと、44番としてブーン家聖書写本からの零葉が、サイズは小さいが復刻されているではないか。急いで解題を読むと、「オランダ？ 15世紀初め」と書いてある。確かに以前は「北ヨーロッパ」などと分類されたことはあるが、今時の専門店がこんなミスをするなんて、という思いと、早くド・ハメル博士に伝えなければという思いが交錯した。

そこでメールを開けて見ると、何たる偶然、博士からこの写本零葉の所在リストが届いていた。驚いたことに、ピラージュ書店の一点は、シカゴの個人収集家蔵と掲載されていた。既に売れていたのである。この書店にはいつも航空便で目録を送ってくれと頼んでいるのに、また船便で送ってきた結果、大魚をさらわれたな、という感を強く抱いた。

C. L. リケッツのアーカイヴ

閑話休題。博士がフィラデルフィアでのシンポジウムの基調講演の主題に選んだのは、20世紀前半の写本収集家 C. L. リケッツ（Charles Ricketts, 1866-1931）であったが、ほとんど誰も聞いたことがない名前だった。ここ数年間にわたってインディアナ州ブルーミントン市のインディアナ大学リリー図書館に収められた膨大な写本零葉コレクションを調査し、目録を作成した博士は、そこに残されていたリケッツ関係のアーカイヴを発見したのである。リケッツは世紀末からシカゴで写本装飾絵師として活躍した。わが国ではあまり知られていないが、中世趣味が流行した英米の世紀末から第1次世界大戦の頃まで、会社の役員や教区の牧師を引退した人に記念として羊皮紙に中世風に手書きした感謝状を送る習慣があった（現在では中世風の装飾が用いられることはほとんどない）。英語で retirement testimonial と呼ばれているものである。20世紀前半にはニューヨークと並んでアメリカ経済の中心地だったシカゴでは、顧客には事欠かなかったから、リケッツの仕事は繁盛した。彼は手本とすべき中世写本の装飾を求めて、定期的にヨーロッパに渡り、写本の零葉を購入していった。

写本零葉の売買

　ところが、ド・ハメル博士は図書館に残されたリケッツ・アーカイヴの中に、彼が自らブーン家聖書写本の零葉をイギリスの古書業者の替わりに売り込んでいた事実を示す書簡類を発見したのである。1920年代には重要な貴重書がばらされて、零葉が収集家の間で人気を呼んでいた。その口火を切ったのはニューヨークの古書店主ゲイブリエル・ウェルズだった。1921年に不完全本のグーテンベルク聖書をばらし、エドワード・ニュートンによる解説を加えて製本したものを売り出すと、聖書ということもあって、よく売れた（現在の市場では一葉でもおそらく800万円はするはずだ）。これを知ったロンドンのマイヤーズ古書店が1927年、14世紀中葉に英国東部で制作された豪華なブーン家聖書写本をばらして、零葉として売り出したのである。当初はよく売れたものの、1929年の経済恐慌で売れ行きは突然止まってしまった。ここで登場したのがリケッツだった。彼がマイヤーズ古書店から売れ残りの零葉を買って、アメリカの図書館や収集家に売り込んだ記録が残っている。このアーカイヴの分析によって、20世紀前半のアメリカの古書収集の一端がわかる。その意味でもド・ハメル博士の発見は重要なのである。

　さて、中世後期の英国では1350年あたりを境に、突然豪華な装飾写本が制作されなくなったことはよく知られている。イングランドにおけるペストの影響がその理由のひとつとして挙げられている。その後も写本好きの収集家が貴族にいたが、ベッドフォード公爵ジョンの時禱書のように、傑作は大陸で作られた写本だ。代々ヘリフォード伯爵を生み出したブーン家は、英国王室とも姻戚関係を結ぶほど、14、15世紀には隆盛を誇った名家であり、居城はイングランド北西部にあったが、土地は東部に所有していた。この聖書零葉のうち7葉には各書の初めを示す細密画が描かれているが、その装飾様式から判断してケンブリッジで制作された可能性が強い。1936年、当時の傑出した写本学者M. R. ジェイムズとエリック・ジョージ・ミラーの二人が、ブーン家一族のために14世紀のイングランドで制作された5つの写本を研究し、『ブーン家写本群』（ロクスバラ・クラブ刊行、1936）を出版していたが、この聖書零葉はまだ同定されていなかった。もともとこの聖書は4巻からなる大型写本だったらしく、零葉はその第3巻がばらされたものである。既に17世紀以前に主要な装飾が入った部分は切り取られており、残りが1927年にばらされたことになる。中世写本の豪華な装飾部分だけを切り取る書物の敵は、昔から存在したのである。

ブーン家聖書零葉の所在調べ

　クリストファー・ド・ハメル博士は、少年時代に愛した2葉の零葉が忘れられず、その後各地に散逸したほかの零葉を求めて、メモを蓄えてきたわけだ。博士から送られた所在リストには私の手元にある14葉に関する情報が入っていなかったので、早速返事としてメールした。折り返し、それらの本文が聖書のどの部分にあたるか調べて欲しいとの依頼がきたので、ラテン語のウルガータ聖書と首っ引きで調べると、博士の記述にもささいな誤りがあることに気付いた。ともかくも、こうして、博士の執念はブーン家聖書第3巻の160葉を超える所在を確認したことになる。博士はまだ還暦に達していないから、どこまで調査の成果が上がるか楽しみである。

　　　　　　　　　　　　　　（2008年冬）

［ド・ハメル博士の調査報告の最新版は、次の論文として出版された。Christopher de Hamel, 'The Bohun Bible Leaves', *Script & Print*, 32（2008), pp. 49-63］
　http://scriptandprint.blogspot.jp/2009/09/contents-of-script-print-vol-32-2008.html

還暦を迎えたクリストファー・ド・ハメル博士

　このところ外国へ行くと失敗ばかりやらかしている。携帯の充電器を持参するのを忘れたり、違う空港に行ったり、便に該当する名前がなかったり、ホテルに着いても部屋の予約がなかったり…。そんなわけで2011年11月1日から数日間のイギリス行きも少々億劫だったのだが、珍しく今回はノーミス、完璧に旅程をこなすことができた。

　1日夕方にロンドンのホテルにチェックインしてまず会ったのが、そこに在住するカリグラファーの初島さつきさん。もう10年以上の知り合いで、数年前に福岡女子大に集中講義に訪れたときにも、聴講に来ていた。「イギリスは寒いのでこれに限ります」と言って、和服を着こなしておられたので、こちらはびっくり。夕食後、見せてくれたのが、ヴェニスでの展覧会に出展したという作品だった。

　わずか4泊のイギリス滞在で、ロンドンとケンブリッジで会ったり、食事をともにしたのは20人にも及んだ。例によってそのうちかなりの人数が図書館、古書店、中世学者たちだった。もちろん、その中に30年以上の友人、クリストファー・ド・ハメル博士もいた。

　21世紀の中世写本研究者の中でもっとも偉大な天才と呼べるド・ハメル博士は、この11月20日で満60歳を迎える。そう、彼はまだ還暦の若者（!?）なのである。わが国とは異なり、50歳で人生の節目を祝い、記念論文集は70歳か75歳で刊行されるのがイギリスでの習慣である。ところがこの慣例を破って、12月5日にはロンドンのサザビーズで、*The Medieval Book: Glosses from Friends & Colleagues of Christopher de Hamel*, ed. by James Marrow, Richard Linenthal and William Noel が出版される運びとなった。世界中の一流の中世学、美術史、写本研究、古書業界の関係者が挙って博士の還暦を祝うのである。本格的にカリグラフィーと取り組む人にも多くの有益な情報をくれる一書であろう。

ド・ハメル博士の経歴

　ド・ハメル博士は、ニュージーランドで生まれ、大学はオクスフォードで中世ヨーロッパ史を専攻、13世紀にパリで制作された聖書の注解書写本の研究で博士号を取得した。そしてロンドンの競売会社サザビーズの写本部門に就職し、先輩のアンソニー・ホブソン部長の薫陶を受けて、25年間勤めた。その間に彼が編集

第4章 写本研究　85

若かりしド・ハメル博士

した中世写本の競売目録は、業界に革命を起こした。そのまま研究書になるほどの細かい解説や情報が詰まったカラー目録だったのである。

コーパス・クリスティ・コレッジの図書館長

　その後、彼はサザビーズの相談役を続けながら、ケンブリッジ大学コーパス・クリスティ・コレッジのフェロー兼図書館長となった。それまでの象牙の塔に閉じこもった閉鎖的な雰囲気を嫌った博士は、誰でもそこの中世写本を見たい人を受け入れる度量の深さを見せたことは特筆に価する。慶應のHUMIプロジェクトがここにある12世紀の「ベリー聖書」をデジタル化して、ファクシミリを出版できたのも、博士のおかげだった。

　博士もこの機会に、中世写本のデジタル化がいかに有効かを知って、パーカー図書館所蔵の総ての写本のデジタル化に乗り出した。いまやインターネットでそ

この写本は見ることができる（ただしダウンロードは有料）。

　11月4日、出席していたケンブリッジ大学図書館の参事会が終了したので、わたしはその足でコーパス・クリスティ・コレッジを訪れた。一緒に昼食に出かける前に、博士は最新の著作 *Gilding the Lilly: A Hundred Medieval and Illuminated Manuscripts in the Lilly Library* を一冊贈呈してくれた。掛詞を使ったうまいタイトルである。これは、インディアナ大学の貴重書図書館に収蔵された中世ヨーロッパの写本断片を、すべてカラー写真で複製し、他の断片がどこのコレクションにあるかをリストアップした目録である。これこそ、見た写本を画像として目に記憶しておくことのできる博士でなくてはできない芸当である。

　昼食後、博士はパーカー図書館を訪れたわたしのために、西暦597年ローマからイングランドへ布教にきた、聖オーガ

ベリー聖書

スティンが携えていた聖書写本を出してくれた。そしてこう言ったのである。「先日、ローマ法王がイングランドを訪問したとき、ウェストミンスター寺院でミサをしたのを覚えているかい。その際に記念すべきこの聖書を持参したのだが、法王は装飾ページに口づけしたいといわれたのさ。でも本文ページで勘弁してもらったよ」。

(2011年冬)

テリー・ジョーンズへの記念論文集

モンティ・パイソンの騎手

　テリー・ジョーンズ（Terry Jones, 1942-）は、イギリスのみならず欧米でビートルズ、トウィギーなどと並んで20世紀後半の大衆文化を担った人物である。オクスフォードで中世英文学を専攻したウェールズ出身のこの若者は、卒業後オクスブリッジ出身の才人4名やアメリカ人テリー・ギリアム（いまや異色の映画監督として有名）とともにMonty Pythonというギャグ集団を結成、テレビ番組の脚本を手がけるようになり、BBCの「空飛ぶモンティ・パイソン」（1969-74）でブレークした。ブラック・ユーモアあふれるこのシリーズは、我が国でも何度も放映され、タモリらに多大の影響を与えた。

　ふたりのテリーは1975年、アーサー王伝説をパロディ化した低予算映画『モンティ・パイソン・アンド・ホーリー・グレール』を共同監督し、世界的なヒットとなった。テリー・ジョーンズはその後もキリストを扱った『ブライアンの生涯』や『人生狂想曲』にも監督・出演して成功した。

多才なテリー・ジョーンズ

　しかし、テリー・ジョーンズの肩書は映画監督、コメディアン、脚本家、コメンテーター、児童文学作家にとどまらない。中世文学・歴史研究家でもあり、彼と私の接点もそこにあった。大学卒業後も中世イギリスの歴史や文学に関心を持ち続けたテリーは、アーサー王伝説のパロディ映画を制作後も中世の騎士について研究を続け、1980年『チョーサーの騎士』を出版、その年のクリスマスにはベストセラーとなった。

テリー・ジョーンズ

従来の学界では、詩人チョーサーが『カンタベリー物語』（1400）に登場させた騎士は、中世騎士道の鑑として描かれていると考えられていた。ところがテリーは、ヨーロッパ各地を転戦するこの騎士は、実は仕える領主を持たずに、槍一本をかついで活躍、戦場で倒した相手から金品を巻き上げる傭兵ではなかったかとする新説を提案したのである。

新説の波紋

稀代のコメディアンによる真面目な研究書は、読者とりわけ学生たちを喜ばせたが、眉をひそめる研究者も多かった。わが恩師のチョーサー学者デレク・ブルーア教授は、テリーをケンブリッジ大学に招待して講演させた後に激しい議論を展開した。奇妙なことに、論敵であるはずのこの二人はすぐ友人となった。

2000年パリ。チョーサーの没後600年を記念する新チョーサー学会の国際大会が開催されたとき、テリーと彼の学者仲間はソルボンヌ大学で「誰がチョーサーを殺したか」（後に出版）と題する模擬裁判を行った。それをデジタルビデオに収めた私は、コピーをブルーア教授に託して、テリーに送った。我々はこうして知り合いとなり、主に国際学会で旧交を温めるにいたった。

記念論文集

2012年5月に出版された論文集 R. Y. Yeager and Toshiyuki Takamiya, eds., *The Medieval Python: the Purposive and Provocative Work of Terry Jones* (New York: Palgrave, 2012) は、18名の中世英文学者がテリーの70歳を祝うものだった。ここ二年間は被献呈者テリーには知らせず、サプライズとして準備してきた。本来ならテリーの誕生日は2月1日だった。この日アメリカから国際電話したイェーガー教授は、誕生パーティに出かける直前のテリーに、書斎のPCを立ち上げるように伝えたという。テリーがPC画面に見たものは、本書のカバーデザイン、それによって記念論文集の企画を初めて知ることになったのである。

5月11日、テリーはミシガン州カラマズーのウェスタン・ミシガン大学で開催されている国際中世学会にやってきた。学会期間中に開かれている書店ブースには、本書が飾られ、印刷されたばかりの30冊は瞬く間に売れた。その日の夕方に開かれた出版社のレセプションは、「テリー・ジョーンズが来てるんだって」と興奮気味に入ってくる大学院生らで超満員となった。翌日、ダウンタウンのレストランで開かれたディナーでは、20名ほどが集まって記念論文集の贈呈式を行った。シャンペンによる乾杯と祝辞のたびに、テリーはいつもより、もっともぞもぞとウェールズ訛りで「恥ずかしい

（embarrassing）」を連発した。欧米ではこれが「正しい」作法だという。

　デジタル時代のきょう日、こんな著名人に捧げる記念論文集もわずか400部しか印刷されなかった。早く売り切れてペーパーバックで再版してほしいものだ。

（2012年5月）

第 5 章

追憶の人々

気骨の人、チャールズ・マスカティン教授

　ジェフリー・チョーサー（Geoffrey Chaucer, 1340-1400）といえば、「英詩の父」と呼ばれており、英文学史を学ぶ者は、誰でも知っている。未完に終わったが『カンタベリー物語』はわが国でも数種の翻訳があるほど、よく知られた傑作である。当然のことながら、もっともイギリス人らしいユーモアとペーソスにあふれた作品といえる。

マスカティンのチョーサー研究

　誰でもが英文学の傑作として疑わなかったチョーサーの作品には、若いころから親しんだ英文学の作品と同じく、いやそれ以上に詩人が読み親しんだフランス語作品の影響がある、として正面切って主張した研究者が、戦後のアメリカで活躍した。この人こそ2010年3月12日に89歳で天寿を全うしたチャールズ・マスカティン教授（Charles Muscatine, 1920-2010）である。イェール大学で学士、修士、博士号を取得したマスカティンは、カリフォルニア大学バークレー校で教鞭をとりながら、『チョーサーとフランスの伝統―様式と意味の研究』 *Chaucer and the French Tradition: A Study in Style and Meaning*（1969）を出版した。

　その後イタリア人研究者ピエロ・ボイターニ（Piero Boitani）は、チョーサー作品に見られるイタリア文学の影響を徹底的に研究した。その流れは最近のデイヴィッド・ウォレス（David Wallace）などの研究に引き継がれてきた。要するに、現代においてチョーサー作品を本格的に研究するには、中世のさまざまな言語を学ばなければならない、という状況になったのである。2年ごとに国際学会を開催する新チョーサー学会が、2000年にパリで開いたのに続いて、今年2010年の夏にはイタリアのシエナで開くのは、故なしとしないのである。

　マスカティンは、その後も『チョーサー時代の詩と危機』 *Poetry and Crisis in*

チャールズ・マスカティン教授

the Age of Chaucer（1972）、『古フランス語のファブリオー』The Old French Fabliaux（1986）といった著書や、多くの論文を発表した。特にここに挙げた三冊は、みな小ぶりではあるが、「山椒は小粒でもぴりりと辛い」という通り独創性の高い研究書である。

教授夫妻とのお付き合い

　マスカティン教授夫妻とは長いお付き合いだった。1980年代の終わりに夫妻がわざわざ東京に会いに来られ、私もサンフランシスコの対岸バークレーの、絶景を誇るお宅にお邪魔しただけでなく、ナパ・バリーに所有するブドウ園に連れて行かれて（そこで取れる良質のワインはすべて日本に売られたという）、贅沢な一日を楽しんだ。その後もずっと学会でお会いしてきたのはもちろんのことだ。2000年夏のパリの学会のおりは、前日にセーヌ左岸の古本屋を冷やかしていたら、教授に遭遇した。昔留学した街だからか、いつもより悠然と歩いておられた感じがした。

活動家マスカティン

　ここまでのことなら、私は敢えてこの欄でマスカティン教授を取り上げることはしなかっただろう。新チョーサー学会や初期書物学会のニューズレターで、教授の死を知った私は、ネットで新聞の死亡記事を探してみた。すると、どの新聞も「赤狩り」と呼ばれた1950年代のマッカーシー旋風に負けず、言論の自由を守るため敢然と闘った教授の筋を通した前半生に、光を当てているではないか。いつも温厚な笑顔を絶やさない教授に、そんな人間の良心に忠実に生きた証があったとは、うかつにも知らなかった。最近出席した国際学会で、このことを話題にしても、知らない世代の研究者が多かった。

　あの映画『ローマの休日』（1953）も、オードリー・ヘップバーンが演じるプリンセスの単純なラブ・ロマンスではなく、ハリウッドがマッカーシー委員会から狙われて危うい目を体験した映画製作者の意図が隠されていることは、わが国でも少しずつ知られてきた。原題 Roman holiday には詩人バイロンが用いた「他人を犠牲にして楽しむ休日」という意味も込められている。アメリカでは、映画界（チャップリンは有名なケース）と同様に、学界も共産主義者のたまり場だとして攻撃の対象になった。私の知り合いでも、共産主義者かそのシンパと見られた故モーゼス・フィンレー教授（コロンビア大学）が、祖国アメリカを捨ててイギリスに亡命し、ケンブリッジ大学のギリシャ古代史教授となり、私が所属したダーウィン・コレッジのマスターにもなった。イギリス政府は彼にサーの称号を与えた。

　マスカティンは「活動家」としての一

生を貫いたのであった。赴任したカリフォルニア大学バークレー校で、反共への忠誠の誓いを求められた若手教員の彼は、これを拒否し、仲間とともにキャンパスを追われた。他の大学で教えて数年後、彼の追放を違憲だとする裁判所の判決によって、ようやくバークレー校に復帰できたのであった。その当時の思い出を静かに語る教授のインタビューは、YouTube で見ることができる。

自由と権利を守る

バークレーといえば、その後も表現の自由を守るために闘う砦となり、マスカティン教授はニューズレターなどを発行して、学生たちとともに戦った。それは、大学の退職後も続き、バークレー校が保有する自家用ジェットを駆って、ワシントンに飛び、議会のロビーイストとして活躍したのである。

1963年夏、私が学生時代に訪ねたバークレーのキャンパスでは、自由公民権運動の激しいデモが行われていた。きっとマスカティン教授もその渦中にいたのだろう。

当然のように、マスカティン教授は素晴らしいティーチャーとして、教え子の記憶に残った。今年5月カラマズーで開催された国際中世学会では、わが師、ケンブリッジのチョーサー学者デレク・ブルーア教授追悼のセッションがいくつか行われたが、来年は彼の親友だったマスカティン教授追悼のセッションが行われる予定である。

私はこれを書きながら、16世紀前半に、ヘンリー8世の離婚問題に一切協力を拒んだ、トマス・モアの後半生を劇的に描いた映画『わが命尽きるとも』(1966)を思い出した。残念ながらモアは処刑されたが、同じ気骨の人チャールズ・マスカティンは表現の自由を守りながら、20世紀を生きたのである。今となっては、もっとその当時の話を聞きたかったと思うことしきりである。

（2010年6月）

頑固一徹の侍
野口俊一先生を偲んで

マロリーの刊本と写本

　英文学でアーサー王物語の代表作といえば、15世紀後半にサー・トマス・マロリーが集大成し、イギリス最初の印刷業者ウィリアム・キャクストンが出版した『アーサー王の死（Le Morte d'Arthur）1485』に尽きよう。物語は、中世の英雄アーサーの誕生から死に至る一代記で、騎士道の武勇と愛、それに超自然的な要素を扱っている。その後、19世紀になって伝説が復活する際は、本作品が詩人、画家たちのインスピレーションの源泉となった点でも重要である。

　そういったわけで、『アーサー王の死』は英文学史上きわめて重要な作品であるにもかかわらず、20世紀後半になるまではあまり研究されなかった。中世後期に書かれたのに、現代でも比較的読みやすい本文であったこと、手書き写本が現存せず印刷本だけで普及したことなどが、その主因だった。ところが、1934年ウィンチェスター・コレッジで15世紀写本が発見され、1947年に写本・印刷本、それに英仏の種本を比較研究したウジェヌ・ヴィナーヴァ（Eugène Vinaver, 1899-1979）編纂の『サー・トマス・マロリー著作集』（The Works of Sir Thomas Malory）が出版されるや、マロリー・ルネサンスとでも呼ぶべき現象が起きた。ヴィナーヴァ版が明らかにしたマロリーの著作法や作品全体に統一があるのかどうかをめぐって、英米を中心に論争が巻き起こったのである。

　さて、戦後まもなく、広島大学でチョーサー学の権威桝井迪夫教授の下で中世英文学を学んだ俊英の中に、野口俊一氏がいた。チョーサーを研究主題にしたのではいつまでたっても恩師を超えることはできないと考えて、ヴィナーヴァ版の再検討からマロリー研究を始めたとは、後に野口氏から直接聞いた。

海外留学の成果

　修士課程を出て、福井大学に就職した野口氏はまもなく、ブリティッシュ・カウンシルの奨学金を得て、バーミンガム大学に留学した。その際の試験官の一人に慶應の厨川文夫教授がいた。当時イギリスに留学する日本人の多くは理科系の研究者だった。そこに現れた野口氏の研究主題はマロリーの言語研究で、厨川教授が論文を発表している分野でもあった。

　こうしてバーミンガムに留学した野口氏は、デレク・ブルーア博士に師事して、

野口俊一氏（写真提供　相田周一氏）

ヴィナーヴァ版の再検討を続けた。博士は1950年代後半に国際基督教大学で英文学を講じて帰国した、若き中世英文学者でマロリーに関する卓抜な論文を発表して、高い評価を受けていたのである。

一年間という短い留学期間に、野口氏はヴィナーヴァ教授と連絡を取り合い、ウィンチェスター・コレッジを訪れて、マロリー写本とヴィナーヴァ版を比較した。校訂版の本文を直接写本と照合するという緻密な作業は、わが国の当時の学界では瞠目すべき研究方法であった。

その結果、1967年にヴィナーヴァ版の改訂2版が出版されたとき、野口氏による訂正や読みの多くが採用され、協力に謝辞が捧げられた。中世英文学を研究する日本人の国際貢献が明らかになった瞬間だった。これが、野口氏に続くマロリー研究者に大いなる刺激となったことはいうまでもない。

1975年8月に英国エクセターで開催された国際アーサー王学会は、多くの日本人研究者の参加でにぎわった。もちろん野口氏もその中にいた。マロリー研究者としては、長大なコンコーダンスを出版したばかりの加藤知巳教授が注目を浴びていた。ヴィナーヴァ教授も、また彼の論敵R. M. ルミアンスキー教授やチャールズ・ムアマン教授もいた。後にマロリー学の権威としてヴィナーヴァ版の改訂第3版を編纂する若きピーター・フィールド氏の姿もあった。イギリスに留学したばかりのわたしは、こうした研究者を見て、「なるほど、こういう研究者があの本を書くのか」と感心ばかりしていた。

野口氏はその後大阪教育大学で、後進の指導に当たった。本来中高の教員を養成する大学であるにもかかわらず、同氏は優れた学者を何人も輩出した。わが国では時に伏魔殿と化す国立大学が存在するが、野口氏は論文をすべて英語で発表する国際的な業績があるにもかかわらず、長く助教授のままだった。退職直前に教授となったその裏になにがあったのかは、わたしのような私学の者には想像もつかなかった。

定年後の野口氏は、毎年積極的に外国に出かけ、マロリー学者と交わった。現役時代には国際アーサー王学会や国際中世学会で優れた研究発表を行った。

2011年3月11日

2011年3月11日、午後に大震災が起きたが、わたしは午前中に大和郡山市の病院に野口氏を見舞っていた。人工透析を前に、同氏は陽気にさまざまな思いを語ってくれた。一時間の対話も録音してお

けばよかったと、後で後悔したほど、充実した内容だった。自分の姿勢を曲げず、まっすぐにマロリーと対峙してきた日本の侍がそこにはいた。

　7月17日早朝、その病院で野口氏は卒然と逝った。同氏は母親のイメージが強すぎて生涯独身だったと仄聞していたが、その日は奇しくも最愛の母の命日でもあったという。棺の中には、ヴィナーヴァ版初版が入れられたという。すべてのページに細かい文字でメモされた3巻本だったはずだ。

　もう30年も前の話だが、わたしは野口氏のためにマロリーの1634年版を、イギリスの競売で落札したことがある。きっと座右の書として慈しんだことだろう。病床の野口氏は最期まで、7月24日からブリストルで始まる国際アーサー学会に思いを馳せていたという。日本支部の会長として、わたしは野口教授の訃報を告げなければならない。

（2011年7月）

クォリッチ書店のやり手経営者
マイロ・パーモア卿死す

　マイロ・パーモア卿（Lord Milo Parmoor）が2008年8月12日に癌で亡くなった。古書通の日本人でもこの人物について知っている人はさほど多くないかもしれない。長い間ロンドンのバーナード・クォリッチ書店 http://www.quaritch.com/ の経営に携わっていた。その称号から分かるように世襲貴族の一番下に当たる准男爵だった。

クォリッチ書店の系譜
　20世紀後半の古書流通の世界は、日本の経済バブルの膨張などもあって、一時的に隆盛を誇ったが、決して紆余曲折がなかったわけではない。美術品と異なり古書となると、顧客の数も限られ、図書館の収書方針にも左右されるからだ。

　ドイツからやってきたクォリッチがロンドンで古書店を始めたのは1847年、その後著しい発展を遂げて19世紀古書業界の帝王と呼ばれた。彼の死後もドリング父子のような優れた幹部の助けを得て、創業者の子孫が古書店の経営に当たってきたが、1971年に経営権をジョスリン・ベインズに譲った。ベインズは、中世研究者にはなつかしいトマス・ネルソン出版社を経営していたが、先行きに不安を感じ、クォリッチ社の経営権を獲得したのである。丁度このとき、グラフトン・ストリートに借りていた店のリースが満期となり、ピカデリー・スクエアに近いゴールデン・スクエアに本拠を移した。[2010年オードリー・ストリートに移転した。]

　1971年秋に東京で国際古書展が開催されており、クォリッチ社からはベインズもやってきたので、まだ大学院生だった私は紹介してもらった。日本の古書業界も近代化、グローバル化に向かう時期だったのである。そしてその後に届いた古書目録からボエチウスの『哲学の慰め』の初期印刷本を選んで、ベインズに手紙を書いた。ところが一ヵ月後に届いた返

マイロ・パーモア卿
（写真提供　Richard Linenthal 氏）

書はベインズからではなく、今も重役として活躍するニコラス・プール＝ウィルソン［2011年引退］からであった。返事によると、ベインズは日本から帰国して2日後に、48歳の若さで急逝したという。当時でも往復に10日はかからない航空書簡がこれだけ遅れた点に、書店内の混乱が読み取れた。

マイロ・パーモア登場

ベインズの跡を継いで同社の経営者となったのが、ウォーバーグ投資銀行にいた第4代パーモア卿フレデリック・アルフレッド・マイロ・クリップス（Frederick Alfred Milo Cripps, 1929-2008）であった。同時に友人でスーパーマーケットを経営するサイモン・セインズベリーも経営陣に入った。皆が親しげにマイロと呼ぶパーモア卿は、母親の影響でカトリックのパブリック・スクールで教育を受け、16歳でオクスフォード大学に進む奨学金を獲得した。しかし、時期尚早と考えたマイロはパリに赴いて、フランス語とロシア語を習得した。ドイツ語も堪能だったので、第2次大戦後彼はベルリンで通訳として活躍した。

一時アルコール依存症に陥ったマイロは、オクスフォード大学を中退し、富裕な家庭環境を背景にさまざまな事業に取り組んだが、ウォーバーグ投資銀行で大いに経営手腕を買われた。クォリッチ古書店の取締役社長、次いで経営者となった

が、マイロは古書にさほど関心があるわけではなかった。しかし、競売で大物の古書を落札する豪胆さは夙に名高い。

1977年、マイロはアメリカの古書の大コレクター、ウォルター・プフォルツハイマー所有のグーテンベルク聖書を買い上げて、テキサス大学図書館に納めた。その後彼の初期英文学の一大コレクション（目録あり）も同じ運命を辿った。1983年には、ドイツにとって至宝といえる豪華な中世装飾写本「ハインリッヒ獅子王の福音書」がサザビーズで競売に付されたとき、マイロはハンス・クラウス書店やドイツ銀行幹部らとコンソーシアムを結成した結果、最終的に写本のふるさとドイツが獲得した。

1988年にツルゲーネフの『父と息子』の自筆原稿を購入したマイロは、ソヴィエト文化財団の理事長だったゴルバチョフ夫人に直接手紙を書いたという。現在これはペテルブルクのプーシキン邸に収蔵されている。

マイロはイギリス貴族の多くがするように、ロンドンに小粋なフラット、そして風光明媚なコッツォルズに大邸宅を持っていた。ウィルトシャーのサットン・ヴェニー村のマナー・ハウスは、修道院打ちこわしで廃墟となった建物に手を加えたもので、一時はそこに住んでいた画家ウィリアム・ニコルソンによる装飾が施してあった。私は一度その館に一泊させてもらったことがある。独身貴族のマ

イロは、私たち3名のディナーをすべて一人で準備してくれた。メイン料理は、庭を流れる川で獲れた鱒を茹で上げて、薄く味付けしたイギリス風のものだった。

　クォリッチ書店を訪れるたびに、マイロとは短い会話をするのが常だった。彼は部下を信頼し、社員は彼を尊敬していた。癌に侵されて余命いくばくもないことが分かると、マイロはご贔屓のロンドン市内の中華料理店で、友人たちを2度に分けて招待し、宴会で振舞ったという。亡くなった後のお別れ会より、亡くなる前の会の方がよいという、現実主義者だった。

（2008年9月）

大正デモクラシーの寵児
厨川白村の墓碑と旧居

厨川家の墓

　京都に行くたびに立ち寄る場所がある。東山にあって、土地の人が黒谷と呼ぶ金戒光明寺である。12世紀に法然上人によって建立された浄土宗のこの寺の墓地は、東本願寺、西本願寺と並んで京都の三大墓地のひとつで、本堂の裏には恩師厨川文夫先生（1907-1978）のお墓がある。ここに詣でる際は、もちろん厨川家の墓碑と、文夫先生の父厨川白村（1880-1923）の墓碑にも供花し、お線香を焚いて、手を合わせる。何せ、交通の便のよい場所にあるので、我が家の先祖の墓参より頻繁に通うようになった。後ろが土塀でその向こうに竹林があり、笹竹が風にそよぐ音を立てる中でお参りしていると、時間が止まるような錯覚におちいるほどだ。

　厨川文夫先生は慶應義塾大学文学部の名誉教授で、わが国における中世英文学の泰斗だった。西脇順三郎先生に学んだ慶應の学部時代に、古英語で書かれた英雄叙事詩『ベーオウルフ』を『平家物語』に近い擬古体で翻訳して岡倉賞を受賞、岩波文庫から出版された。現在では大学院生でも適わない偉業である。戦前戦後の事情から欧州留学の機会は遅れたものの、留学先のパリ国立図書館で、14世紀の神秘主義者ウォルター・ヒルトンの作品の未刊行の写本を発見、帰国後この『完全に関する八章』の校訂版を出版して、国際的に認められた。講筵に連なった最後の弟子だったわたしの目には、これほど純粋な学者もいまいと見えた。

　一方の父厨川白村（本名は辰夫）は、東京帝国大学ではラフカディオ・ハーンや夏目漱石に学び、卒業後は漱石も教えた熊本の五高の教員を経て、京都大学の教授となった英文学者である。大正デモクラシーの潮流に乗って「ラヴ・イズ・ベスト」をモットーとする恋愛至上主義を唱えて、時代の寵児としてもてはやされた。『象牙の塔を出て』（1920）は、単に文学評論では飽き足らず、大学の埒を出て文明評論や経済評論までこなす白村のマニフェストであった。世間の喧騒か

金戒光明寺（黒谷）

厨川白村

ら離れて超然として研究三昧の生活ができる大学を象牙の塔と呼ぶのは、この書名に由来する。

蝶子夫人との間に3男をもうけて順風満帆だった白村を、思いがけない奇禍が襲う。40歳を過ぎて病から片足を失って3年後、鎌倉の新築の別荘にいた大正12年9月1日、関東大震災の津波にさらわれたのである。義足の白村は容易には逃げられず、橋の欄干から救助されたが震災の翌日死去した。既に夏休みが終わり、長男の文夫以下息子たちが京都に帰っていたのは、不幸中の幸いだった。

白村の旧居

2006年3月初旬の土曜日に黒谷を訪ねた後、お天気がよいのを幸い、山を降りて平安神宮のほうに散歩してみた。すると岡崎通りの左手に「あやの小路」という、流行の和装小物を売る瀟洒な店で中に喫茶店があった。ふと見ると、入り口の壁に「厨川白村旧居」とあるではないか。生前の厨川文夫先生は苦笑しながら、母親の蝶子夫人が引っ越し魔で、学校から帰宅すると、従僕に今日からはあっちの家ですよと、連れまわされたという話をしておられた。ああ、これが白村一家の住んでいた家のひとつかと感動した。ここなら京大に通うのも便利だし、先斗町や祇園にも近い。周りは静かで、文筆生活にも絶好と見えた。戦前ならいざ知らず、現在では厨川白村といっても知る人は少ないはずだが、京都のこんなところに、旧居があり、それを謳っているのがここらしくて面白かった。そこで中に入り、抹茶を注文しながら、灯篭を配した小さな庭に思いを馳せた。そこのメニューには、白村について詳しく紹介されていたが、長男の文夫先生については全く触れられていなかった。そこで、お茶代を払う際、文夫のことと、黒谷のお墓のことを説明しておいた。店の若い女性は、狐に鼻をつままれたような表情だったが。

『厨川白村全集』

帰京して、早速インターネットで調べると、存外今でも白村のことを書き込んでいる人がいて、嬉しい驚きだった。また、わが国の古書を探すときよく利用する「日本の古本屋」を見ると、昭和4年に出た『厨川白村全集』全6巻（改造社）も3000-6000円で数セット出ている。要するに、現在でも古書商いが成り立つ

対象なのである。わたしは学生時代この全集を入手して読んでいたが、あるとき岩波文庫にスコットの『アイバンホー』を訳しておられた先生にお貸ししたところ、返却してくれぬまま鬼籍に入られた。早速また注文して、大正デモクラシーの息吹に触れることにした。

　大学の図書館では便利な本を見つけた。『近代作家追悼文集成』（ゆまに書房）第9巻には、白村が43歳で横死した直後に3つの雑誌が刊行した追悼号の内容が、120ページ近くに亘って復刻されているではないか。矢野峰人、岡倉由三郎、平田禿木、新村出といった錚々たる研究者に交じって、蝶子夫人も思い出の記を書いておられた。

　文夫先生の奥様にこの旨お伝えしようとお電話したが、二日間お留守だった。その後分かったことは、奥様もその週末に京都へ行かれて、黒谷にお墓参りされたのだという。ちょうどわたしが訪れた翌日だった。

(2006年4月)

［工藤貴正著『中国語圏における厨川白村現象：隆盛・衰退・回帰と継続』（思文閣、2010）は、今なお中国語圏で読みつがれている白村の思想を扱っている。］

フィリップ・ギャスケル博士

COE

　大学関係者以外でもマスコミなどでCOEという言葉を耳にした方もいるだろう。2年前から文部科学大臣の肝いりで始まった、いわば日本の大学に格付けを与えるためのシステムで、分野ごとに応募してCenter of Excellenceに選ばれると、数年間に亘って多額の研究基金が与えられるというものである。当然のことながら、大学の面子がかかっているわけで、この企画が始まると、慶應も応募することになり、文学部は人文科学の分野で「心の解明に関する統合的研究」という、わけの分からぬ、霞のようにぼんやりした主題で、なんと2億円を超える研究資金がやってきた。医学部や理工学部ならまだしも、人文科学では桁外れの額である。しかも正式にCOEとして認められたのが2002年11月、初年度の予算は3月までに消化しなければならなかった。まるで年度末の道路工事と同じである。委員会の設置、事務局の立ち上げなど、あたふたとしている間に、時は過ぎ去り、肝心の研究にはなかなか手がつかない、という状況だった。

　日本人の社会らしく、文学部に関わっている教授にはできるだけ予算を配分しようということか、英文関係者にもおこぼれをいただく機会が与えられた。そのとき、私の心に浮かんだのが、20年も前に慶應義塾図書館が収蔵したフィリップ・ギャスケル博士の旧蔵書を調査して、その結果を展示会で発表するという案だった。これにかかる予算は微々たるものだったから、提案はすんなりと通った。そこで2003年春からの大学院の授業では、図書館の一隅にまとめて置かれているが、きちんと目録化もされていないこの宝の山を、大学院生と一緒に掘り起こすことにした。10人弱の学生で蔵書を細分化して、担当させる、要はこれはと思う本を見つけてきては、授業で解説させる、というやり方であった。ここで存外面白い発見があって、学生たちの目に輝きが増してきた。後は、「心の解明」というCOEプロジェクトの主題に合うように、蔵書に意味付けを与える必要がある。私はたまたまギャスケル博士を個人的に知っていたので、博士のメンタリティー（心性）が蔵書の構築に反映していると解釈して、この面から展示会に出展する書物を選定することにした。2004年1月15日から2週間、三田の慶應義塾図書館で行われた展示会「フィリップ・ギャス

ケル博士の心性と蔵書」では、わずか10点の書物についてみなで手分けして、ほかでは見られないような詳しい解説を施してみた。

書誌学者ギャスケルとは

フィリップ・ギャスケル（Philip Gaskell, 1926-2001）とはいったい何者か、そして彼の蔵書はどうして重要なのか、これについて私はまだ説明していない。ギャスケルはイギリスが生んだ20世紀後半の最高の書誌学者で、中世写本など貴重書で知られたケンブリッジ大学トリニティ・コレッジの図書館長としても名高い存在だった。大学院でも教えていたので、1975-78年とケンブリッジに留学した私は、博士の演習にずっと出席した。わずか数人の大学院の授業で、博士が資料を使って解説を試み、後半は質疑応答するというやり方で進められた。質問をするのはいつもアメリカからの留学生と相場が決まっていた。そばには、黙ったまま「何だ、下らぬ質問をしているな」と見下げるような視線のイギリス人学生がいた。

3年間すべての授業に出れば、否が応でも博士とは知り合いになる。しかも図書館長を務めるトリニティの図書館に中世写本を調べに通うこともあるわけだから、なおさらである。授業内容はほどなく『著者から読者へ』 From Writer to Reader （Oxford University Press, 1978）という本文校訂を扱った名著に結実した。

帰国後も毎年夏になると、私はケンブリッジの研究環境に魅せられて、コレッジに部屋を借りて研究調査をした。たまにギャスケル博士に会いに行くと、快く迎え入れてくれたが、いつのまにか彼は長髪となり、後ろで束ねる、つまり時代遅れのヒッピーのような風貌になっていて、驚かされたものだ。

もっと驚かされたのは、博士が蔵書を売ってケンブリッジを去るという話を聞いたときだった。わが耳を疑うと同時に、蔵書の行方も気になった。博士がまだ50歳代半ばで、学者として最も油が乗ったときだったからである。それとなく関係者から漏れてきた話では、数年間にわたってロサンゼルス近郊にあるカリフォルニア工科大学に集中講義に行っている間に、博士は女子学生と恋に落ちた、その結果、妻と離婚するための必要な資金作りに蔵書を売却するという。コレクションは収集家が離婚するか、死亡すると市場に現れるというが、この場合も例外ではなかった。ちなみにギャスケル夫人は、H. S. ベネットとジョーン・ベネットというケンブリッジ大学を代表する学者夫妻の娘だった。

学者と女子学生の老いらくの恋など、小説や映画の題材に事欠かないし、イギリスの大学でもよくある話だ。しかし、建築家サー・クリストファー・レンの設計による著名なコレッジ図書館の横にあ

第5章　追憶の人々　107

る博士の研究室は、ふたつの部屋と寝室、バス、トイレ、キッチン付きの居住性に優れた研究・居住環境にあり、およそ2000点の書物が書棚を埋め尽くしていた。見る者が羨むような環境を捨てて女子学生に走るなどとは、想像もできないが、実は博士はここぞと思ったらすぐ実行に移す直情主義の人だった。ジャズ・クラリネットとサクソフォンの名手、自家用の軽飛行機を操る飛行機野郎、暗室を持つカメラの名手など、学者のイメージと結びつけるのが難しい多彩な趣味の持ち主でもあった。英国の大学ではエキセントリック（風変わりな、奇矯な）はよい意味で用いられることがあるが、ギャスケル博士もエキセントリックな研究者であった。

ギャスケル博士は、ケンブリッジで学位を取った時、一時グラスゴーの大学図書館に奉職していた。

あるときイギリスでの生活を引き払って永住するためにオーストラリアに赴きながら、学校で教える契約事項が違うとして、直ちにイギリスに戻ったこともあった。

蔵書は東京に

最終的に、博士の蔵書は慶應がそのまま引き取ることができた。慶應ではまだ書誌学に関する蔵書が充実していなかったという好条件があり、文部省の私学助成金で一括購入できたのである。ところが、今回日の目を見るまで、この優れた研究用蔵書の存在は図書館内ですらあまり知られていなかった。ギャスケルといえば、世界中で教科書として今なお用いられる『新・書誌学入門』（1972）でよく知られている。蔵書にはこの名著を著すにあたって用いた研究資料がほぼすべて含まれている。

さて、話は前後するが、蔵書を売却し、コレッジを引き払ったギャスケル博士は、アメリカに移住した、といえば聞こえはよいが、実際にはくだんの女子学生との蜜月は一年も続かなかった。傷心の状態でイギリスに戻った博士を、コレッジはあたたかく迎えて小さな部屋を与えた。しかしまもなく博士はコーンウォールの老人ホームに隠棲し、余生を地方での社会人教育に捧げた。

小説のような紆余曲折を経て、いまギャスケル博士の蔵書は慶應にある。20年前なら、書誌学は文学、古典、歴史を勉強するための補助学問としてしか位置づ

『新・書誌学入門』

けられていなかったが、いまや書物史と並んで重要な研究分野として確立してきた。今後この蔵書を生かすのは私たちの責務である。

（2004年冬）

写本研究の天才

ジェレミー・グリフィス

このところ3月末になると、イギリスから中世英語写本の研究者がやってくる。2010年の今年もオクスフォード、モードリン・コレッジのサイモン・ホロビン（Simon Horobin）博士が東京にやってきて、都内の図書館で写本の調査と講演を行った。2度目の来日だった。彼はいつまでも若々しいイケメン学者として、オクスフォード英文科の人気者である。私は10年ほど前からの知り合いだと思っていたが、ホロビン博士は1994年に私がシェフィールド大学で招待講演をした際、大学院生として聴いていたという。

ニコラス・ラヴ写本

ある日、ホロビン博士の希望で、早稲田大学中央図書館に所蔵されているニコラス・ラヴ（Nicholas Love）の『イエス・キリストの祝福されし生涯の鏡』（*The Mirrour of the Blessed Life of Jesus Christ*）の15世紀写本を、二人で調査に出かけた。ラテン語聖書を英訳したり、それを転写、所持したりすることを禁じた代わりに、カンタベリー大司教が転写を許可した、キリスト伝の英訳写本である。しかも美しく装飾が施されている。1995年にはこの写本を中心に "Love at Waseda" という国際シンポジウムが開催されたほどである。

さて、ホロビン博士が写本を調べながら、ノートPCに写字生の特徴をメモし始めたので、私は写本に付随した英語の解題目録を丹念に読み始めた。すると、そのきわめて精緻な解説に感心した。写本のレイアウト、書体、来歴などに関してこれだけきちんと書けるのはジェレミー・グリフィス（Jeremy Griffiths, 1955-1997）氏しかいないなと思って見て行くと、A4判7枚の最後のページに、彼の特徴的な署名を発見した。私はホロビン博士に思わず「これを見たまえ、ジェレミーは15年以上前に、現在の学問のレベルに既に達していたね」と声をかけると、

ニコラス・ラヴ写本（個人蔵）

彼は大きく頷いた。そして「前回の来日のとき、専修大学図書館で『ポリクロニコン』写本を調べたけど、そこにもジェレミーの詳細な解説がついていたよ」と言うではないか。

ジェレミーの人と学問

　私たちが親しみと懐かしさを込めてジェレミーと呼ぶ天才写本学者は、残念ながら既にこの世にはいない。ダイアナ妃が亡くなる2週間前に急逝したのだった。学者でありながら、亡くなる前の10年ほどは古書業者としても活躍し、その関係で上記の2写本を扱ったバーナード・クォリッチ書店の顧問として解題を付したのであった。

　ジェレミー・グリフィスは1955年にウェールズで生まれ、ウェールズ大学バンガー校に入学して中世英文学を専攻した。そのまま修士課程に進んだとき、指導教授が「ここではもう君に教えることはないから、オクスブリッジにでも転校した方がよい」と勧めたという。これは、私の長い友人で、ジェレミーの指導教授だったピーター・フィールド（Peter Field）教授が、直接私に話してくれたから間違いあるまい。こうしてジェレミーはオクスフォードのジーザス・コレッジに入学したが、ここは1571年の創立当時からウェールズ人学生を受け入れてきた。

　秀才ぞろいのオクスフォードでも、写本研究に見られる彼の天分は皆が認めるところとなり、噂が全国に広まっていった。私がジェレミーに紹介されたのは、彼の指導教授マルカム・パークス（Malcolm Parkes）教授の研究室だったと記憶する。教授が所属するキーブル・コレッジで晩餐を取った後、研究室に戻ると三人で中世写本の話が始まり、午前3時ごろまで続いた。このパターンは、その後私がオクスフォードに行くたびに繰り返されることとなった。ジェレミーは、23歳の大学院生とは思えないほど、堂々と議論していた。わが国で見られるような指導教授と学生の上下関係のぎこちなさなど微塵もなく、そこには対等に議論する研究者だけがいた。

　ジェレミーは学会で活躍するようになり、各地の大学でも講演を行うようになった。博士論文の主題のほか、彼は多くのプロジェクトを抱えるに至った。「あいつは一度に多くのことに首を突っ込みすぎる」(He has got too many fingers in too many pies at one and the same time.) と噂されるようになった。しかし、どのひとつも完成しないままあの世に逝ってしまったのである。

　1984年、彼はロンドン大学のバーベック・コレッジの英文科専任講師に就任したが、4年後には大学のぬるま湯的な体質に幻滅して辞任し、古書業者になった。同時に、父親が経営する会社の社長にも就任した。彼の活動はますます拡大したが、他人には理解できない側面もあった。

友人たちを一番驚かせたのは、ジェレミーがユーゴスラヴィアの戦線に赴いて、ロンドンの一流紙に戦地ルポを発表したことだろう。後に彼は、その体験をとくとくと話してくれた。独特のしわがれ声で「CNNの記者たちより百メートルも前に出て小屋に入ったら、そこに銃弾が雨あられと飛んできたよ」といった調子で語るのだった。よく負傷もせずに戻れたものだ。

美食家でワイン好き、人をレストランに招待するのが好きな男だった。世界広しといえども、フェラーリを乗り回す写本研究者など、ジェレミーしかいなかっただろう。わが国にも4回ほどやってきて、古書店に貴重書を売り込み、大学で講演をした。私が連れて行ったデパ地下の食品売り場がお気に入りで、あるとき試食させてもらった羊羹を2本買い込んだ。「母へのお土産だ」とはしゃいでいたが、翌朝会うと「君と別れた後、一本丸ごと食べた、美味しかったよ」と言うではないか。

1997年7月半ば、私はデジタル化プロジェクトの仕事でオクスフォードに到着、ホテルでの約束時間にジェレミーが現れないので、部屋に戻ると、ジェレミーから電話が入った。「今病院からかけている。今日は抜け出せないんだ。8月に君がケンブリッジに行くころ、追いかけていくから、旨いものを食べようね。」しかしジェレミーは2度と病院を出ることはなかった。8月14日、彼は膵臓ガンで亡くなった。

ジェレミー・グリフィス

死してもオクスフォードに貢献

　愛息の急死を嘆いた両親はしばらくすると、ジェレミーが収集した古写本学や古書体学関係の蔵書を、オクスフォード英文科の図書館に寄贈した。同時に書物史を専攻する大学院生への奨学金制度も寄贈した。そして、ここ1、2年のうちには、オクスフォードに、ジェレミー・グリフィス記念古書体学教授職も生まれるという。イギリス中の大学から古書体学の教授職が消え去ろうとしている折から、これは素晴らしい朗報である。

　無冠の帝王のまま、わずか44歳の若さで逝った天才学者を偲んで、2000年に追悼論文集が出版された。超一流の学者三人が編纂し、世界中の超一流の中世学者が寄稿した書である。A. S. G. Edwards, Vincent Gillespie, and Ralph Hanna, eds., *The English Medieval Book: Studies in Memory of Jeremy Griffiths*（London: British Library, 2000）には、オクスフォードで行われた追悼ミサでの感動的なスピーチが含まれている。そこにジェレミーのすべてが言い尽くされている。

　早稲田の図書館でホロビン博士と写本調査をしながら、私は追悼文集の冒頭を飾る、まるで少年のようなジェレミーの写真を思い出していた。

　　　　　　　　　　　　（2010年4月）

ジェレミーへの追悼論文集

[2011年秋、オクスフォードのジェレミー・グリフィス記念中世英語古書体学の初代教授に選ばれたのはダニエル・ウェイクリン博士だった。]

A. C. デ・ラ・メア博士逝去
15世紀イタリア古書体学の鬼才

2002年1月に短期間イギリスに滞在したさい、アルビニア・キャサリン・デ・ラ・メア（Albinia Catherine de la Mare）博士の訃報（2001年12月19日）に接した。享年69歳だった。前年の夏にアイルランドのコークで行われた初期書物学会に、博士は姿を現すことなく、癌と闘っているとの知らせがあり、みなで署名を集めて激励のカードを送った。その年こちらから送ったクリスマス・カードにも返事がなかったので、心配していた矢先だった。結局博士に会ったのは、2000年12月にロンドンで開かれたグーテンベルク600年を記念する学会が最後となった。その直後にもらったクリスマス・カードには、「あなたの研究発表は面白かったわ。夏のコークの学会では会える？」と書かれていたのに。

イタリア・ルネサンスの写本と写字生

なぜデ・ラ・メア博士の話を持ち出すかといえば、理由は簡単である。カリグラフィーの歴史を少しでも学べば、15世紀のイタリア・ルネサンスに有名なイタリック書体の巨匠がいたことを知るだろう。世界中に散在する写本のイタリック体を誰が書いたのかを何千もの写本に関して特定したのが、デ・ラ・メア博士なのである。例えば150以上の写本の中に、バルトロメオ・サンヴィートの書体を確認している。こんな研究はイタリア人がやるだろうと思うと、どっこい、ほとんどの発見はサー・シドニー・コッカレル、アルフレッド・フェアバンクなどのイギリス人、そしてその大半は、デ・ラ・メア博士の慧眼によるところが多いのである。

親しい友人の間ではティリー（Tilly）の愛称で親しまれた博士は、姓から察せられるように、子供のための英詩も多く発表した大詩人、ウォルター・デ・ラ・メアの孫に当たる。父は、フェイバー＆フェイバー社の会長だった。この出版社はあの詩人 T. S. エリオットを重役として、20世紀の著名な文学作品を次々と出版していった。最近の例を挙げるなら、カズオ・イシグロの小説もすべてここから出版されている。

1932年6月2日に生まれたティリーは、ロンドン郊外の大きな邸宅で少女時代を過ごした。父は東洋の陶器を熱心に収集していた。近所には彫刻家ヘンリー・ムーアが住んでいた。家にやってくる文人や芸術家との接触を通して、彼女は音楽、

乗馬、美術に傾倒していった。もうひとつ忘れてはならないのは、広い庭で客人たちと遊んで鍛えたクロケー（我が国のゲート・ボール）の技だろう。

　オクスフォード大学のレイディ・マーガレット・ホールに進学したティリーは、フィレンツェのルネサンス文化に夢中になった。その後、図像学で知られるヴァールブルク（英国ではウォーバーグと発音する）研究所では、出版人の娘にふさわしくイタリア初期印刷本を博士論文の主題として申し込んだが、指導教授のエルンスト・ゴンブリッチ所長は、ヴェスパシアーノ・ダ・ビスティッチ（1421-98）の研究を薦めた。この桁外れの書籍商は、ルネサンス期フィレンツェの文人サロンの主人として、多くの著名人と交渉があり、その著書『ルネサンスを彩った人びと―ある書籍商の残した列伝』（邦訳、臨川書店、2000年）は、当時の状況を知るにはもっとも重要な資料である。

　ヴェスパシアーノはヨーロッパ中の富裕な顧客に古典作品の写本を供給するために、多くの写字生を雇って転写させた。ほんのたまに写字生は署名を残すことがあるが、ティリーはこれを手がかりに鑑識眼を養い、署名のない写本の写字生を同定するという発見を繰り返した。ケンブリッジのフィッツウィリアム博物館の閲覧室で写本の調査中に、一種の啓示があったという。こうして、世界中の15世紀を中心とするイタリア写本の書き手を次々と同定していった。サンヴィートの写本はそれまでほとんど知られていなかったのに、ティリーは150以上を同定することができた。「タイムズ」紙の追悼記事は、「彼女の視覚的記憶力は尋常ではなかった。イタリア・ルネサンスの職人像にこれほどまで多くの情報を与えたのはヴァザーリ以来誰もいなかった」と賞賛している。

サンヴィート写本

オクスフォードからロンドンへ

　1962年から、ティリーはオクスフォード大学ボドリー図書館員として、西洋写本部門の写本学者リチャード・ハント博士の下で働いた。2階デューク・ハンフリー図書室のどん詰まりにあるセルデン・エンドの彼女の机は常に、資料や書物で城壁のようになっていた。そこから聞こえる元気な話しぶりと笑い声が彼女の存在を示していた。ティリーは自分の

第5章 追憶の人々

デューク・ハンフリー図書室

発見した情報を惜しげもなく、誰にでも分かち与えたことで知られる。学会の研究発表でも、延々と議論が続くのが普通で、その中からまた発見が生まれたほどである。

1989年、ティリーは請われて、ジュリアン・ブラウン教授の退任後、ロンドン大学キングズ・コレッジの古書体学教授に就任した。よき指導教授として、また同僚として教授職を務めた後引退、オクスフォード郊外に住みながら再びボドリー図書館で研究を続けていた。癌に侵された後も、助手を連日図書館に派遣し、自分は病床で最期まで研究を続けたのである。

ティリーの出版された著作は多くはない。研究上の発見が多すぎて、その成果を出版する時間的な余裕がなかったからである。*Bartolomeo Sanvito : The Handwriting of the Italian Humanists* は彼女の研究成果に注目した国際ビブリオフィル協会の要請で、1973年にまとめられた書体の復刻と解説である。これとて第1分冊とうたわれたにもかかわらず、それ以降は出版されずじまいだった。第2分冊には、人文主義者体の創始者のひとりポッジオ・ブラッチオリーニが含まれる予定だった。彼女の衣鉢を継ぐ若手研究者の手によって日の目を見ることを期待したい。*

ここで再び私事に戻ることをお許しいただきたい。1993年から一年間ケンブリッジ大学で研究休暇を過ごしたわたしは、ロンドン大学の古書体学講座から招かれて講演したことがあった。そのときの司会はデ・ラ・メア教授だった。「自分の蔵書にある写本について講演したのは、トシが初めてね」と笑った姿は、今も忘れられない。ティリーは大柄な女性で、性格もからっとしていた。

クロケーの妙技

2年に一度開催される初期書物学会には、欠かさず姿を見せた。この学会では、数日続く研究発表が終わると、宴会の前に芝生でクロケーが行われる習慣となっている。ウェールズ大学ランピター校で学会が開かれたとき、わたしはティリーと組んでこのゲームに出場、圧倒的な強さで優勝した。ティリーが小さいころから鍛えた腕っぷしは生半可なものではなかった。わたしは何とか野球のような打ち方で彼女の邪魔をしないように努めた。次のグラスゴー大学では、試合自体がう

やむやな形で終わってしまった。昨年のアイルランドのコーク大学では、雨のために試合は中止となった。そこで、わたしたち二人の名前は未だにディフェンディング・チャンピオンとして、学会のニュースレターにも記載されている。しかし、次年のダラム大学での学会でティリーの勇姿を見ることはもはや叶わない。

(2002年冬)

* [A. C. de la Mare and Laura Nuvoloni, *Bartolomeo Sanvito: the Life and Work of a Renaissance Scribe*, ed. by Anthony Hobson and Christopher de Hamel, the Handwriting of the Renaissance Humanists II, Paris: Association internationale de Bibliophilie, 2009]

ジーン・プレストン女史とフラ・アンジェリコのテンペラ画

初期書物学会の常連

　隔年にイギリスの大学で開催される初期書物学会の国際学会は、友好的で明るい雰囲気で知られている。かなり会員が共通している新チョーサー学会がいささか権威主義的なのに比べ、ここにはそんな感じがないのは、創設者で会長のマーサ・ドライヴァー教授の開けっぴろげな性格のせいだと皆が知っている。

　この初期書物学会にいつも二人で参加する初老の女性がいた。背の高いティリー・デ・ラ・メア教授は長くオクスフォード大学のボドリー図書館写本部門に勤めたイタリア人文主義者の書体の権威で、後にロンドン大学の古書体学の教授となった。

　もう一人の女性ジーン・F・プレストン女史もオクスフォード出身で、若いころからカリフォルニアのハンティントン図書館の写本室で目録編纂の仕事に従事、その後はプリンストン大学図書館の写本室に勤務した。共同編集した『1400－1650年のイギリスの筆跡』（*English Hand Writing, 1400-1650*）は、初学者の手引きとしてよく知られている。引退後はオクスフォードの家に戻って、初期書物学会にデ・ラ・メア教授と一緒に顔を出していたが、どちらかというと内気で小柄な女性だった。私も、あまり長話をした覚えはない。

　2007年7月、マンチェスターで開催された初期書物学会のディナーが、街の中心にある中華料理店であったとき、10名座れる丸テーブルで、最近顔を見なくなった研究者について噂した。そのとき、ベルファストから来ていたジョン・トムソン教授が突然口を開いた。「トシ、ジーン・プレストンを覚えているだろう。彼女は2年前に亡くなったんだが、オクスフォードの家で発見された2枚の小さなテンペラ画がフラ・アンジェリコの作と分かって、競売では4億2000万円で落札されたんだよ。マスコミが騒いだから

プレストンの共著

フラ・アンジェリコのテンペラ画

　日本のマスコミだって騒いだはずだろうに、私にはまったくの初耳だった。美術コレクターだったジーンの父親が、1960年代に街で無造作に売られていた2点の聖人の絵を購入して、ジーンに与えたもので、買値は当時20万円ほどだった。父親の死後これらを遺贈されたジーンは、自分の家の空き部屋にずっとかけておき、その素朴な中世絵画を愛でていたという。画家が誰かということには関心がなかったジーンは、晩年15世紀フィレンツェの名匠フラ・アンジェリコ作だと聞いて驚いたそうだが、その後も彼女の質素な生活態度は変わることはなかった。

　この話を聞いた私は帰国後、すぐにインターネットで調べてみると、新聞報道を中心にイギリスでは大騒ぎになったことが分かったが、日本語で検索しても一件ブログにあるだけだった。ピカソやゴッホなら出るのに、フラ・アンジェリコはわが国では知られていないのだろうか。有名な受胎告知の絵を見に、わざわざフィレンツェのサン・マルコ修道院まで訪れたことのある私には、狐につままれた感じがした。

　フラ・アンジェリコは本名をグイド・ディ・ピエトロといい、ドミニコ修道士としての清らかな素朴さから「天使のような僧」というニックネームで知られた。18世紀終わりにナポレオン軍がイタリアに侵入したとき、ドミニコ派のサン・マルコ教会から祭壇のそばの壁に飾られていた8枚の聖人画を略奪したという。ジーンが所有していたのは、そのうちの2枚ということになる。

　こうして200年ぶりに世の中にでたテンペラ画だったが、ロンドンから遠く離れた地方で今春行われた競売では、イタリア政府も敗れ、正体不明の個人収集家の手に落ちたようだ。またその行方がはっきりしなくなる可能性がある。プレストン女史の甥は「4億2000万円という落札価格だったが、分配する親戚の数が多いので、一人の取り分はさほど多くない」と新聞記者に語った。

　ジーン・プレストン女史は、中世から近世初期にかけての筆跡鑑定の専門家だったわけだが、イタリア画の作家については分からなかったのだろう。女史に向かって「親友だったデ・ラ・メア教授に見せたことはなかったのですか」と尋ね

フラ・アンジェリコのテンペラ画

たいところだが、二人とも既に鬼籍に入ってしまった。考えてみれば、一生質素な生活を送った女史と敬虔で素朴なクリスチャン画家フラ・アンジェリコには、心の通うものがあったのだろう。

(2007年7月)

ノーマン・ブレイク教授追悼

シェフィールド大学名誉教授で中世英語英文学の権威ブレイク教授が、2012年7月末に他界した。20世紀後半に、古スカンジナヴィア語から現代英詩に至るまで、もっとも広範囲に活躍した中世学者の一人だった。30点以上の著作や200点もの研究論文を出版した教授は、実は2004年5月に脳梗塞に倒れて以来、一度も意識が戻らず、8年以上に亘って闘病生活を強いられたのであった。

ロンドンと南アメリカの銀行経営に携わった父親の関係で、1934年にブラジルで生まれた Norman Francis Blake (1934-2012) は、4歳のとき兄とともにイギリスのパブリックスクールに送られた。第2次大戦のため、父と再会できたのは8年後だったし、兄はその間に学校での事故で不慮の死を遂げた。こういった悲しみが教授の成長に与えた影響は知る由もない。

その後オクスフォードの名門モードリン・コレッジ付属の学校に入学、そのままコレッジに進学した。C. S. ルイスや J.A.W. ベネットに中世英文学を学んだが、1959年にゲイブリエル・ターヴィル＝ピーター教授の下で北欧サガの校訂版で B.Litt を取得、1962年には校訂版が出

ノーマン・ブレイク教授

版された。今はないこの学士号は、内容的には博士号に近いといわれる。

すでにリバープール大学講師に任じられていたブレイクは、1973年までの間に古英語『不死鳥』の校訂版を出版し、次にウィリアム・キャクストンの研究に移った。19世紀のウィリアム・ブレイズが、イングランド最初の印刷業者キャクストンをヴィクトリア朝的中世観から賛美したのに対して、ブレイクは彼が利にさとい商人だったという立場から研究成果を明らかにした。それは『キャクストンとその世界』(1969) 以来、不変である。

1976年、イングランド印刷500年を祝う国際キャクストン会議がロンドンで開催されたとき、ブレイクは最も注目を浴

びた研究者であった。少し前から文通していた私が教授と初めて会ったのは、この学会においてであったが、そのときの印象は比較的冷たい感じの研究者だった。それが変わったのは、数年後にニュー・オルリンズで開催された新チョーサー学会の折だった。人懐っこい笑顔をもらった。ともに異国にいたためだろうか。

その後ブレイク教授の研究は、チョーサーの初期写本の分析から、世評の高いエルズミア写本よりヘングルット写本の方が詩人の目指した本文に近いと主張する方向に傾いていった。これは、キャクストン評価と同じく、従来のチョーサー評価を根底から覆す新説だった。多くのチョーサー研究者から冷ややかに受け止められたこの新説をより強固にするため、ブレイクは校訂版、研究書、論文を次々と発表、新チョーサー学会からヘングルット写本のファクシミリを出版させた。

ちょうどその頃、写本のデジタル化やデジタル校訂版が大きな波動として、中世学者の間で認識されるようになった。この動きを捉えたブレイクは、シェフィールド大学英語学部にチョーサー作品をすべての現存写本から校訂するデジタル校訂の一大プロジェクトを構築した。1996年に写本や初期印刷本のデジタル化を始めた慶應のHUMIプロジェクトが立ち上がっていたので、当然のようにこのチョーサー・プロジェクトとも協力関係を結ぶに至った。

このプロジェクトの道半ばでシェフィールドを退職したブレイクは、うまく軌道に乗せるためデモンフォート大学での研究教授職を引き受け、若手研究者の育成にも傾注した。だが、心ならずも病魔がブレイクを襲ったのである。

ブレイク教授は、2度来日した。1995年に早稲田大学でニコラス・ラヴ写本に関する国際会議が開催されたとき、ブレイクは西日本から大学で講演しながら、東京に上ってきた。会議の途中で、完成したばかりのエルズミア写本ファクシミリのお披露目レセプションがあった。このときファクシミリから「バースの女房の話」を英米のチョーサー研究者数名に音読してもらったが、ブレイクの声色が最高だったことは、すでに伝説化したエピソードである。

また、日本中世英語英文学会の全国大会が松山で開かれたとき、道後温泉でゆったりとした時間を費やしたブレイクは、上気して赤ら顔でシンポジウムに登壇した。

1994年冬にシェフィールドの大学院に招かれた私は、キャクストンの印刷技法を本文の誤りから見抜く方法を発見して、ブレイク教授と院生の前で講演したことがある。質疑応答でもブレイクが最初に手を挙げた。批判の矢面に立った。そして議論は、大学そばのパブに移されたが、ここでもかなり厳しく攻められた。その中にいまやオクスフォードの教授になっ

たサイモン・ホロビン博士が院生としていたそうだ。

　近年わが国にも、大学の業績や教育評価の波が押し寄せてきたが、イギリスでも1990年代から実践されている。評価委員としてのブレイクは、訪問する大学で英国史の大事件になぞらえて「ノルマン征服」と呼ばれて、畏怖の対象になったという。物事の正義を厳格に推し進めるブレイクには妥協などなかった。それは彼が残した数々の研究業績が示している。

（2012年9月）

第 6 章

HUMI プロジェクト

大英図書館での HUMI プロジェクト

グーテンベルク聖書のデジタル化

　1999年3月10日から10日間、ロンドンの大英図書館でデジタル化の仕事をしてきた。慶應義塾大学が1996年3月に丸善から「グーテンベルク聖書」を購入したのをきっかけに、貴重書のデジタル化を目指す HUMI プロジェクトが誕生した。お宝の番人に徹するよりも、デジタル化して世界に向けて情報発信しようという目的である。既に、その結果は http://www.humi.keio.ac.jp で公開されており、中世の写本の零葉コレクションなどは、カリグラフィーをやる方々にも役立っていると仄聞している。

　HUMI プロジェクトは、発足当時から、活動のひとつとして欧米に散在する「グーテンベルク聖書」をデジタル化して、互いの本文の相違を比較校合する研究に取り組んできた。慶應本、ケンブリッジ本、マインツ本（1セット半）を既にデジタル化したわたしたちは、2年前から大英図書館と交渉してきた。ここには、紙と羊皮紙に印刷された完全なセットがひとつずつあり、とりわけジョージ3世が所蔵していた紙本はすぐれた手書き装飾を施した美本として名高い。

　イギリスの図書館の中でも、最大の蔵書数を誇る国立の大英図書館は、当然のことながら官僚的なことでも知られている。わたしたちが2度にわたって「グーテンベルク聖書」の調査のために訪問し、ラップトップに仕込んだ慶應本のデジタル画像を紹介しながら、デジタル化の交渉に入ると、閲覧サービス部門からは歓迎されながら、写真部門や保存部門からさまざまの注文がつくといった具合だ。最終的には、デジタル撮影のために聖書を開く角度は100度以下、上からではなく斜めから撮影するようにと決められた。そのため、聖書を置く台を設計して、特注せねばならなかった。この連絡があったのが1999年9月、設計、発注、実験、手直しと、試行錯誤を繰り返して生まれた特注品は、最後の実験を待たずに、ロンドンへ輸送された。

紆余曲折の道程

　今になって考えれば、大英図書館への遠征の実現に時間がかかった分、その間に蓄積してきたノウハウを十分生かすことができた。遠征チームは実働隊8名、教員2名からなり、イギリス人のアーマー教授は現地での交渉と報告、わたしは総指揮という分担だった。今回は4名の

院生・学生のコンピュータ・リテラシーが高く、HUMI 史上最強のチームとの自己評価があったほどだ。

でかける直前になって、予約しておいた大英図書館そばのホテルからは、宿泊代を前払いせよという通知がきたり、大英図書館からは地下で仕事をする HUMI メンバーに犯罪者がいないことを証明せよという難題を押し付けられたりした。もちろん契約書の作成にも時間がかかった。その過程で、わたしたちが使う英語には普段とは異なる取引能力が必須だと痛感した。

寒い地下室での作業

大英図書館の地下のスペースで朝 9 時から夕方 6 時まで作業するのはきつい。一日中お日様を拝めないというのは辛いし、地下は寒い。風邪を引いたのが、デジタル作業に影響の出ないわたしだけだったのは幸いだった。

技術担当の先発隊は 3 月 7 日から、大英図書館で日本から送った機器の組み立て、デジタル実験を行い、3 月 13 日から

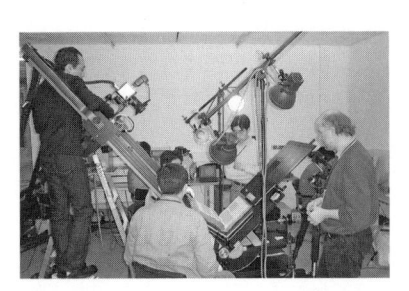

デジタル化に取組む HUMI プロジェクト

は遅れて到着した学生諸君と合流して、2 セットのグーテンベルク聖書のデジタル撮影に入った。何せ、相手は総ページ 2600 という怪物である。これを予定通り 9 日間で撮影した。いま思えば、ギネス・ブックに登録してもよいスピードだった。普通のアナログ・カメラではまず無理だし、フィルムを使えば現像料がばかにならない。

HUMI プロジェクトの撮影現場を見れば分かるが、最大の武器は NTT とオリンパスの協力で生まれた超高精細デジタルカメラである。その長所は、シャッターからモニターによる確認、メモリーに落とすまで 15 秒というスピードのワンショット撮影できることと、色の再現性の安定度だった。要するにコスト・パフォーマンスが高いのである。

このスピード撮影するのにもっとも重要な点は、作業チームのチームワークである。最初のころは、聖書のページめくりは大英図書館保存部門の担当者がやっていたが、2 時間もたつと、信用してくれたのであろう、まったくこちらに任せっぱなしとなった。

怖いハプニング

撮影中のハプニングもあった。セキュリティ関係のガイダンスと入館証の作成に 1 時間、非常時の避難訓練に 2 時間とられたのはいたし方ないだろう。4 日目だったか、朝一番で地下室の撮影現場に

行くと、深夜に電気係が自らの判断で、イギリスの240ボルトに合わない日本製コードを外して、「使用禁止」のテープでぐるぐるまきにしているではないか。その原因は、普段使用している変圧器を別の場所に保管してあったため、それを知らない電気係が危険と判断したのであった。ともかくも、正常の状態に復旧するのに3時間を要してしまった。

変圧器は前夜、展覧会場で行われたデジタル画像のデモでわたしたちが用いていた。じつは大英図書館でそのとき行われた寄付金を募るレセプションに、イギリスの文化担当大臣がやってくるので、ぜひグーテンベルク聖書のデジタル画像を見せて欲しいと依頼されたからである。レセプションが終わる間際に現れた大臣は、わたしたちの画像の美しさに感動し、この撮影現場の写真はないのかといった。その写真を見ながら、大臣が「この機械一式は買ったのか」と尋ねると、横にいた大英図書館会長がすかさず「今注文中です」と答えた（わたしたちの機器はすべて試作品で、商品化されていないのに）。

翌日、文化担当大臣が議会でデジタル化の重要性を説いたそうだ。大英図書館幹部の喜びといったらなかった。来年度のデジタル化予算は増額されるだろう、そしたらまたHUMIと共同でやりたい、などといって、私を次々とコーヒーや食事に誘ってきたのである。確かに地下の撮影現場への来訪者も増えて行ったし、BBCも取材にきた。

かくして、思わぬ形でHUMIの遠征が大英図書館にプラスをもたらす結果となったのである。1年半前に調べたとき、ここの羊皮紙のグーテンベルク聖書には紙魚（しみ）の死骸を発見した。今度も見つけたら黙ってデジタル化しようと思っていたのだが、見つからなかった。

（2000年春）

[HUMIプロジェクトがデジタル化した大英図書館所蔵の、グーテンベルク聖書やキャクストン印刷の『カンタベリー物語』のデジタル画像は次のURLで閲覧することができる。]

http://www.bl.uk/treasures/gutenberg/homepage.html
http://www.bl.uk/treasures/caxton/homepage.html

ベリー聖書について（1）

　英国ケンブリッジの街の中心に、コーパス・クリスティ・コレッジがある。2002年はケンブリッジ市の800年を記念してさまざまな祝賀行事が行われる予定だが、このコレッジはその大事な一翼を担う。なぜならば、中世のケンブリッジ大学のほとんどすべてのコレッジは王侯貴族の庇護によって創立されたが、「キリストの身体」という意味のコーパス・クリスティ・コレッジだけは、市民のギルドの寄進によって生まれたからだ。

マシュー・パーカー図書館

　このコレッジにはパーカー図書館があり、カリグラファーや写本学者が憧れる豪華な中世装飾写本と、大英図書館を除けば世界で最多のアングロ・サクソン写本があることで知られている。面白いことに、どこにでもある時禱書はここにはひとつもない。その名のとおり、この図書館は英国国教会の大主教マシュー・パーカー（Matthew Parker, 1504-75）の蔵書からなる。ヘンリー8世が修道院改革を断行した16世紀前半、イギリス中にあった大小の修道院は打ち壊され、土地や財産は没収され、蔵書は四散する憂き目にあった。パーカー大主教は、ヘンリー王がローマ教会から離脱して創設した英国国教会の歴史的正当性を主張するために、古いアングロ・サクソンの法律や宗教関係の写本を収集して、学者たちに編纂出版させた。同時に、製本の補強材料やろうそく売りの包み紙にリサイクルされる運命となりかねない、ほかの中世写本も数多く収集して、母校のコレッジに遺贈したのである。

　パーカー大主教の遺贈条件は興味深い。図書館にある写本は一冊たりとも外に持ち出したり、消失させてはならない。もし一冊でもなくなったら、蔵書全体は近くにあるゴンヴィル・アンド・キース・コレッジに移譲される。そこでも同じことが繰り返されれば蔵書全体がキングズ・コレッジに、さらに再びコーパス・クリスティ・コレッジへと移譲されるというものだ。毎年のパーカーの誕生日には、これらのコレッジの図書館長が集まって点検し、いままでは幸い事故がなかったので、ワインで祝杯をあげてきた。

コーパス写本2番

　さて、パーカー図書館に所蔵された写本2番はベリー聖書と呼ばれる、グーテンベルク聖書より一回り大きく豪華に装

飾された、12世紀前半の有名なロマネスク写本である。この写本がケンブリッジから車で30分ほどのところにある寺町、ベリー・セント・エドマンズのベネディクト派修道院で制作された聖書であることを突き止めたのは、ゴシック小説の著者としても知られた写本学者M. R. ジェイムズであった。

写本自体に潜む内的証拠としては、テキストの冒頭ページの片隅にB. i. という書き込みがある。これはベリーの修道院にあったほかの写本にもある分類用の書き込みで、そこの聖書写本の1番という意味である。また第322葉にはヴェラム断片で補修した跡があり、そこには首をはねられた王冠をいただく顔が描かれ、「ここだ、ここだ、ここだ」というラテン語が巻物状に書き込まれている。聖エドマンド王は斬首された後、姿を探し回る者たちにこう叫んだという伝説があるから、これはベリーゆかりの殉職者、聖エドマンドを描いた絵に違いない。こうして、写本がベリーの修道院で補修されたと推測できるのである。

マスター・ヒューゴの工夫

一方、他の写本に、ベリー聖書の制作に関する重要な外的証拠も残っている。同じケンブリッジ大学のペンブルック・コレッジ図書館にある、12、13世紀に書かれたベリー修道院の『聖具保管所記録』写本には、聖具保管係ハーヴェイによる記録が残っている。それによれば、ハーヴェイはタルボット修道院長が立派な聖書を制作するのに必要な経費を準備し、マスター・ヒューゴの手で聖書に比類のない装飾が施された。ヒューゴは、それに十分な良質のヴェラムを地元では見つけられなかったので、アイルランドまで注文したという。

コーパス写本2番の聖書では、全ページ大の装飾絵画のほとんどが最良質のヴェラムに描かれた後、本文の該当箇所に

M. R. ジェイムズ

ベリー聖書

貼り付けられたことを発見したジェイムズは、この写本こそ、ベリー聖書であると断定した。

以前書いたエッセイで、2000年秋クリストファー・ド・ハメル博士がコーパス・クリスティ・コレッジの図書館長に就任して、既に『パーカー蔵書―コーパス・クリスティ・コレッジの至宝』(2000)と題する、飛び切り美しいブックレットを出版したことを紹介した。そこにはベリー聖書についての解説と、ヒューゴによる装飾画２点のカラー写真が掲載されている。深みのあるブルーはアフガニスタン原産のラピスラズリを顔料としている。また絵画デザインにビザンチンの東方美術の影響が見られることから、同地の写本が十字軍遠征のみやげとして、地中海を経てイギリスにもたらされた可能性が強い。現存するベリー聖書は残念ながら完本ではないが、6枚のページ大装飾画をはじめ多くの装飾大文字を含んでいる。

ベリー聖書が制作されたのは1135年ごろと考えられる。この仕事に装飾師として参加したヒューゴがマスターと呼ばれているのは、彼が修道僧ではなく、親方装飾師として外部から委嘱されたためである。ヒューゴは写本装飾だけでなく、修道院教会の青銅製の扉や鐘を鋳造し、合唱席の象牙製の十字架を彫刻し、聖母マリアと聖ヨハネの像も製作した。

ベリー聖書はイギリスで制作された中世写本のうちで、装飾者の身元と制作年代がはっきり分かる最初の写本として、重要である。研究者ならずとも、この写本を目にしたいではないか。最近、ベリー聖書にファクシミリ制作の話が持ち上がってきた。

(2001年冬)

ベリー聖書について（2）

ほんの偶然から

　それはほんの偶然から始まった。2000年11月末わたしはイギリスにいた。大英図書館と慶應HUMIプロジェクトとの更なるデジタル化計画の調印式をお膳立てした後、大英図書館主催のグーテンベルク600年記念シンポジウムで発表するまでの間の数日間を、ケンブリッジで過ごすことにした。

　ある日、大学図書館の写本部長パトリック・ズッチー博士から、彼が所属するコーパス・クリスティ・コレッジの昼食に招待された。ホールで食事を始めたところ「ハロー、こんなところにいるのか」といって入ってきたのが、そこの新しい図書館長クリストファー・ド・ハメル博士と、ボイデル＆ブルーア出版社のリチャード・バーバー氏だった。バーバー氏はこのコレッジ出身のアーサー王研究家でもあり、彼が在学中に出版した『アーサー王―その歴史と伝説』はわたしが翻訳した。そんな仲だから、4人で話は盛り上がった。

　「ところで今日は何の仕事でここにいるのか」と尋ねると、ド・ハメル博士は「ベリー聖書のファクシミリ計画だよ。なんなら写本を見に寄らないか」といってくれる。そこで、昼食後、大学図書館に戻るズッチー博士と別れて、残る3人はコレッジのパーカー図書館でベリー聖書を見ることにした。

ベリー聖書ファクシミリ計画

　そのおり、次のようなことが分かった。タズマニア大学で古写本学を講じるロドニー・トムソン教授は、長年にわたりベリー聖書を研究しており、ブルーア出版社との間で研究書を出版する契約を結んでいる。オクスフォード大学出版局が昔超大型本で出した『ふたつのウィンチェスター聖書』と同じ判型の研究書だという。一方、ブルーア社はコーパス・コレ

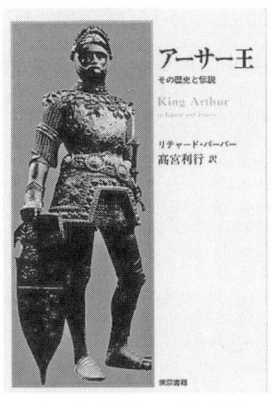

バーバー著『アーサー王』

ベリー聖書

ッジとの間でベリー聖書から50点に上るカラー写真を撮影して、これらを研究書のカラー挿絵として用いるという契約を取り交わしていた。これが履行されないまま今日に至ったのには、思わぬハプニングがあったからだ。

あるとき、大学図書館の写真部門に勤める技師がアルバイトとしてパーカー図書館に呼ばれた。ところが、ベリー聖書の撮影のために、超大型の聖書を床に置いていたところを前図書館長が見て激怒、その後の撮影が中止となってしまった。そして今般新たにド・ハメル博士が図書館長に就任したので、撮影再開ということになった。その交渉のためにバーバー氏が図書館を訪れたというわけだ。

幾つかの提案

この話を聞いている間、普段はほとんど動かないわたしの頭の中で、何かが異常なスピードで回転していた。そしてその場で次のような提案をパーカー図書館とブルーア社に対して行った。ベリー聖書の全ページのデジタル化をHUMIプロジェクトの経費でやらせて欲しい。できあがったデジタル画像は1セットをパーカー図書館に寄贈する。もう1セットはコーパス・クリスティ・コレッジとHUMIが共同で、ベリー聖書のふるさとであるベリー・セント・エドマンズ市に寄贈する、その時期はベリー市に設立される慶應義塾大学人文学メディア研究センターの開所式を行うときだ。HUMIはブルーア出版社にベリー聖書の拡大撮影フィルムを提供する。そしてこの研究書＋ファクシミリを日本で販売するには、日本のファクシミリ出版社を参加させるのが望ましい。

ド・ハメル博士とバーバー氏は、HUMIプロジェクトの技術力の高さについて既にいろいろな機会に見ていた。また、20年以上前にパーカー図書館所蔵のチョーサーの『トロイルスとクリセイデ』写本を、ブルーア社がファクシミリ化した際、わたしが日本市場での販売戦略を立案した結果、80部以上が予約購読された実績があることを知っていたので、わたしのベリー聖書に関する提案には直ちに応じてくれた。委細はメールで詰めようということで、わたしは2時間ほどしてその場を辞した。

帰国したわたしは、慶應の大学当局に対して、上の提案を示して理解を求め、ただちに認められた。外部の研究者に門戸を閉ざしてきたパーカー図書館が、新たな図書館長を迎えて、研究者優先のサービスを決め、デジタル化に詳しい理科系の新マスター（学長）を迎えて、情報をオープンにし、コレッジの存在を世界にアピールする方向で方針を大いに転換しようとするときに、奇しくもわたしが飛び込んでいったことになる。国際的に知られたパーカー図書館のデジタル化をHUMIが支援するというのは、「世界の慶應」を狙う大学当局にとってもまたとない機会となるはずである。

更なる交渉

2度目のパーカー図書館訪問は2001年1月末に行った。HUMIの技術陣を同行して、実際にグーテンベルク聖書より大きなベリー聖書を詳細に調べること、マスターと会って慶應の意思を正式に伝えること、が目的だった。インド人のマスターで極小エレクトロニクスが専門のアーマド学長は、日立などと共同研究をやっているとかで、日本通でもある。ダブリンにある「ケルズの書」のファクシミリが大いに売れたことを聞き及んで、コーパスでもやろうと思い立ったという。ブルーア社に関していえば、わたしたちはサフォーク州の海辺に近いバーバー氏の家まで出かけて、打ち合わせをし、一家そろった昼食をご馳走になった。

3度目の訪問は3月末だった。この時の目的の一つは、雄松堂書店の新田満夫会長をマスターに紹介することだった。マスターやド・ハメル博士を前に、新田氏は英語で熱弁をふるった。要は、今回のベリー聖書だけではなく、パーカー図書館所蔵のお宝写本を2年に一度はファクシミリとして出版しよう、そのためには自前の出版社を立ち上げようというものだった。さすがのマスターもその熱意にたじたじだった。そばにいたわたしは、長年にわたって男一匹身体をはって世界を渡り歩いてきた、新田満夫氏の真骨頂を見る思いだった。なにせ、チョーサーの『カンタベリー物語』のエルズミア写本（ハンティントン図書館蔵）のファクシミリ化を、他の欧米の出版社を押しのけてやってしまった男なのだから、今回も綿密な計算と勝算があるのだろう。

もうひとつの目的は、ベリー市長にわ

ベリー聖書

れわれの意思を伝え、開所式の日程を空けておいてもらうことだった。もちろん大歓迎を受けた。これでお膳立ては整った。ベリー市当局などは、早いところパブリシティをやりたくてうずうずしているようだった。

撮影開始

　最終的に、HUMIによるデジタル化のためのベリー聖書の撮影は、5月の連休後14日から始まった。今回はデジタルカメラを使用せず、従来のアナログ・カメラを用いて4×5インチのカラー・フィルムで撮影する手段に切り替えた。拡大画像を含めて撮影は6月初めまで続く。終了後は夏休み中心にフィルム・スキャニングと整形、そしてデジタル・プログラム制作が行われる。その間に人文学メディア研究センター立ち上げの準備もしなければならない。わたしはここの所長に就任したのだが、三田での授業があるので、そこにずっとはいられない。少数精鋭で動くこのプロジェクトにとって、10月6日の開所式にこのプログラムが間に合うか、またブルーア出版社によるロドニー・トムソン教授の解説入りファクシミリが完成するのか気がかりだが、現時点ではすべて順調に動いている。HUMIとコーパスとの同意書も何とか、撮影開始後2日目に署名まで持ち込むことができた。

　　　　　　　　　　　　（2001年春）

［このファクシミリは次のような国際出版物となった。Rodney M. Thomson, ed., *The Bury Bible,* Cambridge: Brewer, Tokyo: Yushodo, 2003］

マロリーのウィンチェスター写本デジタル化へ

　2002年の夏、この原稿は暑いロンドンで書いている。もちろん日本の暑さにはかなわないが、消夏法のない当地では、冷房なしのホテルに泊まろうものなら、寝られないはずだ。今回は7月17日に成田を発って米国デンバーに飛び、35度の酷暑を経験した上に、ロッキー山脈の山火事を目撃した。その数日後、マンチェスターにひとっ飛び、そこから寒いウェールズに到着したというわけだ。こんな乱暴な真似はしたくないのだが、米国では国際チョーサー学会、英国では国際アーサー王学会があり、ともに役員を務めているし、複数の教え子が発表するだけでなく、わたし自身が構成司会するセッションもあるというわけで、世界一周の航空券を買わざるを得なかった。

マロリーのウィンチェスター写本

　さて、ウィンチェスター写本といっても、カリグラファー垂涎の「ウィンチェスター聖書」（12世紀後半）のことではない。この有名な聖書があるウィンチェスター大聖堂の、隣に位置する英国最古のパブリック・スクール、ウィンチェスター・コレッジに長くあったので、こう呼ばれるマロリーの『アーサー王の死』

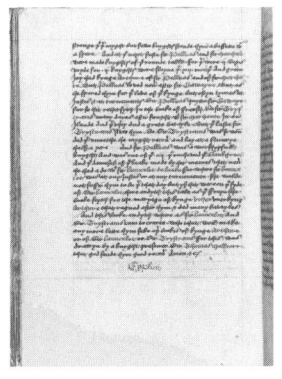

マロリー『アーサー王の死』
ウィンチェスター写本

の現存する唯一の写本である。1480年前後に紙に書かれ、人名・地名がわざわざ赤インクで入れてあるというのがこの写本の特徴で、その他には目を楽しませてくれる装飾や絵など何もない。

　この写本をデジタル化する話が持ち上がったのは、今年の3月だった。ロンドン大学で開催された中世写本とデジタル化に関する国際会議で、わたしはHUMIプロジェクトで制作した「ベリー聖書」などのデジタル画像を見せながら、発表したのだが、たまたまそこに大英図書館の写本部長ミシェル・ブラウン博士がいた。こんな美しい画像を見せた発表は他になかったせいか、博士はわた

しに10分でもいいからオフィスで会いたいといってきた。博士とは20年来の知己である。ちょうど大英図書館では、HUMIがキャクストン版『カンタベリー物語』をデジタル化した後、日本の奈良絵本のデジタル化を進めており、わたしはその監督に連日通っていた。

博士の私への要望はふたつあった。ひとつは写本部門で制作している大英図書館所蔵の装飾写本すべての画像つきデータベースの試作版が6月にはできるので、一利用者として長所短所をチェックして欲しいというもので、わたしは快諾した。現実に7月に送られてきた試作版URLに入って、使ってみると、画像の大きさや質によってばらつきはあるものの、なかなか使い勝手がよろしい。たとえばキーワードとして「シモン・ベニング」と入れてみると、16世紀の良く知られたこの写本装飾師のミニアチュールを含む大英図書館所蔵の全写本が現れるというすぐれもの、すべてのデータが入り一般公開されれば、世界中の研究者に福音となること間違いなかろう。

ミシェル・ブラウン博士への提案

もうひとつ、博士が希望したのは、HUMIが従来グーテンベルク聖書を初めとする大英図書館の印刷本や和書コレクションをデジタル化した結果、評価が高いので、ぜひ中世写本もやって欲しいという要請だった。「たとえばウィンチェスター写本などはいかがでしょうか」と水を向けると、博士は「それは一番要望が多い写本なので、ぜひやって欲しい」との返事。お互い忙しくて、それ以上の詰めは出来ないので、その方向でメールのやり取りをしようということで、別れた。ちなみに、ここの書物のデジタル化は、通常は写真部門が担当するそうで、外部から館内に入ってやっているのは我々HUMIだけだそうだ。なんだかこちらが気恥ずかしくなってしまう。

この話はまだ具体化、たとえば契約書を交わすといった段階まで進んでいない。従来の経験だと、かなり時間がかかるはずだ。しかし、話がどこからもれたか、ウェールズ大学バンガー校で開催された国際アーサー王学会での発表で、二人のアメリカ人学者に、「髙宮教授がウィンチェスター写本のデジタル化をやるそうだ」といわれてしまい、私自身が構成司会したディスカッションだけのセッションで、かなり時間を取って説明する羽目になってしまった。

マロリー学の展開

ではなぜこの写本のデジタル化が急がれるのだろうか。ウィンチェスター写本は1934年にウィンチェスター・コレッジで再発見された。マロリーの『アーサー王の死』はそれまで長い間、1485年に出版されたキャクストン版でのみ知られていたから、この発見は英米の学者の注目

『サー・トマス・マロリー著作集』
（一巻本）

を集めた。そして1947年にウジェヌ・ヴィナーヴァ教授（Eugène Vinaver, 1899-1979）の編纂による校訂版『サー・トマス・マロリー著作集』が世に出たとき、学界は衝撃を受けた。その衝撃のひとつは、写本と刊本の関係が、マロリーの原稿から2度ずつ転写された遠い関係にある系統図が発表されたからである（もっとも、この提案が疑問視されるのは1976年以降だったが）。

　1975年、ウィンチェスター・コレッジと大英図書館の間に、この写本を売却する話が持ち上がった。この年オクスフォードの若き写本学者クリストファー・ド・ハメル博士は、サザビーズの中世写本部門に就職口を見つけてやってきた。博士の最初の仕事が、ウィンチェスターに赴いて、この写本の価値を査定することだった。「いくらマロリー唯一の写本だといっても、何の飾り気もない紙の写本だったから、5万ポンドでどうかと思

第6章　HUMIプロジェクト　137

ったのだが、アンソニー・ホブソン部長にもう少し色をつけてはといわれたから、15万ポンドにしたんだよ」とは、今をときめく大学者の冗談であろう。

ヘリンガ博士の分析

　ともかくも、ウィンチェスター写本は15万ポンドで売却され、翌年大英図書館にやってきた。館員が無造作にリュックサックに入れて、コレッジを後にしたそうだ。それをてぐすね引いて待っていたのは、初期印刷本部のロッテ・ヘリンガ博士だった。初期刊本の印刷用原稿を調査していた博士は、ロンドン警視庁の偽札専従班の技術的な助けを借りて、この写本（MS. Add. 59678）の数葉に、キャクストンが『アーサー王の死』の印刷を準備中に、印刷工房で用いていた活字が裏写りしているのを発見したのである。この科学的な発見は、写本とキャクストン版の関係がヴィナーヴァ説のようにもっとも遠いものではなく、かなり近いのではないかという可能性を匂わせた。探偵のようなヘリンガ博士の発見は、その後出版された『キャクストン印刷の謎―イングランドの印刷事始め』（髙宮利行訳、雄松堂出版、1991）に詳しい。

　一番近い関係とは、ウィンチェスター写本をキャクストンが印刷用原稿として用いた可能性である。しかし、印刷用原稿として用いられた写本には、ページ見積もりをした形跡があるのが普通である。

現在ですら、活版印刷なら、例えば25ページがどこから始まりどこで終わるのかを印をつけて準備をするのが常識である。しかるにウィンチェスター写本には、一切ページ見積もりのためと考えられるマークはない。すなわち、この写本はキャクストン版の植字には用いられたことはなく、別にもうひとつ写本が工房にあって、今は現存していないその写本が、印刷用原稿に用いられたのである。

ではキャクストン工房に、なぜ同時期にふたつのマロリー写本があったのだろうか。現時点では、ウィンチェスター写本は、印刷用原稿の読みがおかしいところや欠葉があった場合にバックアップ用に用いられた、また本文を巻や章に分けるときに、ウィンチェスター写本の装飾文字を参考にしたのではないか、といった説が強い。実際、ほかの初期印刷本でも、印刷工は複数の写本を工房で用いたと考えられる場合がある。

こういったことを確認したい研究者は、大英図書館で写本を直接調べる必要性に迫られるのは当然だ。ところがこれは、英文学史上の傑作のひとつの唯一の現存写本だから、常に見学客が見られるように展示されている。現時点では、研究者と見学客の要求をともに満足させるには、デジタル化するのが最良の手段だとは、図書館員ならだれでも考えることである。

順調にいっても、ウィンチェスター写本のデジタル化が完成し、大英図書館のホームページで見られるのは、2年先だろう。HUMI制作の大英図書館所蔵グーテンベルク聖書のデジタル画像には、半年間で50万件のヒットがあったといい、キャクストン版『カンタベリー物語』には100万件が予想されるという。ウィンチェスター写本にも同様の需要が見込まれるだろうから、われわれもよい画像を提供しなければならないことを肝に銘じている。

(2002年秋)

[その後このデジタル化は終了し、HUMIは大英図書館に高精細画像の全データを贈った。次のウェブを参照されたい。]
http://www.bl.uk/treasures/malory/homepage.html

第7章

蔵書コレクション、オークション

ジョン・ライランズ図書館の改修
英国研究用図書館第3位

個人図書館とは

　図書館には国立、公立、大学、企業や寺院、そして個人文庫など、さまざまな種類があるのは誰でも知っている。今日ご紹介するのは最後のものに属する。わが国でも、現在慶應義塾大学の附属研究所となっている麻生家の斯道文庫や、等々力渓谷のそばにあって三菱財閥の岩崎弥之助・小弥太が築いた静嘉堂文庫などは、質の良い個人コレクションである。

　英米に目を転じると、マンチェスターのジョン・ライランズ図書館、ニューヨークのピアポント・モーガン図書館、ワシントンのフォルジャー・シェイクスピア図書館、サン・マリノのハンティントン図書館など、質量ともに大学図書館を凌駕する個人図書館が存在し、一般に公開されている。個人図書館とは見識と資金を持つ個人収集家が集めたコレクションと運営資金をもとに建てられたものをいう。

ユニークな図書館

　だが、上述した中で唯一例外なのは、ジョン・ライランズ図書館である。未亡人が亡き夫の追善供養のために建設し、他の個人文庫を買い上げて開設した図書館として、ユニークな成立過程を持っているからだ。ジョン・ライランズ（John Rylands, 1801-1888）は、イングランド北部のマンチェスターで綿工業の産業資本家として大成功を収め、慈善家としても知られたが、3度にわたる結婚でも子宝に恵まれなかった。最後の妻となったエンリケタ・オーガスティーナ・ライランズ夫人（Enriqueta Augustina Rylands, 1843-1908）は、遺産相続で得た258万ポンド（現在なら数百億円あるい

正面から見たライランズ図書館

側面から見たライランズ図書館

は数千億円か）を使って亡夫を追悼するため、工業都市マンチェスターの市街地にネオ・ゴシック様式の公共図書館を建設することを決意した。現在も目抜き通りのディーンズ・ゲートに、知らない人には中世の教会か城郭にしか見えない豪壮な外観の図書館があるが、これは1890年に計画が始まり、十年後の1900年1月元旦に公開された。実際の完成は1899年10月だったから、ライランズ図書館は19世紀最後のネオ・ゴシック様式の建築物といえよう。ちなみに1999年に落成した慶應義塾大学東館は、20世紀最後のネオ・ゴシック様式の建築物である。

　ここから歩いて数分の所に、中世の大聖堂、17世紀に建設されたチータム図書館、1880年代に同じくネオ・ゴシック様式で建設された壮大な三角柱状の市役所、ラファエロ前派の絵画で知られる市立美術館などがある。依然として煙の都マンチェスターのイメージが強いせいか、大都市なのに日本人の観光客は少ない。ところがここ10年間で、これらの古い建築物を除くと、市街地の雰囲気は大きく変貌し、ガラスを多用した現代的な都市に生まれ変わりつつある。皮肉なことに、IRAのテロによって中心街が爆破されたことによって、再開発が進んだらしく、街の真ん中には大きな観覧車まである。

ライランズ夫人の方針

　イギリスはヘンリー8世以来、英国国教会を国家的な宗教としてきたが、ライランズ夫人は非国教徒の牧師を教育する機関として図書館を開設しようと考えていた。しかし次々と大コレクションが収蔵されるようになると、その意図は薄らいでいった。生前の夫妻が収集した蔵書はさほどたいした規模のものではなかった。結局、ライランズ図書館の蔵書の中核は、ふたつの個人コレクションから購入したものである。1892年、ライランズ未亡人は、第5代スペンサー伯爵の初期印刷本4000点を含む43000点の印刷本を、21万ポンドで獲得した。スペンサー家と言えば、故ダイアナ妃の先祖にあたるが、この蔵書は2代目スペンサー伯爵ジョージ・ジョンが19世紀初頭の愛書熱の中で構築したもので、キャクストンを初めとするイギリスの初期印刷本の珍本が収められている。さらに、1901年には25代と26代のクロフォード伯爵が収集した、50もの言語による6000点の手書き写本を購入した。

　ライランズ夫人はその後も図書館運営を援助し、1908年に亡くなった時は、さらに20万ポンドの資金を遺贈した結果、新たに18万点の書物と3000点の手書き写本の購入と、図書館裏側の増築が可能となった。不思議なことに、図書館建築と運営にこれだけ貢献したライランズ夫人については、ほとんど知られていない。

ヘンリー・グッピー図書館長

これだけの質と量を誇る図書館だけに、開館と同時に研究者が閲覧にやってきて、工業都市に文化的な側面が加わった。また開館した1900年から亡くなる1948年まで、実に半世紀にもわたって図書館長を務めたヘンリー・グッピー（Henry Guppy, 1861-1948）は、当時まだ北部イングランドのランカシャーやチェシャーに公共文書局が整備されていなかった地域で、企業や個人のアーカイヴを図書館に集めることに腐心した。一方で、あれだけ隆盛を誇ったマンチェスターの綿工業も時代が変わると急速に衰弱し、ふたつの大戦によるインフレのため、当初もたらされた基本財産だけでは経営を続けることは難しくなった。もちろん多くの産業資本家や篤志家からの運営資金への援助が行われたが、1960年代には独立した図書館として維持していくことが困難となった。マンチェスター大学からの援助も戦後間もない1949年から続けられていたが、1972年7月ライランズ図書館はマンチェスター大学の一部として吸収された。今や75万部以上の貴重書と百万点を超える写本と文書の蔵書を誇るライランズ図書館は、英国における研究用図書館として第3位にランクされている。

私にとってもライランズ図書館は重要な研究史料の宝庫として、1970年代後半のケンブリッジ留学時代から利用してきた。最近では、グーテンベルク聖書のデジタル化に関するHUMIプロジェクトによる活動の一環として、ここの聖書も視野に入れている。

改修された図書館

2007年7月、マンチェスターで開催された初期書物学会の国際学会のおり、前年より行われていた改築工事が終わって再開したばかりの図書館を訪問する機会に恵まれた。写本部長によるツアーでこ

改修された図書館（写真、上下）

この沿革や現状がよく分かった。ライランズ夫人は図書館の設計を建築家任せにせず、数々の注文をつけた結果、細部にまで心遣いが行き届いた館内環境になったという。世紀末の工業都市はどこでも煤煙が建物のなかにまで忍びこんでくるほど不衛生だったので、ここには初めから空気清浄機まで設置された。電気を用いることを前提に建築された最初の大建造物でもあったという。

最近の改築工事の結果、従来の教会内部のような閲覧室は展示室に変わり、閲覧室は4階に新たに作られた。観光客用には世紀末の立派なトイレが残されたし、新しいショップや喫茶室は現代的で、ここに来ると僅か100年間で図書館がいかに変化したかが分かるようになっている。

特別展示室には以前調べにやってきた、キャクストン版とド・ウォード版の『アーサー王の死』があった。前者は他にはピアポント・モーガン図書館にあるのみ、後者はここにしかない垂涎の書である。1925年にパリからオクスフォードに留学したウジェヌ・ヴィナーヴァ教授は、その後マンチェスター大学の中世フランス文学の教授となって当地にやってきた。『アーサー王の死』の両版が揃っているのは世界でここだけだからだ。その後1934年にウィンチェスターで発見されたマロリー写本は、教授の研究用にライランズ図書館に寄託されたという。写本部長はここでしか聞けない面白いエピソードの数々を話してくれた。

再開したライランズ図書館には中世写本も多数収蔵されている。ここの図書館員はみな親切だったことを付け加えておこう。

（2007年秋）

第7章 蔵書コレクション、オークション　145

エクレズ子爵メアリー夫人の蔵書

ロスチャイルド蔵書

　第3代ロスチャイルド子爵（Victor Rothschild, 3rd Baron Rothschild, 1910-1990）はケンブリッジの学生時代に、マーケットに店を出していたG. デイヴィッド書店で、18世紀の文人ジョゼフ・アディソンの著作集を入手して以来、18世紀の版本や写本を蒐集していった。膨大なコレクションが出来上がったとき、きちんとした書誌を完成するためにはどうしたらよいか、知り合いの書誌学者たち（John Carter, Sir Geoffrey Keynes, John Sparrow, R. W. Chapman, Sir Walter Greg, John Hayward, A. N. L. Munbyらがいた）に出版趣意書を送って尋ねた。その結果は1954年に『ロスチャイルド文庫―ロスチャイルド卿の蒐集による18世紀印刷本と写本コレクション目録』2巻本として、上梓された。1969年に復刻された本書は、18世紀英文学を研究する者には必須とされる基本文献となって、今日に至っている。

　ロスチャイルド子爵は別に現代における学者のパトロンぶったわけではないが、このように個人収集家の貴重コレクションが研究者の手助けとなる場合も多い。ここでご紹介するアメリカ人収集家のエクレズ子爵メアリー夫人（Mary Morley Crapo Hyde Eccles, Viscountess Eccles, 1912-2003）もその一人である。

メアリー・ハイド

　デトロイトでビジネスと政治で成功した家系に生まれたメアリー・モーリー・クレーポは、父の勧めもあって若いころ

若きメアリー・ハイド

晩年のメアリー・ハイド

からシェイクスピアの作品に親しみ、自ら芝居も書いた。名門女子大学ヴァッサー・コレッジを卒業後、コロンビア大学の大学院に進んだメアリーは、1600-1605年に出版されたエリザベス朝演劇作品を入手できる限り初期のテキストで研究するという、収集家と研究者が合致した道を進んだ。1939年、彼女は18世紀イギリスの偉大な文人サミュエル・ジョンソン（1709-84）に夢中だった若き弁護士ドナルド・フリッゼル・ハイド（Donald F. Hyde, 1909-1966）と結婚、翌年からふたりはニューヨークの古書店巡りをするようになった。そこで紹介されたのが、当時アメリカの古書業界に君臨していたA. S. W. ローゼンバッハ博士と、後にハーバード大学に自分の名前を付して図書館を寄贈した実業家アーサー・ホートンだった。ふたりからの忠告は「値段に関係なく最良の古書を選べ」だった。

ハイド著『ストレッタム・パークのスレイル家』

1943年にハイド夫妻が移り住んだニュージャージー州のフォー・オークス・ファームには図書室が設けられ、後に、サー・ジョシュア・レノルズが幼少のサミュエル・ジョンソンを想像して描いた有名な油彩がかけられた。次々とジョンソン関係の大コレクションが追加された図書室は、メアリーの研究室となり、多くの訪問者を受け入れることになった。メアリーが著した『ストレッタム・パークのスレイル家』（1976）は、妻、母、そしてジョンソンの親友だったヘスター・スレイル夫人の子供たちの本を扱った、感動的で情報量の多い著書である。読者はともにジョンソンを中心に展開するカントリー・ハウスを作り上げた学殖溢れた二人の女性に思いを馳せるだろう。

ヘスターと同じく、メアリーも夫を比較的若くして失った。1966年に夫のハイドが亡くなると、メアリーはジョンソンの母校オクスフォードのペンブルック・コレッジ、プリンストン大学、ピアポン・モーガン図書館、グロリエ・クラブ、ハーバードのホートン図書館などと関係を強めていった。メアリーが1984年に再婚したエクレズ子爵デイヴィッド（David Eccles, 1st Viscount Eccles, 1904-1999）は、彼女の研究者と収集家としての才能を認めて、ジョンソン書簡の新版の編纂を勧めた結果、プリンストン大学出版局とオクスフォード大学出版局からハイド版が出版された（1992-94）。

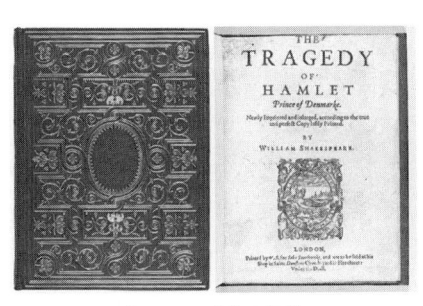

『ハムレット』4折判

エクレズ子爵夫人としてのメアリーは、元教育大臣で著名な収集家だった夫デイヴィッドの仕事を助けた。1973－78年大英図書館の運営委員長を務めたデイヴィッドは、1998年ロンドンのユーストン・ロードに開館した大英図書館に、デイヴィッド・アンド・メアリー・エクレズ・アメリカ研究センターを贈った。1999年に夫が亡くなった後も、メアリーは蒐集を続け、論文を書きつづけた。2003年、グロリエ・クラブは彼女の論文や演説を集めた一書を刊行し、秋の例会では、脚本家、物語作家、歴史家というさまざまな目を通して書かれたメアリーの著作が高く評価された。

エクレズ子爵メアリー夫人は2003年8月26日、91歳でこの世を去った。ふたりの夫とともに生涯蒐集したジョンソン・コレクションは、一括してホートン図書館に遺贈された。

メアリーが愛してやまなかったエリザベス朝のクォート（4折）判戯曲のテキストに関する研究は、コロンビア大学の博士論文となり、大学出版局は1949年に『エリザベス朝人のための戯曲1600－05年』として出版した。ちょうどローゼンバッハ博士の勧めで精力的に購入していた時期だった。

2004年4月14日、ニューヨークのクリスティーズで、「シェイクスピア刊本を含むイギリス戯曲―エクレズ子爵メアリー夫人の遺産」の売り立てがあった。再び構築するのは困難と思われる珍本揃いの競売で、クリスティーズは『ハムレット』第3クォート（1611）に2億円を超える見積価格を設定した。わずか52葉の小冊子であるが、シェイクスピアの最も重要な悲劇作品であり、第1、第2クォートとも公共図書館にしか収蔵されておらず、第3クォートも現本を逸しては入手の機会はまずないと、判断したのであろう。この見積価格はマスコミで大きく取り上げられた。しかし競売当日この本は売れなかったどころか、誰ひとりとし

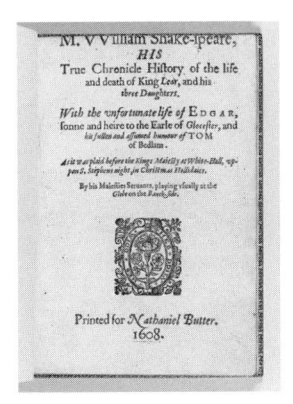

『リア王』4折判

て競売に参加しなかった。ロンドンからも名のある古書業者がやってきていたのにも拘らず、である。競売後水面下で取引が行われるのか、あるいはこの本もホートン図書館に寄贈されるのか、その行方が注目される。

シェイクスピアの『リア王』第2クォート（1608、実際には1619）も、見積価格は3500万円を超えていた。ところが、下見会では慧眼の古書業者が、完本と記述された現本の一葉がファクシミリで補われていることを発見した。しかもその事実は現本にメモとして残されていたことをクリスティーズは見落としていたのである。これを知ったクリスティーズは、慌てて見積価格を600万円まで、5分の1以下に下げた。しかし、会場は嫌気がさしたのか、結局550万円強で落札という、お粗末な結果で終わった。この世界ではたかがファクシミリ一葉ではすまないのである。

競売を準備したクリスティーズにとっては思いもかけない結果となってしまったが、これでメアリーのコレクションに傷がつくわけでもない。ニコラス・バーカーによる序文ともども、競売目録は重要な記録として残るはずである。

（2004年春）

物差しミラーが収集した個人最大の英語文献蔵書

ミラーの生涯

　英国ならずとも、古書収集家には昔から変人奇人の類が多いが、ウィリアム・ヘンリー・ミラー（William Henry Miller, 1789-1848）はその中でも際立っていた。エディンバラの裕福な養樹園主（わが国でいえば高級庭師）の一人息子として生まれたミラーは、父の死後エディンバラのクレイジェンティニーの家督を相続した。31歳のときニューカスル・アンダー・ライム選出の国会議員となり、10数年間に亘ってウェリントン公爵やピール宰相の政策を支持した。1832年の選挙法改正に反対、非国教徒の大学入学や海軍における鞭打ち禁止にも断固反対するなど、筋金入りの保守派だった。

　バッキンガムシャのブリットウェル・コートに住んだミラーは、17歳ごろから古書収集熱がこうじて、古書競売で大金を投じた。19世紀初めからイギリス中の貴族や資本家を巻き込んだ愛書熱も少し薄れ、ライバルたちが次々と世を去ってその蔵書が売りに出る機会に、積極的に買いに出た。彼の蔵書は、イングランドやスコットランドの古い文学や歴史に強く、同時に社会史、科学、音楽、旅行、そしてアメリカ関係書にも秀でていた。

ただし、テューダー朝やステュアート朝の劇作品については、あまりにも高価だったため、晩年になるまで手を出さなかった。おそらくミラーが最も狙っていたのは、トマス・グレンヴィルの蔵書だっただろうが、これは1846年大英博物館に収蔵されてしまった。

物差しミラーの仇名

　1834年から4年間続いた大収集家リチャード・ヒーバー蔵書の売り立てでは、ミラーが席巻した。彼の手元にあったヒーバー蔵書販売目録には、関心ある古書については縦横のサイズが詳しく手書きで書き込まれていた。古書は製本や再製本の際に天地を裁断することが多いので、同一本でも製本状態によってかなりサイズが異なるからである。

　このころミラーの姿はほぼ毎日、古書店で見かけることができた。必ず30cmほどの長さの物差しを携行し、関心ある古書があればこれでサイズを計測してメモするのが常であった。この逸話から、彼は「物差しミラー」（Measure Miller）と仇名されるようになった。

　ミラーはもちろん、19世紀前半に次々と生まれたロクスバラ、バナタイン、メ

イトランドなどのブック・クラブに所属していたが、これらのメンバーと交遊していた形跡は一切ない。前述のリチャード・ヒーバーは「すべからく収集家たるもの、同一の書を三部所有すべし、一部は貸すため、一部は読むため、一部は保存のため」と豪語して、ロマン派詩人らに蔵書を惜しげもなく貸し与えていた。ところが、ミラーは逆で、蔵書を他人に見せることを極端に嫌った。大英博物館の写本部長フレデリック・マッデンは日記の中で、「あいつはひどい変わり者として知られている」と断言したし、シェイクスピア学者（で文学偽作者）ジョン・ペイン・コリアは「あいつは自分に用のない本を他人が使うのを阻む意地汚い男だ」と唾棄するほどだった。

怪奇な容姿

こんな話はどこでも転がっていそうだが、ミラーは容貌もいささか怪奇だったようだ。知り合いだったダニエル・ウィルソン教授は「彼はひどく細身で、声も甲高く、あごひげなどまったくない」と観察している。ヴィクトリア朝に入ると、イギリス紳士なら長いあごひげを蓄えない者などいなかった時代だったから、ミラーの姿はさぞ奇矯に映ったことだろう。その結果、ミラーを本当は女性ではないかと疑う者も現出したほどだった。

生涯未婚で通したミラーは、エディンバラのクレイジェンティニーの館で死んだ。どんな秘密も明かされぬように、ミラーは遺体を館の庭の隅に12メートル深くも掘った場所に埋葬し、その上に古代ローマ風の霊廟を建てるようにとの遺言を残していた。これは現在でも残っており、周りは1930年代に建てられた平屋の家で囲まれている。この奇妙な風景は画像検索でも見ることが出来る。

ミラー蔵書の行末

さて、ミラーが構築した素晴らしい一大蔵書は、彼の死後どうなっただろうか。ここで説が分かれる。インターネットで入手可能なスコットランド地誌によると、ミラーはケンブリッジで教育を受けたために、母校のコレッジに遺贈しようとしたが、彼が示した複雑な条件のゆえに拒否されたという。ありそうな話だ。ところが『オクスフォード英国人名事典』（ODNB）に寄稿した書誌学者ジャネット・イング・フリーマン女史は、ミラーは自宅で家庭教師による教育を受けたため母校などない、彼の蔵書はエディンバラの弁護士協会図書館に残されることに

ミラーの墓

なっていたと、解説している。もちろん情報の信頼性は後者にあるだろうが、確認を要する問題だ。

それはともかく、家督と蔵書はいとこのサミュエル・クリスティ（1810-89）が相続した。彼はそれを機にクリスティ・ミラーと改姓した。ちなみに、イギリスではクリスチャン・ネームとしての名は変えられないが、姓は法律上たやすく変えられる。クリスティ・ミラーもニューカスル・アンダー・ライム選出の国会議員となり、蔵書を充実させた。とくに1868-76年に行われたトマス・コーサー蔵書売り立てでは、積極的に買いに出た。同時にクリスティ・ミラー蔵書の目録を作成し、かなり多くの古書をモロッコ革で再製本させた。これは当時の収集家のやり方だったが、このためにテューダー朝の貴重な原装本が多く姿を消した。クリスティ・ミラー本人は華美な製本は避けようとしたようではあるが。

その後、彼の子孫は1917年から10年間に亘って、代々拡大してきた蔵書の売り立てを行った。競売の前にアメリカ関係の蔵書は、カリフォルニアの鉄道王ヘンリー・E・ハンティントンに買い取られた。

クリスティ・ミラー蔵書から出た古書は、多くの場合見返しに独特の書き込みをもち、また製本に見られる紋章からも判断できる。最初の持ち主が生存中は誰にも見せなかったこの蔵書も、いまや世界中の図書館に散逸した形で、閲覧が可能になっている。『イングランドの書物・写本収集家（1530-1930）と彼らの所有の印』(1930)を著した書誌学者セイマー・ド・リッチは、この蔵書を「個人が収集した最大の英語文献の蔵書であり、多くの点で大英博物館の蔵書を凌駕していた」とまで断言している。

(2005年9月)

[佐藤道生編『名だたる蔵書家、隠れた蔵書家』（慶應義塾大学文学部、2010）、pp.43-55に増補テキストあり]

英国王室の相続税となった稀覯書
グロスター公爵旧蔵の『狩猟の管理者』写本

王侯貴族が好む狩猟者

　収集家が離婚したときと死亡したとき、その蔵書が世に現れるという。それにもかかわらず、2006年1月26日にロンドンのオークション会社クリスティーズで行われたグロスター公ヘンリー王子のコレクションの売り立ては、本人の死後32年も経てようやく実現したものだった。

　その3日前、私はクリスティーズで貴重書デジタル化を推進するHUMIプロジェクトに関する講演を行うことになっていた。1月23日の午後、大英図書館での打ち合わせを終えてクリスティーズに出かけたところ、講演の主宰者で古書部長のマーガレット・フォード博士に迎えられた。

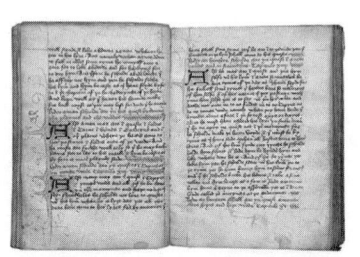

　ただちにグロスター公旧蔵の中世写本を3点見せてくれた。出てきた2点、『狩猟の管理者』 *The Master of Game* と鷹狩りの教則本は競売前に、相続税の絡みで大英図書館に売却されたという。後者は未刊行の英語散文の作品で、いずれも公爵が好きな狩猟や鷹狩りに関する15世紀写本である。ともに興味深い手書き装飾絵があった。20世紀最大の狩猟関係書を誇ったシュワート蔵書の売り立てで、1500点もの古書を購入した公爵ならではの逸品だ。

　3点目は今回売り立てに出るもうひとつの『狩猟の管理者』だった。これは第4代オーフォード伯ホレス・ウォルポール旧蔵の写本でもあった。この作品は、14世紀のフランス人ギャストン・ド・フォワが著した『狩猟の書』を、第2代ヨーク公爵のエドワード・プランタジネット（1373-1415）が1405年に英訳した狩の教則本で、15世紀によく読まれた結果、27の写本が現存している。このヨーク公はエドワード3世の孫に当たり、イングランドが少ない軍勢でフランスを破った

『狩猟の管理者』写本

有名なアジンコートの戦い（1415年）で戦死した。

ヨーク公は『狩猟の管理者』の序文で、英訳版を皇太子（後のヘンリー5世）に献じ、自らを現王ヘンリー4世の「狩猟の管理者」と呼んでいる。この作品が1904年に初めて印刷に付されたとき、こともあろうに米国第26代大統領だったセオドア・ルーズベルトが序文を寄せたほどであった。ちなみに、ルーズベルト大統領は無類のハンターとして知られ、彼の名前の愛称テディからテディ・ベアが生まれたという。

英国王室の相続税

さて、イギリスの王室の相続税に関心をもたれる読者もいるに違いない。2002年に100歳を超えて長逝したエリザベス皇太后の遺産は、長女であるエリザベス2世のもとに相続税なしに入った。これは「君主から君主へ」の相続は税なしと定められているからだ。

ところが、エリザベス女王の叔父で1974年に死去したグロスター公の場合は、ハロルド・ウィルソン首相が率いる労働党内閣の税制が、一般人と同じく適用されてしまったのである。いかにも労働党らしい政策だ。そして、50万ポンド以上と評価される遺産に関しては、75パーセントという高率の相続税が課されたのである。グロスター公爵を継いだ長男はこれを払うことは出来なかったが、政府は前公爵夫人アリス王女が存命中はその執行を免除した。2004年にアリス王女が102歳の高齢で亡くなったとき、その相続税率は40パーセントに下がっていた。今回のクリスティーズにおける競売は、その結果であった。

1月31日の「サンデー・タイムズ」紙は、「屋根裏にあった現金——公爵の埃まみれの宝物500万ポンドで売れる」という見出しで、競売結果を公にした。「屋根裏で埃まみれだった」とは言いえて妙で、実際ヘンリー王子の誕生を祝してヴィクトリア女王が贈った銀製ボウルなど、まず日常生活では使用されたことのない宝物ばかりだった。

数多くの競売品の中で最高価格を獲得したのが、上述の『狩猟の管理者』写本で、約20万ポンドでロンドンの古書店が購入した。おそらくノルウェーの個人収集家の元に収まるだろう。このことを知った私は、アメリカの中世学者でこの作品の校訂版を準備しているジェイムズ・マックニール教授に連絡した。自分が調査したことがある2写本が大英図書館とノルウェーに移ったことを知った教授は、「以前、館の図書館に調べに行ったとき、現公爵も狩猟関係の写本に関心を持っていたのに」と寂しい調子の返事をよこした。

ちなみに、23日に行った私のデジタル講演は50名以上の出席者を得て、何とかうまくいった。レセプション会場には、

グロスター公旧蔵の狩猟写本の目録解説を作ったトニー・エドワーズ教授の姿もあった。一緒に美味しいワインとカナッペと会話を楽しんだことはいうまでもない。

(2006年2月)

白百合の花状の製本
コーネリウス・ホーク旧蔵書売り立て

ハート型の本

　2002年、西洋中世の美術史家として活躍中だったマイケル・カミーユ（Michael Camille, 1958-2002）が44歳の若さで夭逝した。わたしが初めて会ったのは、彼が博士論文をケンブリッジで執筆中のときだったが、シカゴ大学に教職を得て以来、中世写本を社会的な背景から斬新に考察する研究書を立て続けに出版していた。それゆえ、彼の死は研究者仲間の間で大いに惜しまれた。

　カミーユの最後となった著作のひとつ『中世の愛の美術』（1998）という一般書では、カラー図版をふんだんに用いて、中世ヨーロッパにおける愛の表象を扱っている。

　例えば、心、つまりハートには記憶と愛が宿るとされたので、15世紀にはハートをかたどった祈禱書が多く制作されたが、本書には『ジャン・ド・モンチェヌーの歌謡集』（フランス国立図書館ロスチルド写本2973）が写真入りで取り上げられている。1473年ごろにフランスのサヴォイで作られたこの写本には、フランス語15篇、イタリア語13篇の歌詞と楽譜と挿絵が盛りだくさんに詰め込まれているのだが、目を見張らせるのはその製本の形状だ。閉じられているときは先の尖ったハート型、開けば二つのハートが密着した形をしている。

　愛の歌の伝統は、騎士社会で流行った宮廷風恋愛と密接な関係を持っていた。所有者にとってこの写本は「心に暗記した」記憶と歌とイメージの集積場所だったのだろう。それなのに、この写本の注文者は騎士ではなく、1477年にアジャン司教になる宗教人、ジャン・ド・モンチェヌーだったというから驚かされる。

背合わせ装丁

　それゆえ、2006年6月27-28日にニューヨークのクリスティーズで行われた「書物史―コーネリウス・ホーク旧蔵書」売り立て目録には、正直言って度肝を抜

カミーユ著『中世の愛の美術』

かれた。全部で713ロット、そのほとんどにカラー写真がついているので、目録は665ページという威容だ。その中には、書物史を関心領域にしているはずの私が、見たこともない製本がずらりと並んでいるではないか。最初から背表紙がない製本、円形や八角形の製本、製本の内側をくりぬいて小さな棒秤を仕込んだもの、等々だ。還暦を越えてもなお、新奇なものに感動できることを覚えて、目録が届いた夜は興奮のあまり、なかなか寝付かれなかったほどだ。

例えば、目録には「背合わせ（dos-a-dos）装丁」の例がいくつも登場する。背合わせにする本は、通常2冊の小さな聖書か祈禱書で、それぞれ裏表紙は共有する形で製本される。その結果、2冊は上下さかさまに合わせられることになり、前小口が別方向を向くことになる。

今回の競売では、17世紀前半にイギリスで刺繍製本されたものや、18世紀初めにオランダで出版された本を4冊も背合わせ製本された例が挙がっている。

白百合の製本

わたしが一番驚いたのは、16世紀半ばにパリで制作された時禱書で、白百合の花状の製本が施された写本だった。ご承知のように、白百合といえば、フランス王家の紋章である。この形を模して、写本をうまく開くと立体の白百合の形になるのである。一見、クリスマス・ツリーにつける立体の紙飾りのように見える。しかも時禱書だから、ラテン語の本文と10点ほどの聖歌がきちんと入っている。目録の解説によれば、よく似た形状で同時期に制作されたもうひとつの写本が、フランスのアミアン市立図書館に収められており、元々は時のフランス王アンリ2世と愛人ディアヌのために作られたという。さぞかし愛人も喜んだことだろう。

コレクションの由来

今回競売に付された書物史に関する膨大なコレクションは、アメリカのシンシナチ市のビール醸造工場を経営して成功した、実業家コーネリウス・J・ホーク（Cornelius J. Hauck, 1893-1967）氏によって構築され、シンシナチ歴史協会に遺贈されたものである。そして市の中心にある駅舎の建物の中に設けられたシンシナチ博物館センターに収められてきた。「庭師」と呼ばれるのを好むほど自然好

背合わせ装丁

きだったホーク氏は、ほかに植物書に関する膨大なコレクションも築き上げた。氏の意図を汲んで、歴史協会はその植物書コレクションを維持し、より充実させるために、今回書物史蔵書を売却することにしたという。

これだけの質と量を誇るユニークな蔵書が、競売によって四散したことは実に惜しまれる。むしろ、このコレクションのほうがさまざまな来訪者を楽しませ、あるときは驚かせるのに適していたのではと考えるのは、書物史に関心を持つ者だけだろうか。

この蔵書がどのように形成されていったかは、目録の冒頭で触れられている。珍奇な書物の多くは、ゴールドシュミット、クラウス、クォリッチといった著名な古書業者よりは、エミル・オッフェンバッカー（Emil Offenbacher, 1908-90）というほとんど無名の業者によってもたらされたという。この人物は、フランクフルトとパリで商いに従事したのち、ニューヨークのブロンクスに落ち着いた古書業者だった。

ホーク氏の収集歴は30年間ほどだったが、その蔵書はオッフェンバッカー氏以外の人にはほとんど知られていなかったという。ほとんどが見積価格よりずっと高値で落札された今回の競売は、ホーク氏という収集家の存在を初めて世に知らしめたといってよいだろう。

（2006年秋）

IT資本家の篤実な写本収集
シェーンバーグ写本データベース

古都フィラデルフィア

　ニューヨークに近いのに、いまどきフィラデルフィアに出かける日本人観光客はあまりいないようだ。ここはペンシルヴァニア州の南東部に位置する港湾都市で、人口は160万というから、もはやアメリカでも大都市とはいえない。しかし、ここは米国史上きわめて重要な場所である。1681年にウィリアム・ペンがクエーカー教徒の理想郷として建設し、1776年にアメリカ独立宣言の署名が行われ、1787年には憲法会議と発布が行われた土地である。ほとんど忘れられているが、1790年から10年間は米国の首都であった。その後、製鉄・造船・金属・製油で発展した工業都市であることは、国際空港からダウンタウンに向かう高速道路からよく窺える。

　中心街には高層ビルがそびえるが、歴史的建造物が多いせいか、何となく歴史に取り残された街という感じもする。古書好きにとってこれは決して悪いことではない。20世紀前半、アメリカ経済が世界に君臨するさなかに、米国一の古書業者として活躍したA. S. W. ローゼンバッハ博士（A.S.W. Rosenbach, 1876-1952）の市内にある館は、今や博物館と

ローゼンバッハ博物館・図書館

して一般に公開されている。その中身には圧倒される。チョーサーの『カンタベリー物語』の写本、キャクストン本、英米文学の初版本やジェイムズ・ジョイスの手書き原稿類が書棚に所狭しと並んでいるからである。

　また、公共図書館として開設された市のフリー図書館の最上階には貴重書室があって、19世紀以来の当地の収集家が寄贈したコレクションが収められている。フリー図書館とは「知識は万人に自由に」を謳う18世紀啓蒙主義の所産である。

　私は学生だった1963年夏にこの地を訪れて、自由の鐘を見学したことがある。最近では息子がペンシルヴァニア大学に留学していたので、米国での国際学会のおり二度やって来た。一度は大学図書館で貴重書のデジタル化について講演したことがある。この大学は名前が地味なので州立大学だと思われがちだが、ベンジ

ャミン・フランクリンが1740年に設立したとされる私立大学で、れっきとしたアイビー・リーグの一つである。最近のランキングでは、ここのウォートン・ビジネススクールはハーバードを抜いて全米一の評価を受けているほどだ。

中世写本情報のデータベース化

2007年11月初め、ペンシルヴァニア大学図書館で「中世・ルネサンス写本の収集―過去、現在と未来」という一日のシンポジウムが開催された。春ごろからパネルに参加しないかという招待があったので、マイレージ・ポイントを用いて出かけることにした。英文科には昔からの知り合いがいるし、クリストファー・ド・ハメル博士が基調講演をするというからだ。

米国のよい点は図書館同士が互いに協力し合う体制ができていることだ。例えば、1986年に新チョーサー学会の国際学会がフィラデルフィアで開催されたおり、フィラデルフィア内外の10の図書館から提供されたチョーサー関係の写本や刊本60点による展覧会が開かれた。この展覧会目録を目にしたとき、その充実ぶりには圧倒された。今回のシンポジウムでも、フリー図書館と大学図書館で中世写本の展覧会が開催され、ローゼンバッハ博物館の館長も司会者として登場した。

11月1日に東京からシカゴ経由でフィラデルフィアに入った私は、ホテルにチェックインした後、フリー図書館で開催されたレセプションに出てシンポジウム関係者と会い、翌日の本番への打ち合わせを行った。その夜半には、火災報知機の誤作動でホテルから寒空に追い出されるという珍事もあった。

写本収集家のIT実業家

翌朝、シンポジウム会場に出かけると、ローレンス・J・シェーンバーグ氏（Lawrence J. Schoenberg）関係の写本展示会が開かれていた。氏はペンシルヴァニア大学を卒業後コンピュータ・ソフトの開発で成功した実業家で、今はフロリダに引退している。中世写本を収集すると同時に、過去の写本競売や販売目録のデータベースを、夫人と二人で作っているという人物だ。科学者だけあって、シェーンバーグ氏のコレクションは中世の科学書の写本が中心である。日本語の文献もある。特筆すべきは、同氏がここ10年以上に亘って、母校の図書館が中世写本を購入する際にはマッチングファンドとして、経費の半額を負担してきたことだ。私にもこのシンポジウム自体が、大学図

シェーンバーグ・データベース

シェーンバーグ夫妻

書館による稀有な支持者へのお礼を兼ねて開催されたらしい、という事情が次第に分かってきた。会場にはサンドラ・ハインドマン、サム・フォッグ、リチャード・リネンタール、クリストファー・ド・ハメルといった、古書店や競売会社の関係者がいたことでも分かる。

皆からラリーと呼ばれるシェーンバーグ氏は、自信と謙虚さを併せもつ人物だった。会場では、夫妻の制作によるデータベースのデモも行われていた。写本の来歴に関心をもつ収集家が1997年に自ら手を染めた企画で、2007年6月からはペンシルヴァニア大学図書館との共同プロジェクトになった。氏はこの資金を負担するだけでなく、編集の仕事も続けるという。既に7万件のデータが入っており、最終的には25万件に達する見込みだという。因みにこのデータベースを用いて、来歴の項目に Keio と入れると、慶應義塾図書館が架蔵している二つの中世写本が現れる。しかもそれらが今までいつ何処で競売されたか、どの古書目録に掲載されたかが一目瞭然で分かる。

IT産業で成功した実業家が、引退後は母校の図書館が写本という中世の文化遺産を購入するのに資金を提供するだけでなく、万人と共有すべくデータベースを構築していく姿に、シンポジウムの参加者は感謝の気持ちを込めて、惜しみなく拍手を送っていた。わが国にもこういった篤実なIT資本家はいないものだろうか。

（2008年2月）

[その後、この写本データベースはペンシルヴァニア大学図書館のプロジェクトとして確立し、運営されている。なお、シェーンバーグ Schoenberg という姓は現代作曲家アーノルド・シェーンベルクと同じだが、アメリカ人が用いる発音のままとした。]

http://dla.library.upenn.edu/cocoon/dla/schoenberg/index.html

アンリ・シレール氏のこと

『現代の偉大なコレクターたち』

2007年のある日、注文した覚えのない大きな書籍がフランスから届いた。ジェイムズ・スタートン（James Stourton）の著作『現代の偉大なコレクターたち―戦後の美術収集』（Great Collectors of Our Time: Art Collecting since 1945）で、ロンドンのスカラ出版社から刊行されたばかり、400ページを超える全篇カラー図版の豪華本である。

著者がヨーロッパを中心に多くの収集家に直接会ってインタビューし、物故者については情報を集めて、本書をまとめあげている。日本人ではブリヂストン美術館の創設者石橋正二郎など4名が紹介されている。いずれも美術品のコレクターだ。

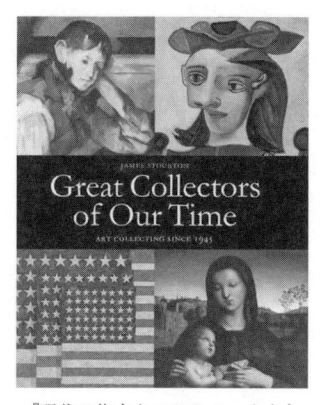

本書に挿入された名刺を見て、送り主はアンリ・シレール（Henri Schiller）氏だと分かった。ドイツの詩人と同じつづりだからシラーと発音してもよいのだろうが、フランス語が分かるイギリスの友人達の発音を聞いていると、シレールと聞こえるのである。この紳士はパリに住む実業家で古書収集家である。

パリのシレール氏

早速本書のページを繰っていくと、戦後の美術収集家に伍して、シレールのセクションがある。ベル・エポック様式のマンションの窓から眼前にエッフェル塔が見える部屋で、大きな中世写本を開いている写真の主がシレールである。「学者肌でいささか手がかかる」人物と形容されており、なるほどと思った。父親が始めた製薬業で成功し、今やフランス全土で用いられる歯科医療の必需品を生産する企業経営者だが、彼は自ら「わが職業は古写本収集、会社経営は趣味でやっている」とうそぶくほどの入れ込み方である。1600年以前に作られた古い写本の収集において、シレールは現代フランス

『現代の偉大なコレクターたち』

第一の収集家だという。

　わたしは1993年に、その片鱗を垣間見ることができた。例年6月のロンドンには、世界中の古書収集家と古書業者が集まる。年に一度のロンドン国際古書展があり、サザビーズやクリスティーズなどの古書競売が踵を接して開催されるからである。当時、世界最高の写本研究家の一人、クリストファー・ド・ハメル博士がサザビーズの写本部長を務めていたから、彼が主催する中世写本の競売には立派な解題目録が作られ、多くの顧客が集まった。ド・ハメル博士は毎年、競売が終了した直後に、主な顧客に声をかけて、1泊2日の写本ツアーをやっている。1993年4月から研究休暇でイギリスにいたわたしにもお声がかかったので、物珍しさも手伝ってダブリンへのツアーに参加してみた。写本収集家の生態に触れるよい機会だと思ったからである。

ダブリンへ、東京へ

　そのときのことは、拙書『愛書家のケンブリッジ』（図書出版社、1994）に書いたことがあるので、繰り返すことは避けよう。ただし、その折はノルウェーの収集家マーティン・スコーヤンに焦点を当てた。一緒に同行した5名の収集家の中に、アンリ・シレールもいたのである。彼は、一行のなかでもっとも真面目で、頭の中には中世写本のことしかない、とわたしの目には映った。どの図書館に見学にいく際も、大きなカバンには図書館の写本目録や参考文献をつめこんでいた。強いフランス語訛りの英語の持ち主ではあったが、図書館員にいろいろ質問していた。大変な勉強家だと感じた。チェスター・ビーティ図書館のイスラム写本にも多大の関心を示した。しかし写本以外のことには一切興味がないように思われた。2日間に亘るツアーのあと、ダブリン空港からパリに戻るシレールのスーツケースは、持ち込んだ目録類で既に満杯、現地で購入した文献が入りきらず、とうとう重量オーバーで余計払わされる羽目に陥った。もちろん、彼に落胆した様子はなかった。

　その後、ロンドンのクォリッチ書店でシレールと出くわしたこともある。夫人ではなく母親と一緒だったので、奇妙な感じを受けたことを覚えている。みなで昼食に行ったレストランで、彼は東京に来てわたしの蔵書を見たいと言ったので、いつでもどうぞと答えた。

　それから間もなく、彼は夫人と母親同伴で、東京の我が家にやってきた。既にわたしが所蔵する写本のリストもよく勉強してきたらしく、適切な質問を浴びせてきた。初期印刷本を見せると、「君は印刷本も集めているのか、写本だけかと思ったが」と驚きの表情を隠さない。研究するために集めるのだから、写本も印刷本も関係ないはずだが、彼の考えは違うらしい。

第7章 蔵書コレクション、オークション

帰国後まもなく、シレールはクォリッチ書店を通じて、わたしの手元にあるイタリアの写本を売ってはくれまいか、と打診してきた。「イタリアの写本は貴兄の収集領域の外にあるから」というのが理由だった。わたしは丁重にお断りした。

英語の手紙

しばらくして、シレールも印刷本を買うことが分かった。あるとき、シェイクスピアの『ファースト・フォリオ』を落札したシレールは、わたしに英語の書簡で「貴兄が競売の次点だったそうだが、今度パリに来られるときはぜひこれをお見せしたい」と書いてきた。わたしは「シェイクピアの刊本など収集していませんよ、でも今度ぜひ眼福の機会を得たいので、その節は宜しく」と返事を認（したた）めた。これで一件落着かと思ったら、2週間後に彼は「お返事をいただけるとは思わなかった。しかも素晴らしいオクスフォード英語で」と書いてきた。普通はOxford English あるいは気取って Oxonian English というだろうが、そこには Oxfordian English という、辞書にはあるがほとんど用いられることのない表現が使われており、わたしはこれを見て微笑んだ。

わたしはその後2度パリに出かけた。いずれも国際学会のおりで、季節は真夏だった。事前にシレールに手紙を出したが、そのつど「7、8月はバカンスでパリにはいないので悪しからず」というそっけない返事だった。彼がシェイクスピアの『ファースト・フォリオ』を落札したときの次点はK氏だったそうだが、K氏がパリに出かけて豪邸を訪ねたときは「あれは銀行に預けてある」と言って、見せてもらえなかったと聞いた。

シレールは中世の製本にも関心をもち、すぐれた蔵書を築いてきた。ただ、以前は競争相手がほとんどいなかったのに、ポール・ゲッティ, Jr. が現れてからは入手が困難になったという。

シレールは半端本や不完全本には関心がなく、それゆえ1987年にグーテンベルク聖書が競売にかけられたときも、代理人の薦めにも関わらず「あれは下巻が欠けているから」という理由で参加しなかったという。そのおかげで、この聖書を後に慶應義塾図書館が入手することができたわけだ。

シレールは過去の競売や販売目録で扱われた中世写本の情報をデータベース化するという仕事を、ライフワークとして取り組んでいるという。自分の職業を写本収集と言い切るシレールならではの仕事といえよう。

シレール氏から直々に『現代の偉大なコレクターたち』を頂戴したからには、礼状を書かなければならない。クォリッチ書店に問い合わせてみると、彼はEメールをほとんどやらない、一説には他人からもらった手書きの礼状もすべて収集

しているという。なるほど、写本収集趣味はこのレベルまで来ているのか。そこでわたしも、下手な手書きの礼状を送る羽目となった。

(2008年夏)

若くても書物収集家はいる！
デイヴィッド・バターフィールドの場合

　2008年9月末に、わたしはゲスナー賞の最終選考会に出席した後、10月初めには慌しく英国にやってきた。来年3月に定年を迎えるというのに、大学当局の好意でケンブリッジ大学ダウニング・コレッジに訪問研究員としてやってきたのである。30年もの昔、ケンブリッジでの留学生活から帰国したとき、このコレッジと本務校との連携の話が始まり、日本側からの寄付によって大きなフラットが改装されて、毎年一人慶應フェローがここに研究に来るようになった。「そもそもお前が始めた連携事業なのに、お前がフェローとして来ないのは変だ」という声に推されて、今回の研究休暇になったのである。

　決して久しぶりのケンブリッジではないが、まず川のそばにあった古書店が姿を消していた。1896年創業で代々の著名な書物収集家が育っていったG.デイヴィッド書店と、向かいにある児童書の古書を高く売る「幽霊の出る店」だけが辛うじて残っている。最初にやってきた1970年代後半には、市内と郊外に10軒はあったのだから、驚くやら情けないやら。古書を売り買いする人口が減ったのだろうか。ケンブリッジにはわたしも所属していたエドワード・カペル協会と称する愛書家倶楽部があったが、ここ数年は冬眠状態、オクスフォードの愛書家協会も同じだという。

古書収集プライズ

　古書を集める若者が減っていることを心配したアメリカ人学者ジェイムズ・マロウ教授（西洋中世美術史）と夫人のエミリー・ローズ博士（西洋中世史）が提唱して、ケンブリッジ大学図書館にローズ古書収集賞を設けたのは2006年だった。アメリカの大学には以前から大学生や院生を対象にこの種の古書収集賞があり、クォリッチ書店のリチャード・リネンタール重役もアムハースト・コレッジ在学中に受賞したと聞く。そしてケンブリッジの2007年度受賞者は、弱冠22歳の古典学の院生デイヴィッド・バターフィールド君だった。彼は古書収集歴3年半の間に2400点の古典書を集めたという。単純計算で、毎日2点ずつ購入したことになる。ロンドン滞在中に書物を買いすぎて団長に叱られた福澤諭吉や、ロンドン留学時に大量の書物を買い込んだ夏目漱石も真っ青だ。因みに、漱石は一日で101冊も購入した記録がある。

バターフィールドの活躍

博士課程一年のバターフィールド君の専門は、ルクレティウス（Titus Lucretius Carus, BC 99頃-BC 55、ローマ共和政末期の詩人・哲学者）の本文が、時代を経ていかに扱われてきたかというもので、ケンブリッジの古典学者として著名だったリチャード・ベントリー、リチャード・ポーソン、A. E. ハウスマンの本文校訂も視座に置いて収集したという。彼の蔵書は主に19世紀の刊本だが、1515年に出版されたアルドゥス版も含まれている。

提出された蔵書の内容とその意義に関するエッセイに関して、審査員たち（ケンブリッジに住み、クォリッチ書店に勤めるジョーン・ウィンタコーン女史など）はそこに独創性、知性、まとまりがあるかどうかを審査するが、蔵書規模や商品価値は対象としない。

ヨーロッパでは唯一というケンブリッジの古書収集賞500ポンドを獲得したバターフィールド君は、次に国際古書収集賞に応募し、シアトルで開催された最終選考で優勝した。次点は数学者エミール・アーティンの著作を集めたロスのアメリカ人学生と、オセアニアの演劇作品を収集したニュージーランドからのコーネル大学留学生だった。

バターフィールドとの古書談義

わたしがケンブリッジに到着して一週間後、クライスツ・コレッジのディナーに招待されたおり、このバターフィールド君に紹介され、古書談義で盛り上がった。ここは詩人のジョン・ミルトン（今年は生誕400年）や進化論（来年は『種の起源』出版150年）のチャールズ・ダーウィンの母校だから、古書の話をするにはもってこいの場所だ。彼はまだ博士論文を提出していないのに既にクライスツのリサーチ・フェローになっていたから、よほど出来る男なのだろう。

彼の蔵書構築法は、競売目録や古書販売目録を熟読する、古書店を訪ね歩く、ネットオークションも利用する、という三つだった。古書収集家として犠牲にしなければならないものは何か、ファッションか、恋愛か、旅行か、あるいは何かと問うと、旅行は古書収集に必須で、特にプラハ、アムステルダム、コペンハーゲンにはラテン語の古書がよく出てくるよ、という返事だった。なるほど、かなり広範囲に網を張っていることが分かった。私が「その日届いた古書目録はその日に読む、場合によっては講義原稿が出来上がっていなくとも目録を読まないと、ライバルには勝てないからね」というと、彼もまったく同じだと答えた。24歳にして将来が楽しみな収集家である。

ケンブリッジの関係者もこのコンペの結果には驚かされたらしい。予想外の数の応募と、質の高さがあったからだ。ちなみに2008年の賞に輝いたのはヒュー

ズ・ホールの学部生で、コンピュータ・サイエンス専攻の3年生ダニエル・ヘイゴンだった。彼は18−20世紀の数学と物理学の歴史に関する古書を収集したのである。

　こういった話を聞いて、これはわが国でもやるべきではないか、と思った。音頭をとるのは国会図書館でも、日本古書籍商協会でも、あるいは大学図書館単位でもよいだろう。それによっていち早く若く熱心な収集家を発掘できるだろうし、場合によっては国際古書収集賞の段階までいけるかもしれない。

(2008年11月)

第 8 章
盗品、書物破壊

浜の真砂は尽きるとも…古書盗難の波紋

古書窃盗

「石川や浜の真砂は尽きるとも世に盗人の種は尽きまじ」とは、浄瑠璃や歌舞伎で名を知られた大泥棒の石川五右衛門が、京都の三条河原で釜茹での刑にあったときの辞世の歌として有名である。もちろん本人が実際に残したとは信じられないが、内容はことの本質を突いているから、よく引用される。

書物を盗んで、高く売ろうとする者も尽きない。古書が高価になった現代では、盗品としての書物の情報を、盗まれた書店や図書館が内輪で共有し、あまり公にはしないものの、被害は甚大らしい。しかもオクスフォードやケンブリッジのように、大学やコレッジ、それに学部など百以上の図書館が存在し、稀覯書が収蔵されているとなるとなおさらだ。しかも盗人が学識高い研究者となると、さらに始末が悪い。ここではそんなケースをふたつ紹介しよう。19世紀半ばと20世紀末の話である。しかも後者は日英の文化摩擦にまで発展しかねない状況になっている。

J. O. ハリウェル

19世紀のシェイクスピア学者ジェイムズ・オーチャード・ハリウェル（1820-89）は、ケンブリッジのトリニティ・コレッジの学生時代、持ち前の学殖を武器に、古書の宝庫といえるレン図書館の館長の厚遇を得た。図書館の鍵を借りて、自由に出入りできる特権に浴したハリウェルは、専門とする英文学ではなく、数学や科学の写本を許可なく館外に持ち出した。そして大英博物館への売込みを図ったのである。慧眼で知られた当時の写本部長フレデリック・マッデン（1801-

ケンブリッジ大学
トリニティ・コレッジ、レン図書館

オクスフォード大学
クライストチャーチ図書館

73）は、それらがトリニティ・コレッジに帰属する写本ではないかと見破って、図書館長に連絡した。ところが、当時はきちんとした写本目録が編纂されていなかったために、コレッジ側はそれらが自分たちの図書館から盗み出された事実を証明することができなかった。それにもかかわらず、マッデン博士は1845年以降、ハリウェルへの入館証の発行を停止した。ハリウェルが大英博物館から古書を盗み出す可能性を嗅ぎ取ったからである。

後年ハリウェルは、あの桁外れの写本収集家サー・トマス・フィリップスの娘と結婚し、ハリウェル＝フィリップス姓を名乗ることを要請した。この事件のことを念頭に置いたフィリップスは、死ぬまでこれを許さなかった。当然のことながら、彼の遺書にはハリウェルへの遺産相続を禁じた一行があった。

サイモン・ヒーズ

さて時代は20世紀末に変わり、舞台もケンブリッジからオクスフォードに移る。主人公は1990年に博士号を取得したばかりの若き音楽学者サイモン・ヒーズである。オクスフォードの二つのコレッジに所属し、大学講師としてバロック音楽を講じていたヒーズは、セキュリティの甘いクライストチャーチ（19世紀にはあのルイス・キャロルがいたコレッジ）の図書館に入り浸り、一度に一冊ずつ小ぶりの稀覯書を盗んでは、売り飛ばした。驚くなかれ、その総数74冊、ハリウェルの場合と同じく、自分の専門分野の音楽史ではない、ミルトンの『失楽園』やダーウィンの『種の起源』の初版など、値の張るものばかりを狙った。1995年に図書館が蔵書の盗難を確認して警察に届けるとまもなく、ヒーズは逮捕された。オクスフォード市内のブラックウェル書店の古書部に、ニュートンが万有引力の法則を扱った『プリンキピア』初版を、6万4000ポンド（邦貨約1400万円）で売った際に、ヒーズは自分の名前を残していたからだ。窃盗罪を認めた彼は、16万ポンド（約3500万円）の罰金と2年の刑を宣告された。既に出所したヒーズは、ラジオで活躍する音楽評論家として生計を立てている。

『ファブリカ』第2版

ヒーズが内外の図書館や収集家に売り飛ばした73点は、まもなくクライストチャーチに戻ったが、1点だけがまだ海外にある。コレッジ卒業生の第4代オレリー伯チャールズ・ボイルが1733年に母校に寄贈した『人体構造論』のポケット判第2版（1552）だ。近代解剖学の生みの親アンドレアス・ヴェサリウスによる本書（『ファブリカ』と称される）は、精緻な図版から収集家垂涎の的だが、この16折判の2巻本はパリのジャン・トゥルネが出版した海賊版で、図版も少なく学問的な価値も少ないが、現存部数12部と

いう稀覯書ではある。最近では、2001年にニューヨークのサザビーズで開かれたフランク・ノーマン蔵書の競売で、8万5000ドル（約950万円）で落札されている。

ヒーズが盗み出したクライストチャーチ所蔵の『ファブリカ』は、1994年12月2日ロンドンのサザビーズで競売され、ニューヨークの古書業者Hが7000ポンド（154万円）で落札した。その半年後、サザビーズはこの業者に件の『ファブリカ』はクライストチャーチに盗品として返却すべし、落札代金はサザビーズが返金すると申し出た。業者がこれを無視したため、クライストチャーチは4年後アメリカ古書籍商連盟に訴えた。ようやく業者はこれを東京の古書業者に売却したことを明らかにした。東京の業者が納入した本書は、『ファブリカ』の他の版とともに展示されているという。

クライストチャーチからの返却要請に対して、「盗品だと知らずに購入した物件は、それが明らかになって2年を経過していれば、返却の必要なし」というわが国の法律をたてにとって、現在に至るも返却していない。

日英の文化摩擦

クライストチャーチ側は、盗品と知らずに『ファブリカ』を購入し、確かに日本の法律によれば返却の必要なしとする点に理解を示しながら、「これは法律ではなく、あくまでモラルの問題だ」として、強く返却を求めており、日英の文化摩擦がひどくなることを警告している。クライストチャーチはイギリスの主要な貴重書図書館の関係者の支持を取り付け、まるで聖地奪還に赴く十字軍のような悲壮な決意でこの問題と対峙している印象を受ける。クライストチャーチといえば、『不思議の国のアリス』の著者ルイス・キャロルがいたコレッジである。東洋の不思議の国に迷い込んだ『ファブリカ』はどういう気持ちでいるのだろう。

今回の事件以降、クライストチャーチは図書館蔵書の再点検と目録作りに追われている。蔵書閲覧も監視つきとなった。こういった制約で迷惑するのは善良な研究者である。わたしがケンブリッジに留学していた1970年代後半、トリニティ・コレッジに留学してきたアラブ系の大学院生が、レン図書館所蔵の美しいイスラム写本の装飾ページを長く伸ばした爪で切り取り、即座に大陸に売り飛ばすという窃盗事件があった。犯人逮捕の後、その図書館の閲覧は一度に4名のみと限定されてしまった。閲覧させる前に図書館スタッフが古書のページ数を数え、閲覧後もう一度確認するという規則が出来たからである。「世に尽きぬ」盗人のおかげで、図書館員も閲覧者もいい迷惑だ。

（2006年10月）

書物の敵？ジョン・ラスキン

ジョン・ラスキンとは

　ジョン・ラスキン（John Ruskin, 1819-1900）といえば、ヴィクトリア朝のイギリスを代表する美術批評家、社会評論家、中世主義者、それに今でいうなら環境保護主義者でもあった。チェルシーの哲人と謳われたトマス・カーライルと並んで、文字通り社会のオピニオン・リーダーだった。『近代画家論』『ヴェニスの石』など多くの著作と講演の影響は、イギリスに止まらず、インドや日本にまで広がった。産業資本主義に毒された安価で粗悪な製品に飽き足らず、中世のように純粋な心と手で生産に励もうとする精神は、良質の工芸品を製造販売するモリスの商会や私家版と同じく、ラスキンの場合には「セント・ジョージのギルド」と呼ばれる農業共同体に結実し、彼の社会主義運動を実践する形となった。フランスのプルースト、インドのガンジーや、真珠王御木本幸吉の一人息子隆三にまで、ラスキン思想の影響が見られる。御木本隆三が収集したラスキン関係の蔵書は、現在は財団法人ラスキン文庫として研究者の便に供せられている。

　富裕な葡萄酒商人の一人っ子としてロンドンに生まれ育ち、家庭内で教育を施されたラスキンは、文芸には早熟の才を示したが、社会的には未熟に育った。オクスフォード大学留学中に創作詩によって受賞するほどだったが、母親が大学付近に仮住まいをして、毎日ティーの時間にはラスキンがそこに通っていたという事実からも理解できよう。1848年にエフィー・グレイ（1828-1897）と結婚したが、実際の夫婦生活がないまま、1854年には離婚に至った。このスキャンダルは繰り返し注目を浴び、数年前には俳優座劇場でアメリカの芝居が上演されたほどだ。夫婦生活の破綻の一因は、ラスキンの幼女趣味（後年も問題になる）にあったと考えられている。

　ここはラスキンの性的異常さを論じる

ジョン・ラスキン

場所ではない。しかし、彼の異常な面は書物収集にも現れた。彼の主な蔵書は、晩年を過ごした湖水地方のコニストンの湖畔にたつブラントウッドの邸宅と、ラスキン信奉者の一人ジョン・ハワード・ホワイトハウスが創設したベンブリッジ校にあった。このパブリック・スクールが閉校になった後、そこの蔵書はランカスター大学に新たに生まれたラスキン講座に受け継がれた。しかし、貴重な中世写本をはじめとして四散してしまったケースも多い。

ピープス氏の場合

収集家は誰でも自分がイメージした書棚に、これはと決めた書物を収めたいものである。しかし、本の背が高すぎて入らない場合は、あきらめてほかのスペースを探すか、見栄えは悪いが本を横に寝かせて入れるだろう。「本の世界はへんな世界」の言葉通り、世の中にはある高さの書棚に一定の高さの本を並べたいと異常なほど神経を配る輩がいる。わが国では、イギリス海軍生みの親というより

ケンブリッジ大学
モードリン・コレッジ、ピープス図書館

は、暗号文字を用いて赤裸々に日常生活を綴った日記で名高いサミュエル・ピープス（1633-1703）は、金箔を施した革で偽装した木製の台座に背の低い本を置いて、隣接する本の高さに合わせた。いわば、本に下駄を履かせるというこの趣向は、母校ケンブリッジ大学のモードリン・コレッジに遺贈した彼の蔵書の中に現在でも見られる。『図説 本と人の歴史事典』（柏書房、1997）の349ページを参照されたい。

ラスキンの友人ウィリアム・モリスの死後、彼の蔵書を一括購入した資本家リチャード・ガーネットは、不思議なことに四つ折本（全紙を二度折って作る本）にしか関心を示さなかった。そして、四つ折本だけを残して、残り全てを売却した。本の内容ではなく、その判型にのみ執着したわけだ。今日ニューヨークのピアポント・モーガン図書館にモリスの旧蔵書の一部が収蔵されているのは、ガーネットが放擲したからである。

書物破壊者ラスキン

これらのエピソードからいっても、ピープスもガーネットも書物の敵とは呼べないだろう。しかし、ラスキンは書物の敵だった。彼の蔵書にあった1843年のチョーサー著作集、ターナーの『アングロ・サクソン人の歴史』（1836）、ブッシーとギャスピーの共著『フランス史』（1850）などは、天地（本を立てた際の

上と下）が、無残にもノコギリで切り取られてしまっている。その証拠に、ノコギリの歯の跡が今もはっきり残っている。いずれも背を低くして何とか書棚に押し込めるための算段だった。ラスキン自身か、彼の指示を受けた秘書の仕業である。そのほかにも本文ページの前小口（かがられていない方）が数センチも切り取られて、図版を見つけやすくなった4巻本やら、すべての図版がかがりから外されてしまった細密画コレクションなどもある。これらはベンブリッジ校にあったから、現在はランカスター大学に移管されているはずだ。

被害は印刷本に止まらない。例えば、14世紀半ばにフランスで制作されたナヴァレのヨランドの時禱書写本は、ばらされてしまい、少なくとも37葉が貸し出されたか贈与されてしまった。この写本は後年大英博物館に収蔵されたが、ほかに13葉がオクスフォードのボドリー図書館にある。

ジェイムズ・ディアデン

こういった驚くべき事実を明らかにしたのは、長くベンブリッジ校で図書館長として、ラスキン蔵書の研究に勤しんだジェイムズ・ディアデン氏だ。イギリス書誌学のすぐれた季刊誌『ザ・ブック・コレクター』の1972年夏号に「愛書家の肖像シリーズ16—ジョン・ラスキン」を寄稿したディアデン氏は、「本来なら

ラスキンはこのシリーズにはふさわしくないのだが」と躊躇しながら、愛書家でもない、真の収集家でもない、読みたい本だけを集め、必要がなくなると捨てたり、人に贈ったりしたラスキンを、具体的に描いている。彼は保存状態とか初版の重要性などには関心がなく、できれば読みやすい大きな活字で印刷してある本を好んだという。しかも物惜しみすることなく、印刷本でも写本の零葉でも学生や友人に与え、あるいは図書館に寄贈した。ラスキンが長逝したとき、彼の蔵書は4000冊ほどだった。この数字は収集家としては決して多くない。だが、積算すればその2倍はあっただろうといわれている。中世写本にしても、少なくとも88点は購入したようだが、ラスキンがリストにしているのはその半分にも過ぎない。

もう20年も前には、オクスフォードの写本学者ジェレミー・グリフィス氏が、現存することが判明しているラスキン旧蔵の中世写本を集めた展覧会を企画したことがあったが、残念にもこれはグリフィス氏が早逝したことで頓挫してしまった。

ラスキンと書物の関係について多くの論文を発表したディアデン氏は、長く蔵書とかかわってきたので、ラスキンの蛮行には心を痛めたに違いない。何年か前、ラスキンの展覧会のために来日したおりお会いしたディアデン氏は、博識の書誌学者で、話題は尽きなかった。

以上の話の一部は、2006年10月7日に三田の慶應義塾大学でラスキン文庫講演会として開催された、荒俣宏氏との対談で披露したところ、聴衆に大いに受けた。

（2006年11月）

啓蒙か破壊か？
オットー・エギーの真似をしてはならぬ

書物破壊者

　近年、中世写本の収集家や個人蔵書に関する研究が進むにつれ、20世紀の書物破壊者としてのオットー・エギー（Otto F. Ege, 1888-1951）の令名（？）は高まるばかりである。トニー・エドワーズ、バーバラ・シェイラーといった著名な研究者が研究成果を明らかにし、エギーが解説を加えた中世写本零葉集を所蔵する大学図書館（Denison University, University of Saskatchewan, University of South Carolina など）がウェブで公開している。その結果、エギーがバラしたために各地に散逸してしまった写本の情報を集約して、データベース化することが可能になってきた。

　美しい装飾写本をバラす、その中の色鮮やかな装飾大文字だけを切り取って額に入れる、もっとひどい例では「カルメル派ミサ典礼書」（大英図書館蔵）のように、それらを自分の名前のつづり字順に並べてスクラップ帖の表紙を飾る──こんな蛮行は19世紀ヨーロッパに中世趣味が広まるにつれ、顕著に見られるようになった。書物破壊者（Biblioclast）は個人収集家だけではなく、研究者や古書業者の中にもいた。ジョン・ラスキンのような高名な美術評論家でも、破壊行為に後ろめたさを感じることなく、切り取った零葉を講義で見せたり、学生に与えたりした。背の高い書棚を作らせる代わりに、書棚に収まりきらない大型本の天地の余白をノコギリで切り落として無理やり押し込めたほどの人物だから、写本をバラすことも平気だったのだろう。現在のメンタリティーといかに違うことか。

リーフ・ブック

　20世紀になると、購入した不完全な写本をバラして、零葉として販売したほうが利潤が上がると考える古書業者も多くなった。零葉本（Leaf book）と呼ばれ

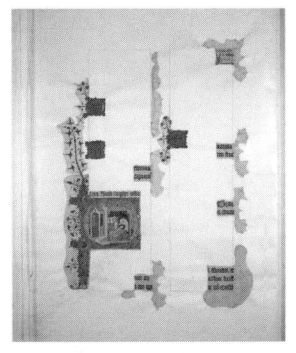

「カルメル派ミサ典礼書」から
切り取られた装飾文字

る新たなジャンルも生まれた。これは貴重本をバラして、一葉だけ本物を貼り、解説を施し、きれいな製本ケースに収めるというやり方で限定出版するもので、Caxton Club や Book Club of California などの出版物に多い。アメリカの古書業者ゲイブリエル・ウェルズがバラして、解説付きで販売したグーテンベルク聖書の零葉は、高価に取引されている。

　中世に制作された同種の写本を、後代にいくつかのブックレットとしてまとめて製本したものを入手した際に、元のブックレットにバラして、独立して販売し世の非難を受けたケースもある。

　例えば、1980年代に行われたビュート卿の売り立てで、ニューヨークのクラウス書店が競り落とした、天文学に関する数冊のブックレットを集めた写本も、競売後バラされて販売された。その中でもっとも重要なブックレットは、チョーサーの『天球儀について』という、英語で書かれた最古の科学論文だった。これはわが国に到来したが、関西の個人蔵書に入った結果、現在は杳としてそのありかは不明である。

　さて、Otto F. Ege（1888-1951）が破壊した零葉や、主題別に集めたポートフォリオなどが、1980年代以降のバブル経済の波に乗って、わが国にも輸入された形跡がある。エギーは長年アメリカのオハイオ州クリーヴランドに住んで、そこの美術館で教職課程の主任を務めながら、レタリング、レイアウト、タイポグラフィーを教え、ケース・ウェスタン・リザーヴ大学の図書館学科でも書物史の講師であった。要するに写本研究に関する専門家であり、教育者でもあったわけだ。ところが、自ら多くの写本や初期印刷本を収集していたエギーは、中世写本をバラバラにして主題別に解説を施した零葉集（Portfolio）を制作しては、関係先に売っていたのである。しかも、臆面もなく書物破壊者（Biblioclast）と名乗っていたのだから、始末に困る。確信犯なのであった。アメリカの一般人が、中世ヨーロッパの写本文化の一端に触れられるようにという、「啓蒙目的」でバラしたらしいが、結果は写本文化への狼藉、破壊に間違いない。

　エギーが制作したもっとも有名なものは「中世写本の原葉集」と呼ばれるポートフォリオで、50点の中世写本からの零葉を集めた40セットからなる。内容は中世教会で用いられた聖書、詩篇、賛美歌、

エギー「中世写本の原葉集」

時禱書、聖務日課書など、一般によく見られる写本であるが、リウィウスの『ローマ史』、トマス・アクイナスの『ピーター・ロンバールの文章への注釈』、『グレゴリー大帝の対話録』といった比較的稀で重要な写本には、研究者が特段の関心を注いでいる。

（2009年8月）

イタリック体の巨匠バルトロメオ・サンヴィート

2009年7月、久しぶりにイングランド西部のエクセターを訪れて、初期書物学会の創立20周年を記念する国際学会に理事として参加、基調講演も行った。エクセターは軍港が近いために、第2次世界大戦中ナチス・ドイツに空爆され、市外のほとんどは破壊されたが、幸い中世の大聖堂は残った。ここには Exeter Book と呼ばれる古英語写本が収蔵されており、図書館で展示されていた。

エギーの狼藉

さて、数人の基調講演者の中に、イェール大学バイネッケ図書館の貴重書部長だったバーバラ・シェイラー（Barbara Shailor）博士がいて、20世紀アメリカの写本収集家オットー・F・エギーによる書物破壊行為に関するパワーポイント講演を行った。エギーは、中世写本収集の歴史の中で最近ひときわ注目を集めている人物である。

シェイラー博士は、鮮明なパワーポイント画像を用いながら、エギーの蛮行の数々をスクリーンに映し出して解説を加えていく。特によく知られた中世写本聖書の抜粋集（The Ege Manuscript Leaf Portfolios）は、ことの重大さに気づいたアメリカの大学図書館の多くがネットで公開しているので、全貌が次第に明らかになってきた。そして40セット制作された零葉集の所在調査も行われていることがわかった。

講演の途中で私の目は、一枚のイタリック体の零葉に釘付けになった。オバリン大学図書館に収蔵されたサンヴィート（Bartolomeo Sanvito, 1435-1518）による時禱書だったからである。「これはわがコレクションにもあるなあ。近く再来日するスタン・ナイト著『西洋書体の歴史』の拙訳版（慶應義塾大学出版会、2001年）の表紙にはこれを使った」というのが、私の反応だった。

そして講演後の質疑応答の際、シェイ

オットー・F・エギー

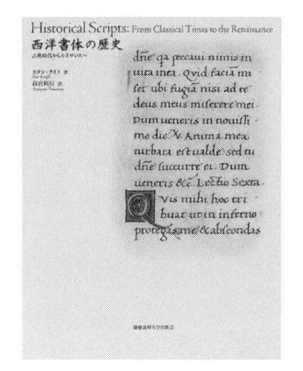

スタン・ナイト著『西洋書体の歴史』

ラー博士にそれを伝えた（amazon.co.jp で本書を調べると、サンヴィート写本の零葉が分かる）。私が所有する零葉については、以前にイタリア写本研究家でもあるアンソニー・ホブソン氏（サザビーズ写本部門でクリストファー・ド・ハメル博士の前任者）から照会されたことがあり、きちんと返事を出しておいたのを思い出した。

私が7月後半に帰国すると、追いかけるようにして、次の新刊書の案内が届いた。

A. C. de la Mare & Laura Nuvoloni, *Bartolomeo Sanvito: the Life and Work of a Renaissance Scribe*, The Handwriting of the Italian Humanists, II (Association internationale de Bibliophilie, 2009)。

本書はイタリア・ルネサンスのパドゥアで生まれ、ローマで活躍した写字生サンヴィートが書き残した124の現存写本を、126枚のカラー図版で再現した目録である。

主な著者は、初期書物学会の常連だったデ・ラ・メア博士だ。ティリー（我々の間ではこの愛称で知られていた）は、ロンドン大学の古書体学教授を引退した後間もなく急死したため、本書の完成は弟子に委ねられた。国際ビブリオフィル協会が以前に出版した『イタリア人文主義者の書体』第1巻で、ティリーはこの時代の写字生たちを網羅したが、第2巻ではその中心だったサンヴィートに集中して研究していた。その研鑽の結果が本書に結実したというわけだ。350部限定で国際ビブリオフィル協会から出版される本書は、すぐ売り切れるだろう。そして通常の商業出版物ではないので、わが国では入手が難しいと思われる。そこで、私は雄松堂書店に連絡して、本書を10部ほどわが国のカリグラファーのために輸入するように連絡した。最も美しいイタ

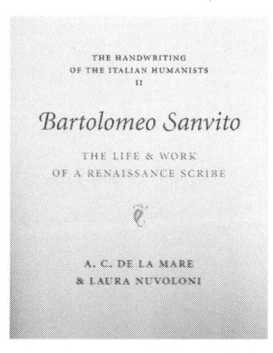

サンヴィートに関する研究書

リック体の名手、サンヴィートの現存写本の目録は江湖に迎えられるだろう。なお、そのうちのいくつかはコロンビア大学図書館の Digital Scriptorium などでも公開されている。

（2009年秋）

第9章
珍本・稀本

一見の価値あり！モホリン製本

ザ・ブックルーム

　1970年代後半に3年間の留学生活をイギリスのケンブリッジで過ごした私は、街の中心グリーン・ストリートにあったザ・ブックルームと呼ばれる小さな古書店に、連日通っていた。店の奥には、昔から知られたグレイという製本工房もあった。古書店主のエドワード・サール氏は70歳に近い老人で、ごま塩の口ひげがよく似合う小柄な紳士だった。ペンブルック・コレッジでマスターを務めた祖父ゆかりの奨学金をもらったサール氏は、ケンブリッジ大学を卒業すると外務省に入り、長く英領ウガンダに滞在した。あの暴君で知られたアミン大統領とも顔なじみだと言っていた。一生独身を通したサール氏は、外務省を引退後はケンブリッジに戻って、長年趣味としてきた古書収集の知識をもとに、ささやかな古書店を開いたのだった。私が留学する直前のことだった。

　ブックルームには雑多な古書が並べられていたが、付けられた値は総じて低かったから、私の古書仲間はよく通っていた。近くの古書店主が「あいつは養う家族が誰もいないからあんなに安くできるんだ」とうそぶくほどだった。現在はトリニティ・コレッジ図書館長のデイヴィッド・マキトリック博士や大学図書館のNo.2だったデイヴィッド・ホール氏なども、30歳を過ぎたばかりの収集家だったが、よくこの店で鉢合わせしたものだ。私たちは、昼食はサンドイッチで済ませ、残りの昼休みは書店から書店と飛び回る古書オタクだった。

モホリン製本

　あるとき、ここで珍書を入手した。戦前のわが国でも江湖に迎えられた詩人ウォルター・スコットの『湖上の美人』に、挿絵としてたくさんの風景写真を貼りこんだ詩集で、1871年にエディンバラで出版されたものだ。別に値のはる初版でもなく、手沢本でもなかった。私の目を引いたのはその製本だった。表表紙の中央には、スコットの肖像が組み込まれ、裏

モホリン製本二種

表紙の中央にはエディンバラの目抜き通りに立つスコット記念碑の写真を配していた。地は緑のタータン・チェックで、表表紙にはそのタータン模様が許されたハイランド氏族名のひとつ、Forbes という苗字が金で打刻してあった。さらに、裏表紙の左上には、四方に置かれていたであろう貝殻製の鋲のひとつが残っていた。赤い革の背には、緑色の盾があしらわれ、中には作品名とスコットの名が金で印字してあった。しかも三方金だったから、製本された当時でもかなり値段の高いギフト・ブックだったと考えられる。それが証拠に、見返しには「心をこめてフォーブス夫人へ、1886年9月」というペン書きの献辞が添えられている。フォーブスといえば、あの経済雑誌で名高いフォーブス家を思い浮かべるが、長い家系図のどこかに位置するのであろう。

今まで見たことのない製本だったので、サール氏に尋ねてみると、これはモホリン Mauchline 製本というそうだ。そこで製法について説明を受けたはずだが、詳しくは覚えていない。スコットと並ぶスコットランドの英雄詩人ロバート・バーンズの生まれ故郷モホリンで、1930年代までほぼ1世紀にわたって続いた工芸細工だという話だった。いささか擦り切れた感じの本書には25ポンドという値が付けられていた。まだポンド700円の時代だったから、かなり高額という感じがしたが、これを買い求めた(現在では同種の古書は10万円する場合もある)。そして、19世紀のエディンバラなどの都市にある書店では、タータン・チェックのモホリン製本がずらりと並んでおり、それを買ったり贈られたりする人物は、館の次の間のテーブルにこの詩集を置き、来客がこれを愛でるのではないか、と勝手な想像を巡らせた。それは、裏表紙にわずかひとつ残る貝殻の鋲が、この本が書棚に立てられるのではなく、テーブルに置かれることを示唆していたからだ。文字通りコーヒー・テーブル・ブックだった。

ギャスケル蔵書の版元製本

2006年の秋、大学院の授業で慶應義塾図書館に眠っていた(?)フィリップ・ギャスケル蔵書の分析を行った際、イギリスの版元製本を取り上げることにした。蔵書には250点を超える版元製本の例が収集されていたからである。そして、2007年の1月にはこの主題で小さな展覧会を開催することにした。版元製本とは、書店に行けば、出版社の意向に沿ってあらかじめ製本された本を入手できる、その製本のことである。そんなこと当たり前だろうといわれるかもしれないが、実は1820年以前のヨーロッパでは、書物は多くの場合印刷されたままの未製本シートのまま書店に並べられていた。顧客は未製本シートを購入し、書店にある製本済の見本に従って製本してもらうか、自

宅の書斎にある皮革製本と同じ自分好みの製本にしてもらうべく、製本工房に持ち込んだのであった。要するに、顧客の意向が製本に反映されていたのである。

ヴィクトリア朝の版元製本は、材料からデザインに至るまで多種多様だった。折から進行中の産業革命の影響で、蒸気機関を用いた製本プレスが可能になったため、大胆な製本の形式が生まれた。慶應での展覧会でも、こういった例をパピエ・マシェ製本、レリーヴォ製本から取り上げることにしたが、ここで思い出したのが30年も前にケンブリッジで購入したモホリン製本だった。

モホリン細工

展示は5部門に分けたが、モホリン製本を担当したのは博士課程のTさんだった。家族そろってアンティーク趣味をもつ彼女にはうってつけと思われた。Tさんは早速モホリン細工の研究書を購入して調査を始めた。これは18世紀末に発明された蝶番つき嗅ぎタバコ入れの細工に由来する。木製の嗅ぎタバコ入れの表面にペンで装飾を描き、ニスで何度もコーティングしたものが、モホリン細工の嚆矢だった。この技術はスコットランド北東部から発生し、南西部に到達し、モホリンで栄えた。モホリン細工はすべて木製で、普通スズカケノキが使用される。嗅ぎタバコ入れ、紅茶箱、針箱など蝶番を用いたものから始まって、あらゆる小さな製品に発展したこの細工は、今日多くの収集家を魅了している。1986年にはモホリン細工コレクターズ倶楽部が設立されたほどである。グーグルで Mauchline ware の画像検索をかけると、驚くほど多様な例をカラー写真で見ることができる。

幸いヴィクトリア朝の版元製本については、近年収集家や研究者が増えてきたせいか、参照すべき参考書も多い。特に今回役立ったのは、この領域の研究パイオニア、ルアリ・マクリーンの『ヴィクトリア朝の布と革の版元製本』(1974)とエレン・K・モリス、エドワード・S・レヴィン共著の『版元製本の芸術1815-1915』(マクリーンの序文つき、2000)だった。両者ともモホリン製本の例を挙げている。

1月19日から3週間にわたって開催した展覧会は、今までのギャスケル蔵書に関する催しとしては、もっとも好評を博した。400部印刷した目録はほぼなくなってしまった。

面白い現象も見られた。会期中に東京製本倶楽部の面々がギャラリー・トークを聞きに来館したが、誰もモホリン製本

タータン・チェックのモホリン製本三種

について知らなかった。慶應で教えているスコットランド系のイギリス人教員も、誰一人として見たこともないし聞いたこともない、と言った。1933年に火事で工場が焼けてしまい、この技術の伝承が途絶えてしまったのも一因だろう。

1月初めに慶應に講演にやってきたグラスゴー大学の英語学のベテラン教授も、聞いたことがなかったという。スコットランドからの土産は何がよいか、という教授のメールに対して、何かモホリン細工があれば貸してほしいと返事したところ、ダイスの壺ふりを持参してきてくれた。教授が奥さんに言われて大きなアンティーク店に行ったところ、キャビネットにモホリン細工が並んでいた。その中からこれを選んで、店主に「土産にするから」と言ったところ、「日本に持っていくのか」と聞かれたという。さすが、もうわが国にはコレクターがいるらしい。

不思議なことに、神田の洋書を扱う古書店でもほとんど知らなかった。ここでモホリン製本のすばらしさを宣伝すると、そのうち高値で古書目録に現れるのではないかと、私は気が気ではない。

（2007年2月）

あなどりがたい豆本
華麗なる豆本の世界ブローマー女史の講演

日本グロリア・クラブ

　2009年1月21日、神楽坂の日本出版クラブ会館で日本グロリア・クラブの第86回例会が開かれた。このグロリア・クラブは、ニューヨークの愛書家団体グロリエ・クラブの名前をいただいて1974年に発足した愛書家のクラブで、年に2、3回の講演を続けている。グロリエとは16世紀フランスの大コレクター、ジャン・グロリエのことである。グロリエのために装丁された古書は、ラテン語で「グロリエの友人のために」と金文字で刻印してある。本家のグロリエ・クラブは入会が難しいが、こちらは登録さえしておけばそのつど連絡してもらえる。講師には来日した外国人や、わが国で本に関する本を出したばかりの著者を迎えることが多い。わたしは発足当時の12人の幹事の中で最も若かったが、もう大学の定年を目前にしている。

　例会で豆本を取り上げた。会場にはいつもより若い参加者が多かったように思われた。講師はボストンで豆本専門の古書店を40年も営んでいるアン・ブローマー女史で、豆本を扱うのにふさわしく女史は大柄な女性が多いアメリカでも珍しいミニチュア・レディだった。

ブローマー女史と豆本

　ブローマー女史は、ジュリアン・I・エディソン氏と共著で、2年前にNY・グロリエ・クラブで展覧会を開催したとき『ミニチュア・ブックス―ちっぽけなお宝4000年』(2007)というフル・カラーの著書を出版している（邦訳出版も計画中と聞く）。もう一人は女史の長い顧客で、世界屈指の豆本コレクターのジュリアン・I・エディソン氏、本書の原寸大に復刻された豆本はすべて同氏のコレクションである。すべて原寸大で復刻されているから編集デザイナーは大変だっただろう。香港で7000部も印刷された本

アン・ブローマー女史

書はよく売れたらしく、同時に制作された限定番号入り、署名入りのデラックス版（そこには本書の豆本！が収められている）も、全米豆本収集家協会のメンバーたちが挙って購入した結果、わが国には数部しか来なかった。

　出版に際しては、NYのグロリエ・クラブで豆本展示会をやり、女史がパワーポイントを用いた講演をしたが、今回の東京での講演もその内容が中心で、私の日本語付きの解説で再現してくれた。

　ブローマー女史の講演は、格調高いボストン英語によるもので、私はコーディネーター役をおおせつかったものの、何せ原稿は講演直前に頂戴したものだから、テクストを一瞥する間もなく、解説のポイントを要約することぐらいしかできなかった。

豆本とは

　西洋で豆本（ミニチュア・ブック）というと高さ7.5cm以下の小さなサイズで、なおかつ拡大鏡を使うことなく本文が読める本を指す。その活字といえば2ポイントぐらいが標準というが、今私が打っているワープロでさえ最小の活字が8ポイントであることを考えれば、やはり高齢者には苦手な分野ではある。

　実はもっと小さな、高さ3cm以下の超豆本（マイクロ・ブック）があるが、これは通常人形の家に収めるために制作される本で、最良最大のコレクションは英女王の居城、ウィンザー城内にある。ここは観光の目玉でもある。そういえば、テムズ川を挟んでウィンザーの対岸にあるイートンには、橋のたもとに人形の家に入れる小物の専門店があり、私は一度そこで高さ2cmほどの聖書を買い求めた。帰国してよく見ると聖書の本文がきちんと印刷されていて驚かされた。

豆本の起源と発展

　ブローマー女史は豆本の原点を、バビロニアで記録用に作られた楔形文字による粘土板文書だとする。確かに小さな粘

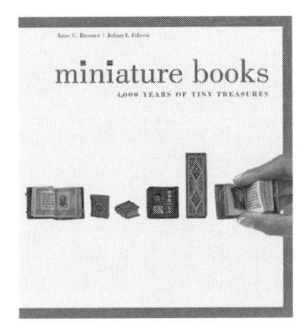

ブローマー、エディソン共著
『ミニチュア・ブックス』

ブローマー女史

土板で7.5cm以下である。中世ヨーロッパの後期では、時禱書や祈禱書の装飾写本が数多く制作された。主に上流階級の女性が日ごろ室内で祈りに用いたり、教会のミサに出かけるとき持参したりした。当時はまだハンドバッグというものは存在しなかった。サイズが小さいほど転写も難しいので、小さい時禱書であればあるほど値段も高かった。

小さい本の制作が難しいのは、印刷術の時代になっても同じだった。17、18世紀のイギリスでは、印刷工の訓練のひとつとして豆本の植字、印刷が行われ、その結果十分な技量があると認められると、本格的な仕事を任せられるようになったという。技術的な完全さは、本文のレイアウト、植字、印刷、そして装丁にまで求められたので、後代のコレクターの収集対象になったとしても不思議ではない。

また、ブローマー女史によれば、豆本の制作は時代、社会、歴史などと密接に関係するという。戦後の社会主義国では反体制的な文書が官憲の目に付きにくい豆本で大量に流布したというのは面白い話だ。たしかに、豆本は地下出版物としては打ってつけだろう。

またリンカーン大統領による有名な奴隷解放宣言の本文は、百万部以上が豆本パンフレットの形で印刷されて、アメリカ南部の奴隷たちに配布された。彼らはこれを肌身離さず持ち歩いたという。それだけ多くの部数で印刷された歴史的な著作にもかかわらず、よい状態で現存している例が少ない。今回女史が展示してくれたのは、幸いあまり人手に渡らずずっと一箇所に保管されていたために、珍しい美本だった。

わが国では、むしろ美の限界を極めるために制作される豆本が多いと思われる。今までモダン・カリグラフィーの世界で豆本というのは、寡聞にしてわたしは知らない。しかしチャレンジするにはもってこいのサイズではないだろうか。

講演後はスーツケース一杯の50点を越える魅力的な豆本を展示即売するというハプニングもあった。若い女性たちが可愛い展示品に群がっていた。

ホートン旧蔵の豆本競売

私は、講演のはじめの方にスライドで紹介された、中世後期に制作された時禱書の装飾写本に特に興味が引かれた。そこに記された縦横のサイズの小さいこと、それを見ながら昔のある出来事を思い出していた。

ステューベン・クリスタルの経営者で、母校ハーバード大学に蔵書と貴重書図書館を寄贈した大収集家アーサー・A・ホートン2世（1906-90）は、英文学や中世写本とともに豆本を愛した。そして存命中の1979年12月5日、ロンドンのクリスティーズで350点にのぼる彼の豆本が競売に付された際、美しく装飾された時禱書が10点以上出品された。いずれも精

巧に制作された逸品ぞろい、この時代の写本はサイズが小さければ小さいほど値段が高かったという。写字生や絵師が実力と才能を発揮するよい対象だったのである。

私の関心を引いたひとつが、小型で細密画も美しいが、製本が壊れ、かなり羊皮紙の欠葉が見られるある時禱書だった。不完全な写本だから、見積価格もたいしたことはない。展示用にも使えるから図書館に推薦しても手ごろな買い物と見えた。早速ロンドンの古書店に指値をしてくれるよう依頼したところ、ほどなく国際電話があり、ロンドン在住の書誌学者ニコラス・バーカー氏が落札の暁にはぜひ製本を直させてくれと言っていると連絡してきた。その後2、3度代理店を介して連絡をとったところ、どうもバーカー氏自身が落札したがっていることが分かった。そこで、こちらは競売に参加しないことを決めた。

この写本は案の定安値でバーカー氏の手に落ちた。その後しばらくして大英図書館にオフィスのあったバーカー氏を訪ねると、満面の笑みを湛えて美しく再製本された写本を見せてくれた。ため息がでるほどの傑作だった。やはり欲しかったなあ、というのが偽らざる気持ちだった。

地震国でなおかつ住宅事情が芳しくないわが国は、豆本の収集が向いているという。いざという場合には豆本を何百点でもスーツケースに詰めて外に持ち出すことができるからだ。

(2009年1月)

ホートン所蔵豆本競売目録

模倣？偽物？

偽物として売られた写本

　この類の写本に親しみを感じる美術史研究者やカリグラファーは多いことだろう。現代作品にもよく用いられるレトル・バタルド体の書体、椅子に座る聖母と幼子キリスト像、華麗な欄外装飾などが特徴的な時禱書写本の一葉である。装飾部分の寸法は133mm×93mmで、高貴な女性が手にして個人的な瞑想にふけったり、教会のミサに出かける際に現代のハンドバッグの替わりに持って行ったりするには、手ごろな大きさといえる。この種の豪華な写本は、15世紀後半のパリやフランドルで大量に生産された。

聖母子の装飾写本
19世紀半ばの偽物

　ところが、これは冊子体として製本されたものの一部分ではなく、零葉である。それならば製本された時禱書の装飾ページがバラバラにされて、巷に出回っているものかといえば、この零葉の裏は本文も装飾も何も残っていない白紙だ。おそらく最初から何も描かれなかったのであろう。これだけの豪華な装飾写本としてはいささか奇異な話である。

　わたしはこの零葉を、2007年に発行されたロンドンのある古書店の目録で見つけて購入した。そこに付された解題には「19世紀の偽物、15世紀の様式で描かれた聖母子の装飾ミニアチュール、イングランド？ 1850年ごろ」とあった。この画像だけで判断するのは難しいかもしれないが、これは本物としてではなく偽物として売られ、私も偽物として入手したものである。もともと偽物として作られたものであろうか。あるいは19世紀の芸術家による忠実なコピーだったのだろうか。

19世紀の偽物

　19世紀には、中世装飾写本の偽物が多く生産された。折からの中世趣味に乗った動きで、需要があったのだろうと考え

られる。この中で品質の高い作品は、「スペインの偽作者」（Spanish Forger）と名づけられてはいるが、おそらくフランス人によって生み出された。彼の作品が多く収蔵されたニューヨークのメトロポリタン美術館では、1978年に展覧会を開催し、その際編纂された目録は、現時点で最も信頼すべき情報を網羅している。また、それ以外の偽物を含む展覧会が2001年、シカゴで「近代における写本装飾」（Manuscript Illumination in the Modern Age）と題して開催され、重厚な目録も出版された。

いま問題にしている零葉は、残念ながら後者にも取り上げられていない。わたしは古書目録の「イングランド？ 1850年ごろ」という記述に関心が引かれたが、その根拠は不明のままだった。

典拠写本が判明

ところが2009年7月、思いがけないところから情報が寄せられた。モスクワの国立美術研究所のエカテリーナ・ゾロトーヴァ博士からのメールで、古書目録にあった零葉は、1450−1475年にパリで装飾された「ルイ・ド・クロッソルの時禱書」のミニアチュールの一葉を模倣したものだという。

この写本はモスクワ国立ロシア図書館所蔵のf. 183, Nr.446で、件のミニアチュールは第25葉に当たるという。現在博士はモスクワの図書館、美術館、個人収集家の蔵書にある装飾写本の目録を「12−17世紀の西ヨーロッパの写本絵画」と題して編纂中である。メールに添付されていたのはモノ・トーンのコピーだったが、色彩はともかく装飾画としては、実に精緻に模倣していることが判明した。

もちろん私は、博士の要請に従って、わが蔵書中の零葉のデジタル画像を送った。しかし、この模倣作品を作った人物の正体については、残念ながら、依然として謎のままである。

（2010年夏）

ガードル・ブック

2010年7月、東京ビッグサイトで開催された東京国際ブック・フェアに、「本のある時間」http://www.timewithbooks.com の編集長として訪れたときのことだった。1100社以上のブースが立ち並ぶ広い会場の片隅で、西洋中世写本の豪華なファクシミリを商う書店があった。オーストリアのグラーツからやってきた専門出版社で、二人の英語を話す店員がいた。おそらく一人は社長なのだろう。

いろいろなファクシミリに目をやっていると、その一画に一風変った形態の製本が置かれていた。一目見てこれはガードル・ブックのレプリカだと分かった。15世紀ケルンで制作された時禱書写本を、腰に巻いたベルト（ガードル）にたくしこんで運ぶための皮の装丁が施されたものを、現代に復活させたレプリカだった。

ガードル・ブックとは

ガードル・ブック（Girdle book）とは、13世紀から16世紀にかけて、中世ヨーロッパの修道士・聖職者・貴族・貴婦人がアクセサリーとして身に着けていた、持ち運び可能な小型本である。革のカバーを表紙の先まで細長く伸ばして、端に大きな結び目（「トルコ人のターバン」と呼ばれる）を作り、ベルトにたくしこめるようにしてある。本は逆さま・後ろ向きの状態で吊るされて、そのまま上に抱え上げればすぐに読めるようになっている。

通常、本の内容は主に宗教書であった。聖職者用の聖務日課書、平信徒とりわけ女性向けの時禱書などである。例外的に、ボエチウスの『哲学の慰め』のガードル・ブック（イェール大学 Beinecke MS 84）も現存する。

ガードル・ブックの利点は、汚れた手で触らなくとも本を持ち運べる、読みたいときに読める、盗難や風雨から本を守ることができる、といった実用的な機能があった。もっとも教養ある（少なくと

イェール大学バイネッケ図書館
写本84番『哲学の慰め』

も読み書きができる）裕福な身分でもある、という社会的地位を目に見える形で誇示する役割もあった。裕福な女性のファッションの一部にもなっていたのである。

ガードル・ブックが特に人気を博したのは15世紀だった。ヨーロッパ各地で作られたが、もっとも流行っていたのはオランダからライン河畔へ続く地域である。時には仰々しく宝石をあしらった贈呈用の本なども現れたが、16世紀の後半には印刷術の発展によって本自体が珍しくなくなったのに伴って、流行遅れとなり、消えていった。ガードル・ブックを描いた絵画、版画、彫刻は数多く残っているが、元来の製本のまま残っている中世のガードル・ブックの本物は、現時点で23点しかない。年代が特定できる例では、ドイツKastlのガードル・ブック（1453年頃）が最古である。なお宗教画では、教父のひとり聖ヒエロニムスがガードル・ブックを腰に着けているケースが多い。ラテン語訳のウルガータ聖書を作った聖人にふさわしいアイコンであろう。

ユニークな製本様式

ガードル・ブックは、ハードカバーの表紙を超えて革や布を延ばしているという点で、当時の他の製本様式とは異質である。特に時禱書のような小さな個人用の本の場合、革のカバーは横にも延ばされて、使用しないときの更なる保護材として使われた。端のあまりの部分で本を包み込み、留具や紐で安全に閉じられるようにしたのである。更に読むときには、本はカバー越しに持ち、読者の指よりも清潔な革の表面ページに触れるようになっていた。これによって、中世の書物の多くに見られるような下部の余白にしみが付着するのを免れた。とはいえ、読者がみな本を保護する持ち方を実践していたわけではないことには注意が必要である。14世紀に、ダラム司教リチャード・ド・ベリーが『フィロビブロン』（書物愛）で、本を汚す修道僧を口をきわめて非難している。もっとも現代のように洗浄効果の強い洗剤などなかった時代だから、手や指はさほどきれいだったとは考えられない。爪に詰まった泥や垢を洗い落とすのも、さぞ難儀なことだっただろう。

研究プロジェクト

不思議なことに、ガードル・ブックを描きこんだ絵画は多いのに、これに関する中世での言及や書物はない。そこで、欧米の図書館にいまだ埋もれているかもしれないガードル・ブックを世に出すべく、図書館員の研究グループ「中世のガードル・ブック・プロジェクト」も存在する。またアメリカを中心に、この種の製本を現代に再現しようと務めている製本師もいる。

ガードル・ブックは帯にたくしこんで

歩く、あるいは馬に乗るわけだから、小型である。しかし、そのまま机上で読む大型本で、なお製本の革が本自体を包んで保護するような形状のシミーズ製本も存在した。以前に、イギリスのエクセター大聖堂の図書館で、多くのシミーズ製本を目にした事を思い出した。

（2010年秋）

第 10 章

カリグラフィー

近代における写本装飾

「中世の写本装飾」なら聞きなれた言葉だが、「近代における写本装飾」といえば何を連想するだろうか。英語の原題 Manuscript Illumination in the Modern Age は、米国イリノイ州にある名門ノース・ウェスタン大学のメアリー・アンド・リー・ブロック美術館で、2001年1月から2ヶ月間にわたって開催された展覧会であり、今回ご紹介するのはその図録である（これはニューヨークの Oak Knoll Books から出版されている。ISBN 0-941680-21-5)。

『近代における写本装飾』

写本生産から印刷本へ

いうまでもなく、ヨーロッパ中世で書物生産といえば、一冊ずつ手書き写本を作ることだった。その担い手が修道院の書写室であれ、大学町の書籍商であれ、生産規模は家内工業の域を出なかった。ところが、1455年ごろにグーテンベルクが活版印刷術をもちいて「42行聖書」を180部も印刷すると、書物生産の様相は大きく変貌した。印刷術がヨーロッパ各地に広がって、情報の大量伝達手段になると、印刷本の生産は近代経済の方法を必要とするようになった。

市場における需要をにらんで、印刷本の部数、判型、ページ数、レイアウト、活字の種類と形状を決定して初めて、印刷用紙、印刷工、印刷活字、インクなどの手配が可能で必要となる。その準備には大がかりな資金を必要とする。先行投資を必要とし、本が売れて初めて代金が回収できるというやり方は、昔も今も印刷所（当時は発行元でもあった）の状況としては、さほど変わりがない。「42行聖書」が現れてほどなく、フランクフルトの大市に古書が登場して、現代に続くフランクフルト・ブックフェアとなったという事実は、印刷本の形態をとることになった書物が市場で流通する「商品」化したことを意味する。逆に市場を無視して売れない出版物を作れば、印刷業者は破産の憂き目を見ることになる。いさ

さか脈絡は異なるものの、活版印刷術の祖グーテンベルクを待っていたのも、この宿命だった。

写本と印刷共存の時代

印刷本の登場によって、それまで何百年も続いてきた写本生産が消滅したかといえば、そうでもなかった。最近の研究者の間では、1450年からの百年間は、写本と印刷本の共存時代と捉える傾向が強い。たしかに、15世紀後半に転写された時禱書や文学写本が数多く現存しているからである。また写本生産の担い手だった写字生は、印刷活字のデザインに協力したし、装飾師は初期印刷本の大文字や欄外の装飾を受け持っていた。

16世紀になると、中世の余光は払拭され、すべてが近代の仕組みとなって、印刷本の世界が確立する。それまでに人文主義者によって再発見された古典作品が印刷本で広く流布するようになると、中世写本は忘れ去られただけでなく、忌み嫌われるほどになった。イギリスではことさらひどい状況を呈した。ヘンリー8世による修道院改革とカトリックから離れた国教会の設立によって、修道院は破壊され、図書館にあった中世写本は放逐され、カトリックのミサ典礼書などは憎悪の対象となった。ずたずたにされた羊皮紙は、靴磨きやろうそくの包み紙として、あるいは製本の補強材として用いられるに至った。例えば、2001年春にHUMIプロジェクトがデジタル化して、ファクシミリが出版された「ベリー聖書」は、1135年頃に制作されたロマネスク美術の傑作写本だが、上巻しか現存しない。わずか数行の断片として最近発見された下巻は、バラされた後、オクスフォードの製本工房で補強材として用いられたものである。

現代にカリグラフィーをやっている人なら、中世装飾写本の美しい零葉を一枚でも所有して、その書体や装飾を研究し、あるいはコピーしてみたいと思うだろう。実際、古書目録や展示即売会に出てくる写本の断片でもかなり効果的である。逆にいうと、収集家が多い、あるいは関心を持つ人が多いことを意味する。

写本への関心復活

それでは一度近世に忘れられた中世装飾写本への関心が、いつ誰がいかなる形で復活したのか、その受容はどんなパターンをとって現代に至ったか。これらの諸相を明らかにしようとしたのが、本書『近代における写本装飾』なのである。ほとんど前例のない未知の分野に挑んだこの展覧会の担い手は、サンドラ・ハインドマン、マイケル・カミーユ（英語名ならカミール）、ニーナ・ローウェ、ローワン・ワトソンの4名の美術史家であり、編纂はハインドマンとローウェによって行われた。

ハインドマンはノース・ウェスタン大

学の美術史教授として、何度か東京の写本展示会で講演をやったので、覚えていらっしゃる方もあろう。小柄で実に良いファッション・センスの持ち主だ。最近は教授職を辞してパリに住み、中世写本の販売目録を作っていると聞く。著書の数も多い。カミーユはケンブリッジ大学で博士号をとり、その後はシカゴ大学の美術史教授として、一般向けの華々しい著作活動で知られた。わたしはケンブリッジで若きカミーユと会ったことがある。残念なことに、この展覧会後に亡くなった。

サンドラ・ハインドマン博士

マイケル・カミーユ博士

本書の構成

　構成は、「好奇心—18世紀における写本装飾の鑑賞」、「見本—19世紀における装飾写本の変容」、「再現—19世紀における写本装飾の伝播」、「復活—19世紀イングランドの道徳性と写本装飾」、「再構成—19、20世紀のアメリカにおける写本装飾の回復」と5セクションに大別され、解説とそれに合致する写本装飾の多くの実例を、カラーとモノクロ図版で示している。本書では、近代の「野蛮な過去の数奇な遺物」に対する認識から、今や最も稀少で高価な収集分野となった写本装飾への道程が、年代順に跡付けられている。無残にも本体から切り取られた装飾大文字（大英図書館所蔵「カルメル派ミサ典礼書」が悪名高いケースだ）、カラー石版による中世写本装飾の実例集、モリスが試みた中世装飾写本の19世紀における復活、そしてミサ典礼書を模倣して描こうとする人たちのために出版されたおびただしい数の指南書、コレクターの目を欺くスパニッシュ・フォージャーらの贋作—これらはみな、19世紀終わりに登場する現代カリグラフィーの前触れとして、18世紀後半から現れた中世趣味の産物である。中世のロマン主義を蘇らせたリヴァイヴァリズム（復活主義）、その典型としてヨーロッパ、とりわけイギリスに現れた中世趣味は、ピュージンらの建築やラファエロ前派による絵画から、日常的な装飾の世界に至るまで、ヴィク

トリア朝の社会を席巻した。その中で、中世写本装飾への関心と収集熱が高まっていったことは驚くに足らない。驚くべきことは、この現象について概括的に扱う研究書がなかったことだ。

　本書の出版は、これから多方面に大きな影響を与えるだろう。いままで何気なく所有していたものに新しい光が当たるかもしれない。また、より細分化した研究成果も現れよう。出るべくして出た研究ではあるが、『近代における写本装飾』はこの研究領域における嚆矢として、画期的な意味を持っている。

　　　　　　　　　　　　（2002年春）

尼さんとシドニー・コッカレル
20世紀カリグラフィーの一断面（1）

コッカレルは、ライオン・ハンター？

　サー・シドニー・コッカレル（Sir Sydney Cockerell, 1867-1962）は、現代におけるカリグラフィーの復活と発展になくてはならぬイギリス人であった。ヴィクトリア朝後期に生まれたコッカレルは、時代の嗜好に乗って、博物館に夢中になった。また、中世をよしとする中世主義者となり、一方で社会主義にも関心を持った。わずか19才の時に、自ら集めた鉱石標本をもって、一世を風靡した中世主義者で美術評論家、社会主義者だったジョン・ラスキン（1819-1900）に近づき、その年の夏には北フランスの中世の大聖堂を訪ねる旅行に同行する機会を得た。社会主義者となった10年後には、社会主義のフェビアン協会で活動していたウィリアム・モリス（1834-96）の知己を得て、プライヴェイト・プレスのケルムスコット・プレスの秘書となった。ラスキンもモリスも中世写本やインキュナビュラの収集家でもあったから、コッカレルはヴィクトリア朝を代表する二人の傑物から中世の書物の美を学んだことになる。

　このように、コッカレルには若い頃から、大物に近づく天与の才能があった。人は彼をライオン・ハンター（「意味もなく大物に取り入る人」という英語）と呼ぶかもしれないが、コッカレルはそんなスケールの小さな人物ではなかった。約10年間に及ぶケルムスコット・プレスの活動状況を、今日些細な点まで知ることができるのは、コッカレルの記録魔的な習性のお陰である。モリスの死後、ケルムスコットの財務整理を済ませたコッカレルは、大英博物館の中世写本部門に勤めた。このころ彼自身で中世写本の蒐集を始め、散逸したモリス旧蔵写本の一部を買い戻したり、ダイソン・ペリンズやジェイムズ・マクリーンなど当代のすぐれた写本収集家のアドバイザーとなったりした。

サー・シドニー・コッカレル

ジョンストンに影響

　また、カリグラファーとして独立したいと相談にきた若きエドワード・ジョンストン（1872-1944）に、大英博物館の写本を紹介し、数日後自宅でモリスのカリグラフィー作品を見せて、彼の熱意をあおった。モダン・カリグラフィーの始祖ジョンストンの芸術はこうして生まれたのである。まもなくロンドンの中央工芸学校でカリグラフィーを教え始めたジョンストンの教室からは、エリック・ギル、T. J. コブデン・サンダーソン、グレイリー・ヒューイット、アルベルト・サンゴルスキー、スーザン・パウェルといった、レタリング・デザイナー、プライヴェイト・プレスの主宰者、カリグラファーなどの逸材が輩出した。これらはいずれもモリスの工芸運動やプライヴェイト・プレス運動の流れを汲んでいる。

博物館の館長

　大学に進学しなかったコッカレルだったが、その後ケンブリッジ大学に招かれて、フィッツウィリアム博物館の館長としてその展示方法を系統付けて、世界一流の博物館に育て上げた。1908年にはロンドンで大写本展を開催し、ヨーロッパ中世とルネサンス写本の美を一般大衆に知らしめた。展示品は自ら蒐集したものや、蒐集顧問を務める友人の収集家から提供された写本が多かった。いまやカリグラファーたちが日参するマクリーン写

コッカレルとフィッツウィリアム博物館に関する展覧会目録

本コレクションがフィッツウィリアム博物館に収蔵されたのも、コッカレル館長とマクリーンとの友情の賜物だった。

劇化されたコッカレル

　小説家トマス・ハーディの文芸財産管理人をやったり（その結果自筆原稿のいくつかはフィッツウィリアム博物館に収蔵された）、アラビアのロレンスやジョージ・バーナード・ショーといった著名人との交際を楽しんだコッカレルは、長い生涯に80冊もの日記を残した。また友人からの書簡は1万通を超え、代表的なものは2巻にまとめて出版された。2巻目の書簡集の題に由来する芝居『最良の友』（Hugh Whitemore, *The Best of Friends*）が、1983年ロンドンのウェスト・エンドで上演されて、大好評を博した。晩年のコッカレル翁を演じたこれまた老齢の名優サー・ジョン・ギールグッ

ドは、在りし日のコッカレルにそっくりだったという。

　この芝居の中心は、コッカレルと50年間に亘って750通の書簡を交換した、スタンブルック修道院の尼僧院長だったローレンシア尼との交流だった。尼さんときけば、現代では何か甘酸っぱい感じがしないでもない。江戸時代後期にあの良寛和尚に私淑して、書簡を交換し、和歌を編纂した貞心尼を思い出す向きがあるかもしれない。静謐(せいひつ)と艶(なまめ)かしさが交錯する瀬戸内寂聴の美しい小説『手毬』(新潮社、1991)に詳しい。また、ヨーロッパでは12世紀前半、パリ大学の神学者アベラールが家庭教師先の貴族の娘エロイーズと恋に落ちて、子供までもうけた話が知られている。ことが露見してエロイーズが尼として出家した後も、二人の間で交わされた神学論争は、往復書簡として残っている(『アベラールとエロイーズ—愛と修道の手紙』岩波文庫)。

『最良の友』の楽屋

ローレンシア尼との交流

　こう書いてくると、コッカレルとローレンシア尼の交流にいやがおうでも俗っぽい関心が向くかもしれない。ローレンシア・マックラフラン(Dame Laurentia McLachlan, 1866-1953)は、コッカレルとほぼ同年齢のスコットランド人、生まれつき病弱だったことから、イングランド中西部ウスター郊外にあるベネディクト派のスタンブルック修道院付属の学校に送られた。つい最近まで、尼僧院学校で10代を過ごすのは、ヨーロッパではよくある女子教育の方法だったし、日本にも雙葉学園など例は多い。彼女は20歳代前半に、カトリックに改宗して、この修道院に尼僧として戻った。カトリックの典礼に用いる写本研究の権威として著書もあり、後年尼僧院長としての務めを果たして、サーの女性版に該当するデイムの称号を受けたほどで、人名事典にも掲載されている。

　コッカレルとローレンシア尼の邂逅は、1907年1月、ともに40歳の時、場所はスタンブルック修道院だった。そこでの写本研究のためにオスコット詩篇写本が貸し出されているのを知ったコッカレルは、友人のダイソン・ペリンズと語らって訪れたのである。ダイソン・ペリンズ旧蔵のグーテンベルク聖書が慶應義塾大学に到来した事実を挙げるだけで、この収集家がいかに一流であったかが分かるであろう。二人が訪れたとき、既にオスコッ

ト詩篇写本はそこにはなかったが、ローレンシア尼と話すうちに、コッカレルは彼女の典礼写本に関する知識が生半可なものではないことに気づき、他方彼女はコッカレルの中世写本への造詣が深いことを知った。その瞬間、一生続く二人の友情は決定的なものとなった。

(2003年春)

尼さんとシドニー・コッカレル
20世紀カリグラフィーの一断面 (2)

二人の交流

　後に1953年に亡くなったローレンシア尼を追悼して、「タイムズ」紙にエッセイを寄せたコッカレルは、明朗快活で陽気な面はフランス人の母親譲りだっただろうと書いた。残された写真で見る限り、ローレンシア尼は清楚で穏やかな、まことに宗教人らしい厳かなたたずまいを示しているが、書簡ではコッカレルに一歩も引かない強さも垣間見せた。コッカレルが彼女に惹かれたのはそういう面だったかもしれない。コッカレルの友人だった劇作家 G. バーナード・ショーも、オルレアンの少女ジャンヌ・ダルクが列聖されたのを機に書いた『聖ジョウン』(1923)がマルヴァーンで公演された折、近くのスタンブルック修道院を訪れて、ローレンシア尼と面会し、大いに感銘を受けている。

　1907年にローレンシア尼に初めて会って、中世写本への真摯な研究心に打たれたコッカレルは、早速次のように書き送った。「わたしや友人が所有するどんな本でもお貸ししますよ。どうやってページを操るか、また装飾や金彩色には触れてはならないことを知らないような人に、まさかあなたが触らせるようなことはしないでしょうから。世間のご婦人方はこの点でひどい扱いをされますが、昔の修道士も（尼僧のことはいざ知らず）さほど変わらなかったものです。(後略)」そ

コッカレル

第10章 カリグラフィー　211

れに応えてローレンシア尼は「わたしのできることでしたら、いくらでもお手伝いいたします。書物に関するご親切な申し出は謹んでお受けいたします」と返事を書いた。

コッカレルの寛大きわまる援助は、所蔵する中世写本を数冊貸し出すことに留まらなかった。中世の修道院では転写の仕事や印刷が重要な役割を占めていたのに、現代では国の内外を問わず、いずこの修道院でもこの手作り作業が忘れ去られていることを憂慮していたコッカレルは、何とか復活させたいと願った。そしてローレンシア尼に次のような助言を与えた。「（前略）もちろん俗世から離れたお立場、それによい教師に恵まれず、書物の中で見る写真だけで実物を見ることができないという、さまざまな困難がおありでしょうが、そのうちのいくつかは、ともに克服せねばなりません。」

夢想家ではなく実践家だったコッカレルは、修道院付属の印刷所にケルムスコット・プレスやダヴズ・プレスの私家版を送って美本の本質を勉強させ、仲間の専門家エマリー・ウォーカーやセント・ジョン・ホーンビーらを送り込んで、印刷具合をチェックし助言を与えるように取り計らった。製本の専門家も送り込んだ。写本収集家の友人には、装飾写本を貸し出すように依頼した。こうして、スタンブルック修道院にもともとあった熱意に、味わいが付加されて、次第にすぐれた手書き写本や印刷本が生み出されるようになった。

アン尼のカリグラフィー写本

私事にわたって恐縮だが、わたしの手元には、このような環境のもと、スタンブルック修道院で尼僧によって制作され、コッカレルに贈呈されたカリグラフィー写本がある。その奥書には「ケンブリッジのシドニー・コッカレル氏のために、深甚の思いやりあるご親切への感謝の印として、アイリーン・カルロス・ダウソンによって書写された」とあり、遊び紙には「シドニー・コッカレル、ケンブリッジ、1926年6月28日」という彼独特の小さな書体の蔵書書き込みがある。

これはジョン・ミルトンの詩『リシダス』を長い時間をかけて転写した写本で、簡素なレイアウトと書体の採用で、信心深さが強調されている。また写本には、1925年のクリスマスから1926年6月27日までにコッカレル宛に出した修道女ダウ

アン尼が転写した『リシダス』

ソン（カトリック名はアン）の5通の書簡も挿入されている。これらの書簡によって、ローレンシア尼僧院長の直轄下にある修道院生活の一端が語られる。書簡や本を送られたダウソンも、コッカレルのファンになったことは疑いなく、それは彼女の筆跡がコッカレルのものに似ていることからも明らかである。書簡の内容から、彼女はロンドンの中央工芸学校で、ジョンストンの後継者グレイリー・ヒューイットにカリグラフィーの手ほどきを受けたことが分かる。アン尼も教養溢れる修道女であった。

生涯で1万通もの書簡がコッカレルに届けられたのだが、彼が友人に宛てた書簡数はそれをはるかに上回ったはずだ。携帯電話やeメールがもっとも便利なコミュニケーションの手段として用いられる今日、現代人がこの状況を正しく理解できるだろうか。夥しい往復書簡の洪水の中でも、コッカレルとローレンシア尼の750通は際立つ多さである。これらは、生前の二人の同意の下に、すべてスタンブルック修道院に収められている。

750通の往復書簡

コッカレルは文通の最初から、自分が宗教的にどの宗派にも加担していないことを明白にし、史跡訪問、音楽会や図書館での写本研究など、俗世の喜びを享受できない修道女の生活に同情的であった。自由な世界から、塀の中で不自由な生活を囲っているはずの彼らに救いの手を差し伸べようとしていたのである。一方、ローレンシア尼はともすると挑発的に書いてくるコッカレルをうまくあしらい、できるならば彼を入信させたいと考えていた。

両者の目論見はともに日の目を見ることはなかったが、一度だけイギリス中西部から東部にあるベネディクト派修道院を訪れる許可を得たローレンシア尼に、コッカレルが入れ知恵して、行きにロンドンの大英博物館、帰りにケンブリッジとオクスフォードで時を過ごせるように尽力した。もちろん彼女が好む中世写本を見せたり、元尼僧院だったケンブリッジのジーザス・コレッジの建物を案内したりと、決して物見遊山の旅ではなかった。上述したアン・ダウソン修道尼は、この折一緒に回ったらしいことは、コッカレル宛ての書簡にも触れられている。

このようにして、コッカレルはローレンシア尼との文通を通して、もっとも中世的な写本制作の伝統を現代の修道院に復活させようとしたという点で、20世紀の中世主義者だったといえよう。

付記

コッカレルの名前がカリグラフィーや工芸運動に関心ある人に親しみを感じさせるのは、サー・シドニー・コッカレルが私家版印刷と製本で知られたダグラス・コッカレルの弟、マーブル・ペーパ

ーと製本で知られたシドニー・コッカレルの叔父、ホーバークラフトの発明者サー・クリストファー・コッカレルの父に当たるからである。

（2003年秋）

エルズミア写本の写字生はアダム・ピンクハースト（1）

ムーニー教授の研究発表

　猛暑にうだる東京を飛び立って、気温16度のグラスゴーに到着したのは2004年7月14日夕方だった。夏時間のせいか、午後8時にチェックインした大学寮の外はまだまだ明るい。しかし寒さはかなりのもので、ちょうど当地で開催されていた全英オープン・ゴルフでは、丸山選手が手のかじかむほどの寒さと戦っていた。

　15-19日とグラスゴー大学で開催された新チョーサー学会では、評議員会への出席と17日のセッション発表が私の主な任務だったが、困ったことが起こっていた。「中世写本のデジタル化」という我々の特別セッションが、リン・ムーニー（Linne Mooney）教授の「エルズミア写本の写字生」という特別セッションと同時刻にぶつかっていたのだ。ムーニー教授のセッションは、開会直前に追加されたもので、開会式でもプログラム委員長が「教授はエルズミア写本の写字生を同定しました」と紹介したことから、勝負は明白だった。結果は、教授のセッションは超満員、我々のセッションにやってきたのはわずか20名の熱心な学会員だけだった。

　これでお分かりのように、私はムーニー教授の発表は聞くことができなかったのである。それにもかかわらず、彼女の大発見についてここに記すことができるのは、ここ2ヶ月ばかりほとんど連日に亘って、彼女から発見の経過がメールで届けられていたし、20日には彼女と一緒に一日を過ごしたので、ほぼすべての資料が揃っているからである。

チョーサー作品の写本

　英詩の父と呼ばれたジェフリー・チョーサー（1340頃-1400）には、『トロイルスとクリセイデ』『善女物語』など多くの知られた作品が残されているが、従来詩人の在世中に作られた写本はないとされてきた。未完に終わった傑作『カンタベリー物語』でも事情は同じである。

エルズミア写本

断片を含めて現存する80を超える写本はいずれも15世紀に転写されたもので、著者の自筆写本は残されていない。もっとも、14世紀後半にラテン語で書かれた天球儀に関する科学論文の写本（Cambridge, Peterhouse, 75.1）にはGeoffrey Chaucerという名前があり、公文書に残る彼の署名と酷似しているので、この写本こそ彼の直筆写本だとする説もある。

エルズミア写本

さて、エルズミア写本（San Marino, Huntington Library, 26. C.9）は、カラーの巡礼姿が完全に残っていることもあって、『カンタベリー物語』だけではなく、おそらく英文学作品の写本としてもっとも有名なものであろう。実際に本の挿絵に用いられるようになったのは19世紀初頭だが、挿絵だけでなく、他の装飾も美しい。肝心の本文も権威ある、しっかりとした完本である。大学の英文科でチョーサーの授業といえば、この写本を底本としたロビンソン版、あるいはその改訂3版『リヴァサイド・チョーサー』

エルズミア写本

を用いるのが普通である。1904年にはマンチェスター大学出版局がエルズミア写本のファクシミリを、また1995年にはハンティントン図書館と雄松堂書店が共同でカラー・ファクシミリを出したし、ともに学生用の黒白版も出版されているから、馴染みのある方も多いはずである。とくに後者のカラー・ファクシミリは、ミズノ・プリテックの高精細画像で印刷されているので、百倍の拡大鏡を用いてもオフセット印刷に特有な網点が見えない。

エルズミア写本の写字生は、大きく、大胆でかつ明瞭な書体を用いている。この時期にラテン語ではない自国語で世俗の作品を転写するための一般的な書体は、イギリス独特のアングリカーナ・フォルマータだった。この書体を用いた他の写本と比較すると、エルズミア写本では単語間の間隔が狭く、しかも肉太の書体であることから、重厚ではあるがいささか窮屈な印象を与える。見出し、始まり、終わりの言葉、頁の第1行目などには意匠書体として、ゴシック建築の尖塔を思わせるような、小文字h、b、k、lの背が高く、頭がアーチ状を呈した字体が用いられている。これは15世紀のゴシック体に見られる一般的な傾向だが、よく見るとその装飾的効果は、エルズミア写字生に独特なものである。

語頭にはシグマの形をしたs、語中と連字には長いs、語尾には8に似たsと、

3種のsが用いられており、とくに8の字状のsはこの写字生の特徴といえる。2に近い形状のrはoとpの後に現れ、その他の場合には長いフォーク状を呈したrが使われている。ルーン文字に由来するソーンはthatを示す省略記号にのみ現れる。小文字のwは頭部に装飾的な環がつき、上部に点を持つ初めの線は直立している。詩の場合には、1行の真中に斜線が施されるのも、この写字生の特色である。

ヘングルット写本

エルズミア写本は、チョーサーの死後、誰か編集者が『カンタベリー物語』の物語群を編集して現在の順に並べ替えたものだろう、それゆえ転写は1405－10年頃だっただろうと推定されてきた。一方、同じ写字生は、ヘングルット写本（Aberystwyth, National Library of Wales, Peniarth MS 392D）やケンブリッジ大学図書館に残る『カンタベリー物語』断片（Cambridge University Library, Kk, 1. 30. 20）も転写したことが知られている。このうちヘングルット写本は、エルズミア写本に比較してさほど豪華には装飾されておらず、あまり注目されてこなかった。しかし、20世紀後半にノーマン・ブレイク教授（Norman Francis Blake, 1934-2012）がその優位性を主張する論文を次々に発表、その後これを底本とする校訂版を出版した。またファクシミリやCD-ROM版も出版されている。ブレイク教授は、ヘングルット写本がエルズミア写本のようにチョーサーの死後誰かが編集したものではなく、より原初的な状況をあらわした本文はチョーサー自身が書いた原稿に近いと主張した。従ってその制作年代もチョーサーが亡くなる1400年から1405年、あるいはもっと古いのではないかとされるに至った。

現存する3つの『カンタベリー物語』写本を転写したこの写字生は、おそらくチョーサーとかなり近い関係にあったのではないかと推測されるが、特定はされてこなかった。ここにリン・ムーニー教授が颯爽と現れたのである。教授はトロント大学で博士号を取得した後、アメリカのメイン大学で中世英文学を講じてきた写本学者である。どういうわけか各種の研究資金を獲得するのが得意で、ここ10年ほどはほとんど毎年のようにイギリスにある写本調査のための奨学金を得て、ケンブリッジ大学コーパス・クリスティ・コレッジの訪問研究員として図書館を飛び回る生活をしてきた。アメリカの

ヘングルット写本のCD-ROM

大学では、研究資金を獲得するとその一部で本人の代わりに若手の非常勤講師を雇うことができるという話だ。

(2004年秋)

エルズミア写本の写字生はアダム・ピンクハースト (2)

写字生のプロフィール

15世紀に転写された中世英文学の写本には、前述したように、アングリカーナ・フォルマータと呼ばれる独特な書体と、大陸からやってきたセクレタリー体が用いられている。多くの写本を目にしていると、一人の写字生が複数の写本を転写していることが分かる。そこで1970年代後半には、中英語方言学のアンガス・マッキントッシュ教授が、写字生が用いる書体の特徴を表にすることを思いつき、そのプロフィール作りを提唱した。ムーニー教授はこれらをコンピュータに入れてデータベースを作成し、ケンブリッジ大学のコンピュータ専門家と組んで、写字生の自動パターン認識の研究を始めていた。一方、オクスフォードの故ジェレミー・グリフィス氏やヴィンセント・ジレスピー教授らも、イアン・ドイル博士の援助を得て、複数の現存写本を転写した写字生のリストを作成した。

ムーニー教授の大発見

2004年5月のある日、ムーニー教授はロンドンのギルドホール図書館に保管されていたロンドンの公証人組合の登録簿を調べていた。そこには公証人や代書人として組合に入る写字生たちが宣誓書と署名を残していた。ある頁に1392年頃にアダム・ピンクハーストなる写字生が宣誓文と派手な自署を残していた。その書体と文字に付された装飾がまぎれもなくエルズミア、ヘングルット写本の写字生のものであることは、長年これらの特徴

リン・ムーニー教授

に触れてきたムーニー教授にはすぐ分かった。この当時アダムという名も、ピンクハーストという姓も比較的珍しかった。

チョーサーの戯れ歌

ムーニー教授はただちにチョーサーの戯れ歌「チョーサーがお抱え写字生アダムに与える言葉」を思い出した。次のような内容の短詩である。

　　「おい、アダムよ、私がボエチウスやトロイルスを完成した後、きちんと清書しなかったら、お前の頭に病気をこしらえてやるからな。私は一日に何度も、お前が書いたものを新しく消したり、削ったりして、直さなくてはならないのだ。これも、みなお前の怠慢と軽率のためだぞ」

ボエチウスはチョーサーがラテン語から意訳した『哲学の慰め』(1382-84)、トロイルスが『トロイルスとクリセイデ』(1386-86)を指すことは間違いない。もしこのアダムがアダム・ピンクハーストだとすれば、彼はチョーサーの著作活動の後半にかなり密接な関係にあったことになる。古書体学や古写本学の証拠から、彼は『カンタベリー物語』の3写本だけではなく、14世紀末にジョン・ガワーが著した『恋人の告白』(Trinity College, Cambridge, R. 3. 2)、チョーサーの『哲学の慰め』の断片(Aberystwyth, National Library of Wales, Peniarth 394D)、『トロイルスとクリセイデ』断片(Hatfield House, Cecil Papers, Box S/1)をも転写しているのである。

ピンクハースト(Adam Pinkhurst)の正体

イギリスの公文書館にある文書などから、アダム・ピンクハーストの正体が少しずつ明らかになってきた。彼は、ロンドンからさほど離れていない、サリー州のギルフォードとドーキングの間にあって、中世ではアビンジャー荘園の所有になるピンクハースト農場のアダム・ピンクハーストの、同姓同名の息子だったと考えられる。息子は恐らく若くしてロンドンに出て、公証人としての訓練を積み、1392年ごろ組合に入った。それ以前からロンドン塔の税関にいたチョーサーと知り合いとなったアダムは、長い期間にわたって、公文書の公証人や代書人として活躍する一方で、チョーサーの作品の清書に携わってきた。

今回のムーニー教授の発見は、まだ4年目にしかならないが、「21世紀の英文学研究史上の大発見」と呼ぶにふさわしい。チョーサーのお抱え写字生アダムの正体がはっきりしたこと、また『カンタベリー物語』の最良写本といわれるヘングルットとエルズミアの2写本がともに、長きに亘ってチョーサーのお膝元で執筆状況をつぶさに知っていた人物によって転写されていたこと、が判明したからである。これから先のチョーサー研究の取り組み方に大きな変化が出ることは必至

だ。もっとも異論がないわけではない。

もしチョーサーのお抱え写字生アダムがアダム・ピンクハーストだとすると、ご主人にあんな戯れ歌でからかわれるとは、アダムも気の毒なものだ。エルズミア写本などの本文の正確さから判断して、アダムがそれほどひどい転写の誤りを犯すとは信じられないからである。初期の頃は注意散漫で、ひどい誤りを犯していたのであろうか。あるいは、チョーサーに言われてから、精進して一人前になったのだろうか。結局、あの戯れ歌は、チョーサー独特のお遊びだったのだろう。そうだとすれば、ひどい屈辱を600年以上甘んじてきたアダムの不名誉を、ムーニー教授が晴らしてくれたことになる。

発表の余波

このような発表をチョーサー学会で発表する前に、ムーニー教授は慎重にブレイク教授、イアン・ドイル博士らの意見を求めた。その結果、学会発表では質問こそ出たが、批判の声は出なかったという。発表後の7月18日、ケンブリッジ大学の広報担当者は、ムーニー教授の発見を報道機関に流した。多くのメディアが注目、翌日には「ガーディアン」紙と「インデペンデント」紙がケンブリッジに取材に来た。20日の「ガーディアン」紙は大きく紙面を割いて、教授の発見を報道した。その日朝から、わたしはムーニー教授を伴って、慶應のナウトン・コート・キャンパス、ボイデル＆ブルーア出版社、サットン・フーの考古学博物館などをレンタカーで訪ねたのだが、その間彼女は内外の新聞社3社の電話インタビューも携帯でこなしていた。翌日からのインターネット情報も百件を超え、世界中に配信された。「一夜明けたら超有名人になるなんて、まるでバイロンみたいだね」と水を向けると、ムーニー教授は「これで写本研究という地味な分野が、もっと注目されればいいわね」と微笑んだ。

（2005年冬）

ケンブリッジ・イルミネーションズ

フィッツウィリアム博物館

　ロンドンのキングズ・クロス駅から直行電車で45分、ケンブリッジの中心街に、フィッツウィリアム博物館がある。その名は開館に寄与した貴族の名前に由来する。19世紀初めに古典様式で建築された博物館で、オクスフォードの中心にあるアッシュモリアン博物館と対をなす。日本でこれほどの規模の博物館を持つ大学はない。

　ここ数年フィッツウィリアム博物館を訪れた人は、中世写本部門のギャラリーが工事中で入れず、悔しい思いをしたことだろう。長い改修期間を経て、2005年春に新たによみがえった南半分は、見違えるような美しさとゆったりとしたスペースを誇る。再開にあわせて企画されたのが、「ケンブリッジ・イルミネーションズ―西洋中世の千年に亘る書物生産」

と題された大がかりな中世装飾写本の展覧会である。

中世写本展覧会

　この企画についてはかなり前から耳にしていた。今春には、複数の関係者から2005年7月26日の初日に開催されるシンポジウムとディナーへの参加有無の問い合わせも来た。ところがちょうどその折、こちらはユトレヒトで行われる国際アーサー王学会に日本支部の会長として出席、セッションを構成司会する羽目になっていたので、近くにいながら参加を断念せざるを得なかった。シンポジウムに招待されたクォリッチ書店のリネンタール氏は、写本収集家のブライアン・クロン氏のコレクションについて発表し、好評を博したという。それもそのはず、クロン氏はフィッツウィリアム博物館の館長だったサー・シドニー・コッカレルの秘書を務めたコレクターだからだ。

　コッカレルについては既に何度も取り上げたが、近代的な陳列法と運営法を導入して、フィッツウィリアム博物館中興の祖といわれた。この博物館に中世装飾写本の一大コレクションが集まったのも、美術史家として令名の高かったコッカレ

フィッツウィリアム博物館の外観

そこで、私はアーサー王学会終了後、度重なるロンドン爆破事件の余波の中、ロンドンに飛んでケンブリッジ詣でをすることにした。出かけたのは 8 月 2 日だった。10 時の開館時に間に合うように出かけると、特別展の入り口には 10 人ほどが待っていた。その中にはキングズ・コレッジのピーター・ジョーンズ図書館長夫妻もいた。

豪華な展示写本

今回の展覧会は大学図書館をはじめ各コレッジが所蔵する装飾写本を、ここと大学図書館の 2 箇所に分けて、大体 7：3 の割合で展示、解説を加えたもので、人口 12 万の大学町にこれだけ多くの第 1 級の写本があるなんて、信じられない。しかも有難いことに、入場無料である。展示番号 1 番は、コーパス・クリスティ・コレッジの宝物、イングランドへの

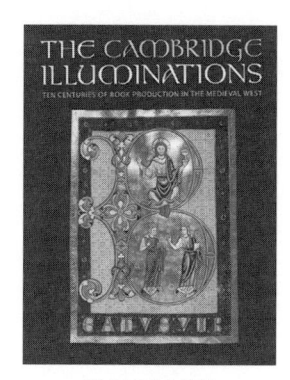

写本展示会目録

初の布教活動のため 597 年に聖オーガスティンが、カンタベリーに持ち込んだ 6 世紀の福音書だ。歴代のカンタベリー大主教の就任式には、必ずケンブリッジから持ち出され、この写本に手を置いて宣誓するという習慣が続いている。

オーディオ・ガイドのメリット

6 世紀に作られたこのイギリス最古の写本から、16 世紀のイタリア人文主義者によって転写されたイタリック体の写本まで、ちょうど千年間に亘る写本生産の結晶が、博物館のふたつの展示場に並べられている。HUMI がデジタル化したベリー聖書も威容を誇っていた。それぞれ詳しい解説付きである。英語が分かる人には、3.50 ポンドで借りられるオーディオ・ガイドがお勧めだ。代表的な写本の前で、一流の学者による解説を録音で聞くことができるからだ。時代と専門によって、ポール・ビンスキ、ロザモンド・マキトリック、ジェイムズ・マーロー、クリストファー・ド・ハメル、リチャード・ビードルなど、美術史や英文学の私の知己が次々と登場する。面白いことに、有名なコーパス写本 61 番、チョーサーの『トロイルスとクリセイデ』の口絵の解説をやっているのは、モンティ・パイソンのメンバーでチョーサー研究者でもあるテリー・ジョーンズだった。彼の洒脱な解説の後には、バリー・ウィンデアット教授の中世英語による朗読が続

く。まじめなウィンデアットの顔が浮かぶ。

　12月11日まで開催されるこの展示は、月曜日を除く連日一般公開されるので、日本からこれだけ見に行くのも決して損はしないだろう。ただし9月16日－23日は休館、その間に展示物の入れ替えをする予定だ。

　ひとつ忘れていた。2004年3月にナムコの古書ツアーに同行した際、サザビーズで目録作成前のマックルズフィールド詩篇を前に、1時間も眼福の機会を得たことがある。14世紀の東アングリア地方で制作されたこの写本は、最終的にフィッツウィリアム博物館の所蔵に帰した。主催者はこれをデジタル撮影と再製本のためにばらしたままの姿で、丸々一部屋を用いて展覧していた。12月には国際的なシンポジウムが予定されている。用意周到に準備された展覧会だから、立派な総合目録やマックルズフィールド詩篇のブックレット、絵葉書やグッズなどが、新しく広いミュージアム・ショップに並んでいた。2時間かけてじっくり鑑賞した後のいっぱいのコーヒーは、至福のひと時を演出してくれた。

　　　　　　　　　　　　（2005年秋）

ジョンストンの装飾入り印刷本

コリング & クラーク古書店

　大英図書館にデジタル化の仕事で行く時には、そこから歩いて3分のところにある安ホテルを利用してきた。図書館の関係者に紹介してもらった所で、面白いことに、カートライト・ガーデンズという三日月形に作られた18世紀の長い建物は、すべて小さく区分されて安ホテルになっている。

　ここに泊まって3週間もの間大英図書館に通っているとき、最もよく利用するのがホテルから徒歩30秒で行ける中華料理店である。もう十回以上も通ったはずだ。別に格段美味しいというほどのことはない、近いから行くのである。

　この店の手前に小さなコリング & クラーク古書店がある。ショー・ウィンドウには私家版が何点かの、もう使えないような手動式の小さな印刷機と活版活字が飾られている。この前を通るときは、必ずウィンドウを覗き込んでいたが、店の中に入ることは憚られた。何せ、腹を空かせた若者たちと一緒だから、「ちょっと待っていて」と自分だけ古本漁りをするのは、いくらわたしでもためらわれたからだ。もっとも彼らは、いつも腹を空かせているのはそっちだろうというに違いない。

　ところが、2004年7月にロンドンにいたときは、学会帰りで一人旅だったので、ラッセル・スクェアのほんの少しましなホテルに宿泊し、毎日その古書店の前を通って大英図書館に行った。最初の日、そこのウィンドウには戦前のカリグラフィー作品が飾られていた。一見するとジョンストン風に見えた。意を決して入ってみると、私家版を中心とする専門古書店だった。ひどく狭い店内には、40歳半ばと思しき男が一人、タバコの煙をくゆらしていた。

　「外に飾ってあるのはエドワード・ジョンストンのカリグラフィー作品ではないですよね」これがわたしの質問だった。これだけで十分店主は、この一見の客の質が分かるのであろう。「いや、あれはハリー・アダムズのものですよ」といいながら、わたしの前に置いてくれた。なるほどジョンストンの影響はあるものの、よく見れば違いは明らかだった。さもなければ高さ40センチを超える額に入った羊皮紙の作品がこの価格で買えるわけはない。内容は1847年11月にマンチェスターでエマソンが行った「イングランドよ」で始まる演説の冒頭だった。書体の

バランスもよく、装飾の色使いも中々だったから、欲しいと思った。

ジョンストンの装飾入り印刷本

しかし、すぐ買ってしまうのにはためらっていると、店主は「ジョンストンに関心がおありですか」と聞いてきた。頷きながら「初期のモダン・カリグラフィーを集めているのですが」というと、ブラウニングの詩集『男と女』のダヴズ・プレス版2巻本を出してきた。「この印刷本の手書き装飾は、ジョンストンの筆になるものですよ」という説明に、一部革を貼った箱からヴェラム装の本を取り出して、目次を見ると、えもいわれぬ華奢なタッチで青と緑のインクでパラグラフ・マークが書き込まれ、ところどころ小さな花もあしらわれている。この装飾は、美しいダヴズ・プレスのローマン体の印刷活字と、絶妙にマッチしていた。上下巻とも巻末には「本書の装飾はエドワード・ジョンストンによる。1908年11月」と細い字で書き込まれていた。

この本の出来栄えを誉めながら、書棚を見回すとダブル・クラウン・クラブのメニューなどが入った大きな箱が目に止まった。「こんなものまで扱っているのですか。25年も昔、書物関係者が集うこのクラブの会合に出たことがあります」というと、店主は「どなたのゲストでしたか」と尋ねてくる。「オクスフォードのコリン・フランクリン氏でした。製本家のシドニー・コッカレルやフェイバー社のリチャード・デ・ラ・メア社長も同じテーブルだった記憶があります」と答えると、彼は「何たる偶然、フランクリン氏の秘書は毎日のようにここに来ますよ」との反応だった。なるほど、この世界はかくも狭いのである。もっと店主と話したかったが、大英図書館との約束の時間が迫ってきたので、辞意を告げると、「今日はストで図書館は休みでしょう。また時間ができたらお寄りください」といわれた。ここまで来た以上はと思い、名刺を置いて、店を後にした。

店主が言うとおり、この日大英図書館はスタッフのストにより閉館状態、ただし書店や食堂、管理部門は開いていたので、古書部門のクリスチャン・ジェンセン博士との交渉はできた。話が終わって昼食をともにした後、「今日は貴重書室が閉まっているので、コリン・フランクリン著『英国の私家版』第2版のスタッフ・コピーをみせてもらえないでしょう

ANDREA DEL SARTO (Called "the faultless Painter")

ジョンストンの手書き装飾

か」とお願いしてみた。その願いは聞き届けられて、オフィスで30分ほどその本を閲覧することができた。

　ダヴズ・プレスは、ウィリアム・モリス率いるケルムスコット・プレスと同じく、19世紀末に生まれたプライヴェイト・プレスである。後者と比べると装飾性が少なく、その代わり抜きん出て美しい活字とスペーシングで知られていた。主宰者のコブデン・サンダーソンは製本家としても著名だったが、初期のジョンストンのカリグラフィー講座にも参加していたから、自ら装飾も出来たはずなのに、もっぱら『男と女』はジョンストン本人にやらせたらしい。なお、ジョンストンの高弟グレイリー・ヒューイットは、同じく著名なアシェンディン・プレスで手書き装飾を担当していた。まるで、グーテンベルク時代と同じく、19世紀末から20世紀のプライヴェイト・プレスの世界でも、印刷メディアと写本メディアが共存していたといっても過言ではない。

　『英国の私家版』をひもとくと、次のような解説文が目にとまった。

　　ダヴズ・プレス版第2巻本ブラウニングの詩『男と女』の多くのコピーの装飾は、エドワード・ジョンストンによるものだった。これによって、さまざまな赤色あるいは緑色の装飾的なペンの線が生まれたために、ダヴズ・プレスの出版物がともすると単調だという批判から救っている。カリグラフィーのたった一つの線が、本に品格を与え、その性格を変貌させるのは、驚くべきことである。

　まさに私が本書に抱いた印象をうまく言い当てている。なお、『英国の私家版』第2版には邦訳（創文社、2001）があるが、残念なことに、この個所の日本語はまったくの誤訳になっている。

　2日後、わたしはくだんの古書店を訪れた。わたしの姿をみた店主は、「昨日、あなたの知り合いが来ましたよ。ケンブリッジ大学図書館のデイヴィッド・ホール氏です。この机の上にあったあなたの名刺から、いろいろ話題が出ましたよ」というではないか。この世界はもっと狭いのである。ホール氏とはもう30年近い古書仲間だ。彼が来る店なら信頼できるなと考えたわたしは、ハリー・アダムズのカリグラフィー作品とダヴズ・プレスの『男と女』のジョンストンの装飾入り本を、店主の言い値で買った。ロンドンに行くたびにあの店に足が向いてしまいそうで、今から恐ろしい。

(2003年冬)

カロリング朝体の写本断片

中世学者のオリンピック？

　2006年のゴールデン・ウィークを利用して5月3日から7日まで、シカゴ近郊のウェスタン・ミシガン大学で開催された国際中世学会に参加した。わずか4日間に2千本もの研究発表があり、私は以前から中世学者のオリンピックと呼ぶ催しだ。わたし自身も発表をし、学者仲間の発表を聞き、特別講演や中世を扱った映画に行くという毎日で、その間に多くの知己とあって食事をする、実に充実した機会となった。10数人でディナーをしようという席に、テリー・ジョーンズが現れて、場が大いに盛り上がったりもした。一世を風靡し、今も熱狂的なファンが多い映画『モンティ・パイソン・アンド・ホーリー・グレイル』の制作と監督を務め、なおかつチョーサー研究者としても知られるジョーンズ氏は、我が国はおろか、世界広しといえどもまず他には見当たらない異才の持ち主だから、講演も満員、ポップ・コンサート並みにフラッシュが光っていた。

書店ブース

　この学会の売り物のひとつは、欧米各地からやってくる50以上もの出版社や書店のブースである。新刊書を学会割引で売っているし、30万円もしないインキュナビュラを売る古書店もある。ただ、例年は中世写本や本のデザインを施したネクタイを数多く売る店もあったのに、今年は出展せず、わたしの期待は裏切られた。昨年ここで入手したネクタイをして、4月初めに行われた紀田順一郎氏の出版記念会に出かけたところ、同じ柄のネクタイをしたミズノ・プリテックの水野雅生社長とばったり、「その昔、ソフィア・ローレンとロロ・ブリジータが有名デザイナーによるまったく同じドレスで鉢合わせしたのと同じですね」などと勝手に盛り上がったものだったが。

　古書店の中に2軒、中世写本の零葉を売る業者がいる。開店と同時にテーブルに置かれた写本の断片をじっくり見て回るのは、毎度のことだ。いずれの店にも「これらの零葉はわたしどもが冊子本からばらしたのではありません。零葉のまま購入してきたものです」と言う断り書きが張り出してある。写本の破壊者という書物の敵をのさばらせるのも、自分のような買い手がいるためだと、いくらかのためらいはある。しかし、どういうわけか、イギリスで買うより割安なので、

第10章　カリグラフィー　227

この種のものを欲しがる大学院生のために持ち帰ろうという魂胆が前に出る。時禱書など、美しく彩色されたものはさすがに相当の値段だ。

きわめて古い写本断片

　フィリップ・ピラージュという、以前からずっと目録を通して購入して来た店に行き、店主と握手した後、装飾のない本文だけの断片で、多くは製本の補強材に用いられていた20点ほどを丹念に見ていたときのことだった。よい値がついた一枚に目が釘付けとなった。A4判の一葉で2段組のラテン語本文、大文字には薄い色インクでアクセントがつけられている。しかも書体はかなり初期の美しいカロリング体である。クリアファイルには「聖書注解書、9–10世紀」と書いてあるだけだ。

　20分ほどずっと見つめる間、頭の中は、自分が知るこの書体の特徴を思い出しながら、9世紀の終わりかな、ドイツの南部かな、などと見当をつけていた。店主にもっと詳しい解説はないのか、と尋ねてみたが、オークションで買ったので他にはない、という返事だった。

　おかしい、ロンドンやニューヨークでこのクラスの断片が出てきたら、競売元はケンブリッジのロザモンド・マキトリック教授かロンドンのデイヴィッド・ガーンツ教授の元に送って鑑定してもらうはずだ。散々迷った挙句、2日間待ってもらうことにした。予約したのである。

　学会で誰かこの断片を一緒に見てくれる学者はいないか、探してみたが心当たりはなかった。そこで発表後の休み時間に、学生会館のコンピュータ室へ行き、検索エンジンで調べてみた。グーグルの画像検索を使うと、カロリング書体はいろいろ出てくるが、ぴったりした例はない。

　気になりだすときりがない。とうとう2日後再び店主を尋ねて、話をしてみた。わたし以外にこの断片を見た複数の学者が、9–10世紀という年代は妥当だと言ったという。それはそうだろう。ここでわたしは賭けに出た。とうとう購入したのである。これを三田でデジタル化して、上述の学者たちに送って鑑定してもらおうと考えたのだ。

　帰国後、早速自ら翻訳したスタン・ナイトの『西洋書体の歴史』で調べてみた。ここに挙げられている例は、いずれも目

尊者ビード『キリスト昇天の説教』

にも美しい傑作ばかりだ。わたしが購入したものとは比べ物にならない。賭けが吉と出るか凶と出るか、結論が出るにはしばらく時間がかかりそうだ。

（2006年春）

［結局、ガーンツ教授は10世紀のライン川のドイツ河畔、マキトリック教授は9-10世紀の北フランスで制作されたと鑑定、テキストは2人とも尊者ビードによる『キリスト昇天の説教』と同定した。持つべきはよき友なり。］

ジェーン・ロバーツの古書体学ガイドブック

許されざる入稿の遅れ

　10数年前に執筆を承諾しながら、まだ送っていない原稿がある。『英語学文献解題』の「古書体学」で、与えられたのはわずか原稿用紙20枚ほどの項目である。自慢ではないが、わたしは以前から比較的早書きを自負しており、執筆依頼がくればほどなく入稿するのを旨としてきた。それならなぜこの「古書体学」についての短い原稿が書けないのか、不思議に思われるだろう。この分野に関して重要な研究書を10点あげて、短い解説を施せばよいのだから。

　1975年から3年間ケンブリッジに留学したとき、『大修館英語学事典』の編集部から「古書体学」の概説を書くように依頼されたことがあった。ほとんど東大系の研究者ばかり起用されている中で選ばれたので、若かったわたしは名誉と受け止め、留学中にさっさと書き上げて送った。今読み返してもよい入門篇になっていると思う。しかし、他の項目の担当者からの寄稿が遅れたせいか、この事典が日の目を見たのは1983年だった。

　そのとき、わが国では早々と入稿しても出版が遅れるのなら、編集者にせっつかれるまで待って書き出すのが得策ではないかと思った。冒頭の『解題』への執筆を始めなかったのはそういう理由からだった。実は出版に関してはわが国では契約書というものがない。あるとすれば出版直前、場合によっては出版後に取り交わすという、不可思議な慣習があるのだ。

　そして編集担当者からの連絡を待っていると、年に一度ぐらい「いついただけますか」という催促にしては弱々しい文面の手紙がくる。もちろんこちらは無視だ。なぜなら『解題』の編集責任者である学者と学会で出会っても、責任者ご本人がまだ書いていないと返事が来るからだ。

　そうこうしていると、ここ2年ほど催促の回数が増えてきた。そして、この夏休みの前には、来春の刊行を目指しているので早く原稿をいただきたい、という具体的な督促がきた。やっと本腰を入れたかと思い、出版社に電話してみると、入稿は年末で結構です、との話だ。この間に担当者が2代も入れ替わっていた。

　ともかくも、こちらもこの辺で重い腰を上げて、この夏休みに執筆することにした。わたしの課題は英語学、つまり英語による文献学を学ぶ研究者が、古い写

本を読むための手引きや目録の類から10点ほど最重要の著書を選んで紹介するというものだった。この手の本はすべて買い揃えて書庫にあるし、たまには使っているから、10点を選ぶのはさほど困難なことではない。そうやって漁った結果選び出したのは、10数年前に原稿依頼が来たときには出版されていないものばかりだった。

案の定ほったらかしにしておいてよかったのだと、自らの怠惰を正当化しながら、選んだ10点を調べていくと、そのうちの1点についてのみ詳説すればことが足りることに気づいた。それが Jane Roberts, *Guide to Scripts Used in English Writings up to 1500*（London: British Library, 2005）である。中世の終わりとされる1500年までに、英語で書かれた写本に用いられた書体を読むために編集された最新のガイドである。

ロバーツ著『英国書体便覧』

ジェーン・ロバーツ博士は、長くロンドン大学キングズ・コレッジで英語学と中世英文学の教授を務めた学者で、現在は名誉教授である。古英語の分析を得意とし、1998年には日本学術振興会の訪問研究員としてわが国の各地で講演を行った。わたしが所蔵する古英語で書かれた13世紀の偽造写本をお見せすると、大いに関心を示し、そのコピーをイギリスに持ち帰ったこともある。

2005年に、ドイツで出版された *Medieval English Language Scholarship: Autobiographies by Representative Scholars in Our Discipline* という、まだ生存している研究者が自らの研究歴を綴るという希有の論文集にも、ロバーツ教授は興味あるエッセイを掲載している。

これまで不思議なことに、中世英国写本の書体の歴史を全体的に扱った本はなかった。アングロ・サクソン書体、カロリング朝書体、中世後期のゴシック書体というように時代別に分ければ、確かにN. R. ケア、イアン・ビショップ、M. B. パークスといった碩学による著作はあったのだが、これらを総括的に一冊で扱ったのはロバーツのガイドブックのみである。

本書は9章からなる。まず総論では執筆の動機に始まり、カバーする時代を概観し、過去の諸相がいかに写本の中に保存されてきたかを扱う。そして書体の名づけ方、本書の構成、転写テキストにつ

いての注、省略記号の説明がある。次にリンディスファーン福音書から15世紀のヨーク劇写本に至る8点の写本がカラー図版で掲載されている。最近ではフル・カラーの写本ファクシミリも多くなってきたが、再現性という点で白黒写真より信頼性が高いので歓迎すべき点である。

第2章は島嶼体(とうしょたい)（Insular Script）の背景として5点、第3章はアングロ・サクソン小文字体として13点、第4章はイギリスのカロリング朝小文字体として4点、第5章は前ゴシック体として8点以上、第6章はゴシックのテクストゥラとして5点、第7章はゴシックのアングリカーナ体として12点、第8章はゴシックのセクレタリー体として11点の全ページ大の図版に、書体、省略記号、また場合によっては写字生の心理的な動きにまで踏み入った詳しい解説と転写テキストが掲載されている。図版には複写倍率まで記されており、きめが細かい。第9章の結語では参考図書や各種索引が含まれる。採用された写本は大英図書館所蔵のものが多い。

全体としては常識的な扱いで、以前出ていたアンソニー・G・ペティの *English Literary Hands from Chaucer to Dryden*（1977）で扱われた時期を少し前にずらした感じが強い。しかし著者の鑑識眼が強いことを感じさせる解説は一大特徴と言えよう。但し、転写テキストにはいささかミスもあり、特に装飾とみなすか省略とみなすかについては統一がとれていない点もある。全体としては、本書1冊で8世紀半ばから15世紀終わりまでの中世英国写本の実例を概観できるメリットは大きい。とりわけ注に見られる最新の参考文献への言及は、本書の信頼性を高めている。

（2007年冬）

私の宝物―退職記念のカリグラフィー

退職記念カリグラフィー

手書きの中世英語

　2009年早春に私の定年退職を祝うゼミのOB会が開かれた。200名近い卒業生が祝ってくれたわけだが、私のまったく知らぬまに用意されていたプレゼントがこのカリグラフィー作品であった。現代のローマ字表記にすると、次頁のような英語の文章になる。

　日本語に翻訳するのはいささか面映いので、ここでは遠慮させていただこう。これは、私をアーサー王やその騎士の一人に想定して、前半部分は騎士の死を悼む演説に私を当てはめ、後半部分はアーサー王伝説の最後の部分（奥付）に当てはめて、いわば善意のパロディ文を作ったものである。その制作意図は、私が書物史とともに専門にしてきた15世紀の散文作家トマス・マロリーの『アーサー王の死』（ちくま文庫に抄訳あり）を取り上げて、面白おかしく脚色した、ということであろう。

　後で聞いた話では、このアイディアは2008年夏、フランスのレンヌで開催された国際アーサー王学会にさかのぼる。私はちょうどそのとき、イギリス国内で他の国際学会に出席していたのだが、レンヌでは私の教え子たちが何人も参加して研究発表をしていた。彼らが、学会期間中に現代のカリグラフィー作品を売るコーナーを見つけて、そこのフランス人カ

> 'A, Toshiyuki, thou art hede of all Japanese medievalists, and now I dare say,'
> sayd a Takamiyan, 'Thou, sir Toshiyuky, thou art neuer matched of
> erthely scholars peeris & thou art the curtest knyght that euer bare bokes.
> And thou wast the truest frende to thy souar that euer draue, & thou art the
> fastest man & the merryest that euer ate in halle emonge ladyes, & thou art the
> sternest scholar to thy mortal foo that euer put spere in the breste.'
>
> Here is the end of the yeres of kyng Toshi & this noble disciples
> of the rounde table, that whan they were hole togyders
> there was euer CCCL. I praye you
> all jentyl men & jentyl wymmen
> that he tetches pray for his felicite &
> acheuement of his
> Sankgreal.

カリグラフィーの活字表記

リグラファーに作品の制作を依頼したようである。

アーサー王ロマンスのパロディ

　文案はみなで相談したようだが、慶應での修士論文がオクスフォードで出版され、現在では国際的なマロリー学者としてレスター大学で教える加藤誉子博士が、中心となって作ったらしい。頂戴した私がいうのもなんだが、「本を手にするともっとも慇懃な騎士」「汝は大広間で貴婦人たちと食事を一番速く楽しげに平らげた」といった表現を、実にマロリーらしい文体で再現していると思う。

　さて、本作品の裏にはカリグラフィーを Richard Lempereur、装飾を Michele Cornec が担当して、2009年2月18日に完成させたとある。いずれもフランス人の名前だ。職場を引退する者に、こういった手書きのカリグラフィー作品を贈る習慣は、19世紀後半から20世紀前半の英米でよく行われていた。もらった本人には記念すべき Retirement testimonial でも、残された家族には無用の長物となるので、この種の作品はたまに古書市場に出る。まだ真剣なコレクターはいないようで、かなり廉価で入手できる。

　最後に、この作品の書体だが、イギリスの15世紀のセクレタリー体を基にしていることが、小文字の a, g, d の形状で分かる。しかし、o の後ろの r が 2 の形になっていない点などから、これが15世紀に書かれたものではないことは一目瞭然である。中世英語のテキストの転写に十分習熟していない人物が書いたことも、thorn と呼ばれるルーン文字の書き方で分かる。

　こんなことで揚げ足を取っていてはいけない。中世後期のイギリスの書体を現代に復活させたこの作品をご鑑賞いただければ幸いである。

（2010年春）

リーダ・キンダズリー

ミレニウム

1999年末に水や携帯コンロの燃料を買いに走ったわりには、Y2K問題も落ちついている。カウントダウンもあっけなく終わり、ミレニウムとなった。もっとも2000年は20世紀の世紀末の最後の年なのであって、ヴァチカンのローマ法王庁が1999年のクリスマスから2001年の1月6日までを「大聖年」と名付けたのは、なかなかうまいやり方だと思った。

さて、ミレニウムにちなむ記念品もいろいろ出てきているようで、年末からわが家にも外国から届き始めた。もっともローマあたりではユビレウム（Jubilaeum）と呼んでいるようだ。到着したグッズのほとんどは友人からの贈り物だが、唯一注文して届いたのは、リーダ・ロペス・カルドーゾ・キンダズリー（Lida Lopes Cardozo Kindersley）のカリグラフィー・デザインによる陶器4点セットであった。このコレクションは高級な陶器の白地に、ぐるりとデルフト・ブルーのローマン・アルファベット（大型のサービス・プレートには楷書体大文字、個人皿とマグカップにはイタリック小文字、エッグスタンドにはイタリック大文字）をあしらい、LとNの間にMMあるい

キンダズリーのミレニウム作品

はlとnの間にmmを金で強調したものである。MMやmmはローマ数字で2000を表すが、ミレニウム（MILLENNIUM、NNと重なる綴りに注意、わが国の年末年始のテレビ番組のテロップの多くにはNがひとつしかなかった）の最初のMと最後のMとも解釈できる。

ミレニウム・グッズの多くが2000というアラビア数字を用いているのと比べると、抜群のセンスの良さを見せつけていると思うのは、私だけであろうか。リーダの鋭いデザイン・センスは、毎年送られてくるクリスマス・カードのレタリング・デザインにも現れているが、このミレニウム・コレクションにも遺憾なく発揮されている。

リーダ・キンダズリー

　リーダは英国ケンブリッジに住む、現在もっとも円熟したレタリング・アーティストで、主に石碑の文字彫刻、タイプ・デザインなどをこなしている。同じレタリング・アーティストの重鎮だった夫のデイヴィッド・キンダズリーが数年前に他界した後は、カルドーゾ・キンダズリー工房を一人で切り盛りし、弟子を育て、3人の男の子を養育するという、人並みはずれた活躍をしている。1998年には英国「500人の女性」のひとりに選ばれ、一流紙の特集記事を何度も飾った。最近の工房への制作依頼は、従前にも増して多いという。彼女の名前を知らなくとも、シェフィールドのラスキン・ギャラリーや、ロンドンの大英図書館の入り口鉄扉のレタリング制作者だと聞けば、作品は見たことがあるという人も多いだろう。わが国では、数年前の月刊誌『マリ・クレール』で紹介されたのを覚えておられる方もあろう。

　さて、このリーダとわたしは20数年のつき合いになる。1976年春、恩師のデレク・ブルーア教授に紹介されたデイヴィッド・キンダズリーは、精悍な目つきの芸術家だった。当時は、チェスタトン・タワーという12世紀の建物を工房としていた。そこはアヴィニオンのローマ教皇から派遣されてくる税吏が滞在する場所だったという。ちょうどキンダズリーは、戦前に英国国教会の北海道司教として赴任していたイギリス人の記念碑を、イーリー大聖堂内に設置する委嘱を受けており、そこに3文字の漢字を刻む必要にかられて、わたしに手伝ってくれといってきた。わたしの醜い筆跡をご存知の方には笑止千万だろうが、何とか出来上がった記念碑は今でも大聖堂内陣の左廊下にかけられている。

　こんな偶然から彼と懇意になったわたしは、キンダズリーが会長を務めるウィンキン・ド・ウォード協会（印刷・出版・デザイン関係者の集まり）の会員にされたり、1978年には午餐講演をやらされたりした。ほどなく、そこにまだ30歳にもならぬリーダが現れたのである。名前からはスペイン人の貴族の血が混じっているとか、オランダ人だった。それにしては、リンゴの頬をもつ田舎娘という感じだった。キンダズリーの工房に弟子入りしたのだが、またたくまに、師匠が

大英図書館の鉄製扉

リーダ・キンダズリー

驚くほどの長足の進歩を遂げた。間もなく、二人は結婚して、公私共にパートナーとなったのだが、60歳と30歳台という組み合わせに、協会の幹部の口からは「いい年をして」などと、わが国でも聞かれそうな陰口がもれていた。

リーダは次々と3人の元気な男の子を産んだ。長男のハラムの名は、キンダズリー一家の先祖で、詩人テニスンの親友だったアーサー・ハラムから取ったと聞いて、わたしは驚かされたものだ。また、白く長いあごひげをたくわえたデイヴィッドが赤子を抱いた姿に、「まるで生まれたばかりのアーサーを腕に抱く魔術師マーリンのようだね」というと、彼が嬉しそうに笑ったのを思い出す。

三役、四役をこなす才女

リーダは母親として、妻として、仕事場のマネージャーとして、その上みずから芸術家として生活を続けた。著書も多い。現在は亡きデイヴィッドの作品のデジタル・アーカイヴに取り組んでいる。わたしはケンブリッジを訪れるたびに、アルファ・クラブの会員を工房に案内したり、二人だけでディナーに出かける。「デイヴィッドは偉大な師だった」というリーダも、「子供たちには父親代わりの男が必要だ」といって、2年前に英国紋章院に勤務していた中年男性グレアムと再婚した。披露宴はフィッツウィリアム美術館で行われた。わたしは出席できなかったが、後に工房を訪れたとき、リーダは「今がもっとも充実している時よ」と断言した。リーダの芸術は、今やデイヴィッドのそれを超えたようにも思えるほどだ。

年末に来たクリスマス・カードには、「おかげでミレニウム・コレクションは完売です」とあった。

(2000年冬)

第11章
古書往来

『ロリータ』出版50周年

本のゴシップ集

2004年の8月、ロンドンの大英図書館を訪れたおり、必ず立ち寄る図書館内の書店で『トールキンのガウン』 *Tolkien's Gown*（2004）を手に取った。むろん魅力的な題名に引かれてのことだ。著者はリック・ゲコスキーというアメリカ人でオクスフォード出身の元ウォリック大学教員、現在はロンドンの古書店主としてかなり高価な初版本を取り扱っているようだ。面識はない。この人物が20世紀の文学史を彩る著名な作家と、彼らが生み出した初版本についての驚嘆すべきエピソードを、BBCのラジオ4で朗読したテキストを集めたのが本書である。

早速買い求めたことはいうまでもない。

ホテルと帰りの機内で一気に読了した。ジャンルとしては20世紀英文学外史でもあり、丸谷才一氏は「本のゴシップ集」と呼んでいる。本の世界のことを少しは知っているはずの私でも数々の衝撃を受けたので、きっと知らない人なら腰を抜かすだろうと考え、翻訳を試みることにした。現在、正月休みもおとそ気分返上で格闘中である。

冒頭の『ロリータ』に関するエピソードからして凄い。ロシアから亡命してアメリカの大学で教鞭をとっていたウラディミール・ナボコフ（Vladimirovich Nabokov, 1899-1977）が、1955年にパリで出版した本書は、4年後にイギリスでも出版された。世界中に衝撃を与え、「ロリータ・コンプレックス」という社会現象を生んだ小説である。すでに2度映画化された。1988年の古書目録に、ゲコスキーは1959年のイギリス初版で著者が従兄弟夫婦に献呈した本を掲載し、3250ポンドの値を付けた。1ポンド200円と換算して、日本円で約65万円である。ゲコスキーはベストセラー作家で古書収集家のグレアム・グリーンにも目録を送っていたせいか、しばらくすると次のような短い手紙が届いた。

ウラディミール・ナボコフ

拝啓 ゲコスキーさま

　本物の初版でもない貴兄の『ロリータ』が3250ポンドの価値があるというのなら、私宛に献辞のあるオリジナルのパリ版はいかほどでしょうか。

　　　　　敬具 グレアム・グリーン

　グリーンが著者から贈られたのはパリ版の初版である。当時ポルノもどきの英語小説を出版していたモーリス・ジロディアスが、1955年に少部数で出版したものである。この照会に心を動かされたゲコスキーは「親愛なるグリーンさま、もっと高いですよ。手放されますか」という短信を出した。しばらくして、ロンドンのリッツ・ホテルで面会した二人は、ウォッカを飲み交わしながら語り合った。グリーンが持参したパリ版には「グレアム・グリーンへ、ウラディミール・ナボコフより、1959年11月8日」の言葉に続いて、大きな緑の蝶の絵が描かれていた。それは、蝶の標本収集家としてのナボコフのアイコンだった。

うなぎのぼりの古書価格

　出版年に献呈されていたらもっと市場価値が上がったはずの現本だが、ゲコスキーは4000ポンドで買い取った。ところが、翌朝ゲコスキーのマンションにやってきたのは、エルトン・ジョンの作詞家バーニー・トービンとその夫人だった。ちょうどクリスマス・シーズンで、夫人は夫のために何かよい古書を探しに来たのである。二日酔いで頭が回らぬゲコスキーは、本書を9000ポンドで売った。一夜にして2倍以上の価格に跳ね上がったわけだが、ゲコスキーは後にこれを後悔した。この本は、1992年に邦貨2600万円、2002年には何と3億円という驚天動地の値で取引されたのである。

　なぜこんなことが起きるのか。何の変哲もない緑色の2巻本であるが、すべての価値は著者が小説家グリーンに贈ったという一点に凝縮されている。これは英語で「アソシエーション・コピー」というジャンルに属する。『ロリータ』を持ち込まれたアメリカの出版社5社がことごとく出版を拒否し、最終的にパリの胡散臭い出版人が出したわけだが、その直後、1955年の「タイムズ日曜版」のクリスマス特集号で、グリーンは『ロリータ』を同年出版のベスト小説3点のひとつに選んだのである。それまで隠れた存在だったこの小説が、にわかに英国の一般読者の知るところとなった。

　しかも、「サンデー・エクスプレス」の編集長がこの小説をこき下ろしたので、その後の二人の論争の結果、本書は誰でも読んでみたい小説になったのである。多額の印税のおかげで、ナボコフは大学の教授職を辞し、後は執筆と蝶の採集に専念することができた。

ゲコスキーが取り上げた作品

　ゲコスキーは『トールキンのガウン』の中で、『ロリータ』に始まって、トールキンの『ホビット』、ゴールディングの『蠅の王』、ワイルドの『ドリアン・グレイの肖像』、ケルアックの『路上』、ジョイスの『ユリシーズ』、ロレンスの『息子と恋人』などなど、J.K.ローリングの『ハリー・ポッター』に至るまで、20の作品を取り上げて、作品の誕生秘話と現在における初版のアソシエーション・コピーの相場を楽しそうに語ってくれる。しかもゲコスキー自身がそれに拘っている場合も1、2例にとどまらない。

　今年は『ロリータ』の出版50周年ということで、若島正氏の新訳が新潮社から出た。これだって20日後には2刷が世に出るほどの人気である。

（2004年10月）

[『トールキンのガウン—稀覯本ディーラーが明かす、稀な本、稀な人々』は2008年、早川書房より出版された。]

トールキンのガウン

ゲコスキーの古書談義

　3年前にロンドンで本書『トールキンのガウン』を入手、あまりの面白さに読了後邦訳し、早川書房の編集部が出してくれるというから待っていたのに、何の音沙汰もなくすぎた。それが突然、この3月に校正刷りを出すから2008年4月23日に出版予定と言ってきた。すべてに優先させて校正に精を出した結果、『トールキンのガウン』はこのシェイクスピアの誕生日（命日でもある）に出版された。真っ先に「毎日新聞」の書評に小説家丸谷才一氏が取り上げてくれたし、畏友荒俣宏氏は『サンデー毎日』で大きく紹介してくれた。

『トールキンのガウン』

　著者リック・ゲコスキーには何か私に似たところがある（確かに同年生まれだが）と言ってきた卒業生もあれば、読者が原文を読まないことをいいことに、勝手にお前の意見を加えているのでは、という声もあった。総じて、面白い、一気に読んだ、という感想が多い。

　学者から古書業者に転じたケースは英米では多い。私の知り合いでも十指に余る。アメリカ人大学院生としてオクスフォードに留学し、現代英文学で博士号を取得した本書の著者も、しばらくの間新興のウォリック大学で教鞭をとった。しかし、オクスフォード時代に味を占めた背取り（安く買った古書を転売してもうけること）の方が面白くなって、古書業者になる。本書は、著者がここ30年間に遭遇した現代英文学の初版本の、とてつもない価格高騰を扱って成功した裏話を集めたエッセイ集である。もともと90年代にBBCのラジオで放送した連続トーク番組の内容を、書き直したものである。

　世界最大のベストセラー『ハリー・ポッター』シリーズの作家に限らず、どんなベストセラー作家でも、処女作を世に出すまでにも苦労話が多い（そして時に神話化される）。その中でも、本書の冒

頭に取り上げられたウラディミール・ナボコフの『ロリータ』ほど劇的なケースも少ないだろう。丸谷、荒俣両氏もこのケースを取り上げている。中年の大学教授が年端の行かぬ娘となにやらよからぬ関係になってドライブを続けるという物語は、「ロリータ・コンプレックス」をはじめ「ロリータ・ファッション」など、さまざまな社会現象の起爆剤として扱われてきた。

オリンピア・プレスの初版

それにも関わらず、出版にこぎつけるまでにナボコフが原稿を送った出版社は数知れず。ようやく救いの手を差し伸べてくれたのは、パリでいかがわしい英語の本を出版していたオリンピア・プレスの社長モーリス・ジロディアスだった。ガーシュインの曲に「パリのアメリカ人」があるほど、パリには英語圏から来た作家が群がっていたので、ジロディアスは彼らにポルノ小説を書かせて出版し、成功していた。1955年に日の目を見た（しかも翌年発禁本となった）『ロリータ』の初版は、そういった類の出版物を期待した一部の読者からは痛烈な文句が届いたそうだ。

名もない著者がするように、この初版は著名な文人に署名・献辞入りで届けられた。これを読んだ小説家グレアム・グリーンが、その年の新作ベスト・スリーに選んだことから、本書はにわかに注目を浴びるようになり、英米で再版された。グリーンに献呈された正真正銘の初版をゲコスキーが入手して、翌日エルトン・ジョン専属の作詞家に2倍以上で販売したにも関わらず、その後も古書価格はうなぎのぼりとなり、2002年にクリスティーズの競売で26万4000ドルに跳ね上がったのである。

神保町でも

閑話休題。わたしはたまに学生を神保町に連れて行って古書ツアーをやっているのだが、最近は彼らも慣れてきたので、わたしが所用で休講にせざる得ない場合には、ガイドなしで古書ハンティングに行かせる場合も多い。そして千円以下で見つけた本を教室で披露して自慢し合うという試みをやっている。あるとき女子学生の一人が、上述のオリンピア・プレスから出版された麻薬に関する絵と英語のエッセイを織り交ぜた本を、神保町の古書会館で僅か200円で入手してきた。その直後にこの『ロリータ』のエピソードを知った彼女は、ネットで調べてみると、麻薬に関する件の本は古書市場で1万円はすることを発見した。後日、嬉しそうに報告に来た女子学生は「これから病みつきになりそうです」と言った。

このオリンピア・プレスの出版物に関する総括的な書誌は、パトリック・キアニーが制作したものを基礎に、今年リヴァプール大学出版局から刊行されたばか

りである。しかも彼が長年にわたって収集してきたプレスの出版物と書誌学的研究を行ったファイルの類すべてが、この６月12日にNYのクリスティーズで競売にかけられる。見積価格は８−12万ドルである。そんな安いはずはあるまい。ジロディアが「１章にベッドシーンは３度入れよ。それ以下ならクビだ」と、パリに集まる若い作家（サミュエル・ベケット、ヘンリー・ミラー、ジャン・ジュネら）を恫喝しながら、傑作を生み出させたのだから。おそらくアメリカの複数の大学図書館が競い合うこと請けあいだ。

　さて、『トールキンのガウン』に戻ろう。本書には他にもウィリアム・ゴールディングの『蝿の王』、ジェイムズ・ジョイスの『ユリシーズ』、サリンジャーの『ライ麦畑でつかまえて』、ジョージ・オーウェルの『動物農場』、トールキンの『ホビット』など、20作ほどのエピソードが選ばれている。本書の題名に採用されたトールキンのガウンとは、『ホビット』や『指輪物語』の著者、オクスフォード大学で中世英文学を講じたトールキン教授が、コレッジのディナーなどで身につけていたものである。ゲコスキーが教授と同じマートン・コレッジに所属していたために、用務員（オクスフォードではscoutと呼ばれる）を通じて譲り受けた年代物だが、550ポンドで古書目録に載せたことがある。トールキン好きのアメリカ人教授が、大学での卒業式に着用するのに購入したという。おそらくトールキン教授の汗やらしみやら、タバコのくずや食べ物の滓がこびりついていたに違いない。トールキン・ファンならずとも垂涎の物件だろう。ああ、欲しかったなあ。

（2008年夏）

ケンブリッジの奇書
『ケンブリッジ夜の登攀者』

ユニークな出版物

　中世から続く大学には、そこならではの変わった出版物がある。例えばケンブリッジのコレッジで、正式なディナーの前後に学生や教員が読み上げるラテン語のお祈り（grace という）を集めた書物がある。これを見ると、歴史が長ければ長いほど、祈りの文章も概して長い。ヘンリー 7 世の母でヘンリー 8 世の祖母に当たるレディ・マーガレット・ボーフォートが創設したセント・ジョンズ・コレッジやクライスツ・コレッジでは、その長い祈りの中に必ず彼女の霊安かれという一文が入る。一方、戦後にできた大学院生用のコレッジでは、ほんの 2、3 の単語で終る。

　また、6 月に行われる名誉学位授与式では、大学から任命された演説官がラテン語で学位授与の理由を朗々と読み上げる。演説に巧まざるユーモアを盛り込むことで知られた人気者の演説官が引退すると、ほどなくそのラテン語演説集が出版される、という具合だ。ともに、ケンブリッジの関係者しか関心がないものだろう。

『ケンブリッジ夜の登攀者』

夜中に塔によじのぼる暴挙

　こういったケンブリッジ関係の著作で、奇書中の奇書と呼ばれ初版を入手しにくいのが *The Night Climbers of Cambridge* である。大学関係者なら誰でも聞いたことがあり、中身も知っているが、目にしたことがない、という代物だ。これは寒い学期中、夜陰に乗じてコレッジのチャペルの尖塔や建物の胸壁、煙突、配管を攀じ登り、写真を撮ってもらうという単純な行為だ。風の強い夜は、尖塔も揺れるそうだ。今ではタウン・クライミングというそうだが、むろん誰がやっても危険な行為だから、大学当局の許可なしには禁止されている。ケンブリッジの夜の

闖入者たちを警戒するコレッジの警備員（porter、学生は bulldog と呼ぶ）に見つかれば、懲罰委員会にかけられて、まず退学を覚悟しなければならない。本書にはその実例の写真も掲載されている。

やってもほとんど意味のないことをやる、というのは学生の特権でもある。ネットで調べるといろいろなことが分かる。http://cucc.survex.com/jnl/1983/ には学部生が編集した雑誌の記事に、過去に出版された夜の登攀に関する文献19点が列挙されており、すべてが大学図書館で閲覧できることまで示している。その中でこの種の聖書として特に崇められているのが本書であり、ウィキペディアにも収録されている。

本書の出版史

本書は1937年10月、ロンドンの一流出版社チャトー＆ウィンダスから出版され、翌月に改訂再版が、戦後は1952年と53年にリプリントが出た。私の手元にあるのは1953年版だが、それでも近年は入手が難しくなった。ところが再版を期待する声に応えてか、2007年に新版がケンブリッジの小さな出版社から公刊された。183ページだった初版の本文は、新たに18世紀のケンブリッジの印刷業者ジョン・バスカヴィルによるバスカヴィル体を用いて、たっぷりと227ページに組み直された。ネガが残っていた多くの写真はデジタル処理されて、ずっと明瞭になった。当時は正体が分からぬように顔をぼやかしてあった写真も、いまやはっきり識別できるようになった。

旧来は著者は Whipplesnaith という匿名で知られていたが、新版で初めて本名 Noel Howard Symington と顔写真が公にされた。既に故人となった著者に替わって、その甥が序文を寄せて、著者が明かさなかった仲間達の正体を紹介している。そのひとりウィルフレッド・ノイスは、1953年のエヴェレスト初登頂の英国遠征隊の一員であった。さすがである。

チャリティの裏付け

グーグルで本書の標題を画像検索すると、写真も出てくる。多くの読者は、発見されれば退学を覚悟しなければならない蛮行に、なぜ学生達が夢中になるのか、疑問に思うかもしれない。私の知る限り、こういった違反行為にはチャリティの裏付けがある。私が留学していた1970年代後半でも、大学図書館の閲覧室で勉強していると、いずこからともなく奉加帳が回ってくることがあった。あるコレッジの学生がチャリティ目的で、今度の土曜日に橋からケム川に飛び込むが、成功して地方紙に写真が掲載されたら寄付してくれるか、といった文章が書かれている。それに応じる学生は所属コレッジ、名前、寄付の予定額（当時は10pから50pだった）を記入する。そして、月曜日の新聞に写真が掲載されると、係りがそれを証

拠にチャリティ用の寄付を集めにくるのである。

　チャリティに名を借りると、どんなくだらないことでも表面的には許されるよき時代があった。6月試験が終って、成績が発表される前の学生祭の時には、街の中心にある駐車場への狭い道にバリケードを築き、チャリティに寄付しないと通さないと、まるで中世の追いはぎ（まさに Highway man）のような行為をする学生もいた。おそらく今はできないだろう。

　ケンブリッジの夜の登攀者たちは、きっと今でも機会を狙っているかもしれない。

（2008年4月）

サッチャー英国首相も用いた「この女焚刑に及ばず」

クリストファー・フライの戯曲

　The Lady's Not For Burning（1948）とは、1948年に劇作家クリストファー・フライ（Christopher Fry, 1907-2005）がロンドンの劇壇で才能を認められた、有名な詩劇である。20世紀前半の英語劇は散文で書かれて人気が続いた中で、先輩のT.S.エリオットと並んで詩劇を復活させたフライの功績は大きいはずだが、わが国ではさほど扱われることは多くない。最近の英国映画『17歳の肖像』の脚本のもとになったジャーナリスト、リン・バーバーのメモワール *An Education*（2009）を読んでいたら、1960年代冒頭ロンドン郊外の高校に通っていた著者がこの芝居『この女焚刑に及ばず』を演じていたことがわかり、我が家にある原作を久しぶりに手にとってみた。因みに、ヘップバーンの再来と騒がれているキャリー・マリガンが主人公を演じるこの映画では、芝居をするのではなくオーケストラでバイオリンを弾く設定に変えられている。

ジャンヌ・ダルク？

　『この女焚刑に及ばず』という題名は、15世紀の聖女ジャンヌ・ダルクの悲劇を思わせる。確かに1920年に彼女は列聖されると、大いに作家たちを刺激し、例えばバーナード・ショーも傑作『聖女ジョーン』（1924）を書いた。フライの作品は、第2次大戦後の厭世的な雰囲気を背景としており、時代設定も15世紀初めとなっているから、明らかにジャンヌ・ダルクを意識していると考えられよう。しかし、この詩劇は『お気に召すまま』のようなシェイクスピアの田園喜劇を思わせるロマンチック・コメディーで、3幕からなる。笹山隆氏は「鮮烈な逆説をはらむ華麗な比喩的言語の奔流であり、雅語と俗語を巧みにないまぜにした台詞には躍動する生命感がある」と評価する。

サッチャー首相が演説で

　「この女焚刑に及ばず」の一文は、1980年10月10日、ブライトンで開催された英国保守党の年次大会で、当時のマーガレット・サッチャー首相が演説に用いて、一世を風靡した。既に伝説になったそのときの模様は、YouTube で見ることができる。党内から急進的な政策を転換するように求められていたサッチャー首相は「ひと言だけ申し上げます。お望みなら、あなた方が転換しなさい」'You turn, if you want to.' と言って、同志た

ちから拍手喝采を受けた。その後 'The Lady's not for turning.' と言明したのである。The Lady とは自ら認めた the Iron Lady「鉄の女」の意味である。いうまでもなく burning と turning が掛詞になっている。もちろんUターンしない、という彼女の強い意思の表明であった。

このときの拍手の勢いは、前のものほどではない。聴衆のすべてが、この言葉をフライの作品の題をもじったものとは理解しなかったのだろうか。この名演説、実は脚本家のロナルド・ミラーが書いたもので、サッチャー首相自身はこの演劇を知らず、教えてもらうまで掛詞になっていることも気づかなかったという。「歴史は作られる」のよい例だろう。

『この女焚刑に及ばず』

フライの原作初版

わたしの手元には、原作の初版（London : Oxford University Press, 1949）がある。1949年のロンドン公演で用いられたテクストであるが、そんじょそこらでお目にかかれるコピーではない。テクストには手書きの修正箇所が多く見られる。また、作者のフライをはじめ、主演の英国最高の男優ジョン・ギールグッドや女優パメラ・ブラウンから、助演俳優たちに至るまでの署名が入っている。それだけではない。1949年3月24日の日付入りで、ギールグッドがフランス演劇人ジャック・B・ブルニウスに宛てて「わが友よ、この間の土曜日ストラット・オン・エイヴォンに来てくださった記念に、貴殿こそクリストファー・フライをフランスに知らしめる方」と献辞を認（したた）めている。そのほかにも、写真満載のロンドン公演のパンフレット、新聞の切り抜き、俳優からのブルニウス宛の書簡などが、挿入されている。

以上の点から、これがブルニウス旧蔵本であることが分かる。残された日付などから判断すると、彼が複数の上演会場で、俳優らから署名を集めたものと考えられる。これが1977年4月、ロンドンのサザビーズで競売されたとき、英国留学中のわたしはケンブリッジの古書店に頼んで落札してもらった。10パーセントの手数料込みで77ポンドだった。予想より低かったので、小躍りしたものだ。

どこから見ても非の打ち所がない自慢のアソシエーション・コピー（手沢本）にも、弱点がひとつだけあることを、告

白しなければならない。脇役として出演していたあの若かりしリチャード・バートンの署名が見つからないことである。

(2011年4月)

[2012年3月に我が国でも公開されて話題を呼んだアカデミー賞映画『マーガレット・サッチャー――鉄の女の涙』(2011) には、残念ながらこの場面はなかった。]

日本の芸術伝統が誇る逸品
『絵本どんきほうて』

中世と中世主義を超えて

　今回は初めて西洋と関係のある和書を取り上げてみたい。

　2007年だったか、日本英文学会で「中世と中世主義を超えて」という特別講演を行った。三田綱町にある慶應義塾大学で開催されたので、そこで生まれ育ったとされる渡辺の綱とベーオウルフの類似性を1901年に発表したのが英国人であり、また1996年に『ベーオウルフ』の挿絵に浮世絵を用いたのが米国人だったという話をして、こういった分野は本来日本人がやるべきではないかと提案する内容だった。講演の要旨は後に『英語青年』2007年9月号に掲載された。

　英文学史の冒頭で誰でも学ぶアングロ・サクソンの叙事詩の内容に、江戸の大衆美術、浮世絵がぴったりだというのは、なかなか思いつかないだろう。私はこれを知ってから、他に西洋の文学作品にわが国で挿絵を描いた芸術家はいなかったのかと探してみると、セルバンテスの傑作『ドン・キホーテ』（1605-15）を、スペインから日本の侍の時代に設定を替えて挿絵を描いた、芹沢銈介の『絵本どんきほうて』（1937）があることを知った。

日本版ドン・キホーテ

　芹沢銈介（1895-1984）はわが国を代表する染色工芸家で、型染めの人間国宝、そして文化功労者でもあった。芹沢の代表作の一つともなった『絵本どんきほうて』誕生の裏には、柳宗悦、寿岳文章、河井寬次郎といった、戦前戦後のわが国でウィリアム・モリスのアート・アンド・クラフト運動を継承する民芸運動の人々が絡んでいた。「『絵本どんきほうて』のころ」（『寿岳文章書物論集成』1989所収）によれば、次のような展開である。

　柳宗悦は、ハーバードの東洋美術史家ラングドン・ウォーナー教授の懇請を受けて、同大学のフォッグ美術館で1929年秋から一年間に亘って仏教美術を講じた。柳はそこの理事を務めていたカール・ティルデン・ケラーなる実業家に依頼されて、若き寿岳文章に手紙を書く。ケラーが世界中の『ドン・キホーテ』に関する文献資料を蒐集しているので、わが国で出版されているものを探して送ってほしい、という内容だった。それ以来大小さまざまな資料を提供する寿岳と、それを受け取るケラーの間には熱い友情が第2次大戦を超えて長く続き、数百通の書簡

が残っている。そしてハーバード大学ホートン図書館には、寿岳および柳のケラー宛英文書簡集が整理されている。なお、フォッグ美術館にはケラーの『ドン・キホーテ』蔵書が収蔵されている。

カール・ティルデン・ケラー

次々に日本から送られてくる『ドン・キホーテ』の資料に、ケラーは感謝しつつも、その中に日本人画家による一枚の挿絵すら含まれていないことを残念に思った。日本美術や工芸の逸品を知っていたケラーは、寿岳に次のような依頼をしてきたのである。「私は日本人のすぐれた芸術性に絶対の信頼を置いている。日本人にして初めて可能な、ドン・キホーテのイメージがあるはずだ。どんなに高く費用がかかっても私はいとわぬ。君が最適と思う画家に依頼して、真にすぐれた日本の芸術伝統にふさわしいドン・キホーテを描かせてはくれぬか。」

依頼を受けて寿岳、柳、河井の三人は相談の結果、芹沢銈介に白羽の矢を立てた。承諾した芹沢の仕事は、島村抱月ら

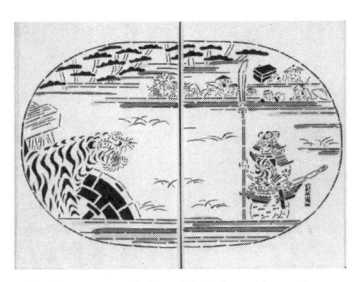

風車ならぬ水車に挑むどんきほうて

による『ドン・キホーテ』の難解な翻訳を読解することから始まった。その後染色工芸家は大変な苦労の日々を費やすこととなる。

7年の歳月をかけてようやく1937年に完結した『絵本どんきほうて』は、寿岳が主宰する向日庵なるプライヴェート・プレスから、合羽刷筆彩（丹・緑・青）で、32丁の袋綴和装本として75部（プラス番外25部）限定で出版された。そのうち15部を引き取ったケラーは、その出来に大いに満足して、アメリカのみならず、世界の大図書館に贈呈した。例えばロンドンの大英図書館に収蔵されているのもその1セットである。この絵は、芹沢が分析した17世紀の丹緑本（黒刷りの御伽草子、仮名草子の版本の挿絵に、丹（朱色）、緑、黄の手彩色を施したものをいい、広く大衆に普及した）の様式で手彩したもので、原作第2部17章のライオンに関する挿話を日本に置き換えている。『ドン・キホーテ』のファンならずともその素晴らしさに感動するだろう。

『絵本どんきほうて』

ラ・マンチャの男

周知のごとく『ドン・キホーテ』は、中世の勇ましい騎士物語を読みすぎて気が触れたラ・マンチャの男ドン・キホーテが老馬にうちまたがり、ロバに乗った家来のサンチョ・パンサを伴って武者修行の旅に出て、滑稽な冒険と失敗を繰り返すという筋立てをもつ。騎士物語のパロディとも取れる内容と筆致が、人間一生の探索にもなぞらえられるために、世界文学屈指の作品として愛読されている。芹沢はこの物語の舞台をわが国の中世に置き換えて、「らまんちゃの里のどんきほうて」から「功名手柄の夢さめて静かに眠るどんきほうて」まで、31点の絵画表現を完成させた。原作の前半にある、ドン・キホーテが大きな風車を敵と見立てて槍を片手に突っ込む有名な場面を、いかに日本風に処理するかは誰にも興味があろう。面白いことに、芹沢のどんきほうてが相手にするのは大きな水車である。

本書は、ケラーが各地に寄贈したこともあって、いまや欧米での評価のほうが高い始末である。わが国でも本書の入手はきわめて困難を極め、市場で高額に取引されるに至った。そこで初版が発行されて20年後に、『新版・絵本どんきほうて』が企画され、1976年にようやくギャラリー吾八より限定185部の型染めで出版された。これらは前作と同じく、それぞれ色合いなどが異なる芸術作品となった。芹沢はおりしも同年の文化功労者に選ばれた。

この新版もいち早く予約が満杯となったため、入手できなかった顧客の希望に沿って、1978年に原図を凸版縮刷した上に筆彩を施した限定285部の縮刷版が発行された。こうして日本人芸術家によるユニークな『ドン・キホーテ』解釈が、多くの愛好家にいきわたるに至った。戦前の工芸運動の真髄がここに息づいている。

(2009年4月)

『もうすぐ絶滅するという紙の書物について』

仲間に入りたい書物談義

　店頭で本書（阪急コミュニケーションズ、2010）をぱらぱらとめくったとき、これは私のために書かれたと錯覚してしまった（何と傲慢な！）。というより、熱く語る二人の姿を想像して、なぜ私も仲間に入れてくれなかったのかと思ったほどだ（もっともフランス語やイタリア語でまくし立てられても困るが）。きっと、この対談の現場にいて、古書を振りかざして語り合う二人（それに進行役）の様子を観察したかったと思う読者も多いことであろう。

　最近は長いタイトルが流行している。簡単には覚えられない邦題をもつ本書の原題は、「本から離れようたってそうはいかない」（2009年）で、それぞれ刺激的だ。それに見合うかのように、邦訳の装丁も見返しも黒尽くめで小口も濃紺に塗られてという具合で、昔夢中になった澁澤龍彦の『美神の館』（1968）の装丁を思わせる。デザイナーはきっと分厚い本書を、墓石に見立てたのかもしれない。500ページ近い長さだが、一気呵成に読むことができる。

エーコとカリエール

　本書は、いまや80歳にならんとする、ヨーロッパの知性を代表する二人の古書収集家による対談集である。映画化された小説『薔薇の名前』で有名なイタリアの記号論学者（と同時に小説家）ウンベルト・エーコ（Umberto Eco, 1932-）と、映画『存在の耐えられない軽さ』などで知られたフランス人脚本家ジャン・クロード・カリエール（Jean-Claude Carrière, 1931-）が、互いの別荘を行き来しながら、フランス語で語り合った対談記

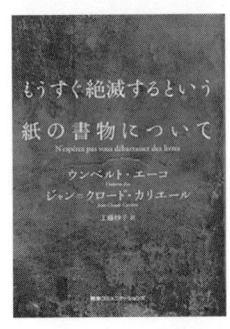

ウンベルト・エーコ

『もうすぐ絶滅するという紙の書物について』

ジャン・クロード・カリエール

録である。特に『薔薇の名前』は世界中で45ヶ国語に翻訳され、攻略本の数も十指を超え、映画でもわくわくさせられたものだ。ところが、13世紀ヨーロッパの修道院を舞台にした宗教の権力闘争を背景にした殺人事件だったせいか、もはや若い世代にはほとんど知られていない。中世の修道院における写本制作の現場を、きちんと時代考証して再現したものとして今なお高く評価されているが。

　さて、本書は本好きにはたまらない内容で、同時に古代から現在に至る人類の文明論でもある。日本に関する言及は少ないものの、南米、インド、イスラム文化への言及も見られる。博引傍証とはこのこと、現存する貴重書から、存在しなかった本、絶滅した作品、偽作にいたるまで、私たちを本の夢の王国にいざなってくれよう。ニューヨークのクラウス古書店に何年も通って、とうとう言い値の半分以下で希書を購入した経緯など、「いかに古書を安く入手するか」の方法も教えてくれる。

終身学習刑

　エーコたちは、現代人は「終身学習刑」を宣告されているようだと、皮肉交じりに語る。彼らの祖父の世代なら、高校卒業までに習得した知識さえあれば、その後はほとんど何も学習しなくても一生幸せに暮らせたのに、現在はそうは行かない。コンピュータの性能が日進月歩し、一つのソフトに習熟したと思うと、次のものを学習しないと生きていけない時代なのである。

　私のように、歯科医院の世話になることが多くなった世代の者には、歯科医療の現場がいかに半世紀前と変わったかに思いを馳せれば、コンピュータの出現のおかげだと実感できる。逆に大学を出て一人前になった歯科医も、次々と持ち込まれる新しい医療器械に習熟しなければならないわけだ。

　かくして、メディアの変化の速度は速まるばかりである。30年前にワープロで書いた原稿のフロッピーを再現できる機器はもう存在しない。自分が今まで使ったPC15台を地下室に並べて、メディアに変化があっても常に対応できるようにしている友人の話は、うらやましいというより、哀れを催すではないか。

　その一方で、15世紀半ばにグーテンベルクが印刷した聖書は、いまなお往時の状態を保っている。本書の翻訳者は、私が主宰したHUMIプロジェクトによるこの聖書デジタル化の現場を垣間見て、

500年前に生まれた書物の老いた肉体にまで考えが及ばなかったと述懐している。とんでもない、よい状態で保存されたグーテンベルク聖書はまるで昨日印刷されたように、生き生きと私たちに語りかけてくれる。おそらく500年後でも。

　私たちの生活をがんじがらめにしているコンピュータから生まれる電子書籍には、肉体や魂はあるのだろうか。メディアが変われば読めない電子書籍は、一時的に蓄積された情報でしかない。

　二人の碩学でも数万冊の蔵書中にある「読まなかった本」があることを吐露する章は、万人（蛮人ではない）の慰めになるだろう。中身を読まなくても、書斎や書庫にある本の背表紙だけからでも重要なことを学べる、というのは言いえて妙だ。

　二人の現代の知性は、紙の書物が絶滅することはないと断言する。というわけで、本書は紙の書物への鎮魂歌ではない。

（2011年春）

第11章 古書往来　257

美しき書物の世界

映像版 美書の数々

　美しい書物をカラー写真と解説文で扱った出版物は数多い。今回の『美しき書物の世界』（DVD４巻セット）は、その動画版といえよう。特徴はとびきり美しいデジタル画像と、豪華な解説陣の組み合わせにある。BBCが英国図書館などの協力を得て制作したばかりのドキュメンタリー番組は、ディスカバリー・チャネルやヒストリー・チャネルの番組を見ているときのわくわく感を与えてくれる。おそらくプロデューサーは、ほとんどイギリス人が占める解説者たちに、かなり誇張の強い表現を用いるように指示したのかもしれない。ナレーターはアメリカ人かなと間違えるほどだが、よく聞けばその英語には、アイルランド訛りの巻き舌の特徴が聞き取れる。みな立派な英語を話しているが、世代によってさまざまなので、比較しながら聞くとインテリ英語のよい練習にもなろう。ちなみに私は、通勤途中の車の中で繰り返し聞いたために、ヒアリング能力がいささかながら上達したように思える。

「世界最古の聖書」シナイ写本

　Beauty of Books『美しき書物の世界』には、タイトル通り、本文と同時にビジュアルな美しさを誇る古代から現代までの著名な書物が選ばれている。もっとも、第１巻「世界最古の聖書」には、聖書の写本から２点が選ばれているが、互いに対照的な写本である。羊皮紙に書かれた世界最古のギリシャ語冊子体のシナイ写本は、数奇な運命にもてあそばれて各地を転々とした結果、1933年に英国図書館に収蔵された。一方、12世紀半ばに古都ウィンチェスターの修道院で制作されたラテン語聖書は、いまもウィンチェスター大聖堂にそのまま美しい姿で現存している。

　1844年ドイツ人学者が発見したシナイ写本は、世界を驚かせ、真贋論争まで起こった。ギリシャ人学者で写本の贋作作

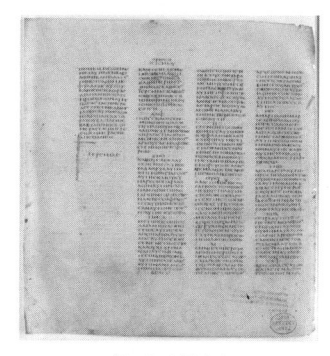

「シナイ写本」

りとして悪名高いコンスタンティン・シモニーデスは、アトス山の修道院で自らでっち上げたものと公言したが、次第にそれが4世紀半ばに制作された本物の写本と認められるようになった。その後写本は帝政ロシアの皇帝に贈呈された。ところが、革命後の1933年、ソ連政府は経済不況から脱する一助としてこの写本とグーテンベルク聖書（福澤諭吉が1862年に見た！）をロンドンのマッグズ古書店に売却した。美しく転写されたこの完璧な写本は、多くの書き込みによって訂正されている。その詳細は画像を見れば納得できるだろう。

ロンドンにある大英図書館の通常展示では、ガラスケース越しにこの写本を見ることができるが、手にとって見ることは基本的に許されていない。研究者として閲覧を申し込んでも、よほどの理由がない限り許されることはなく、最近デジタル技術を駆使して完成したファクシミリを調べることで我慢しなければならない。シナイ写本をこれだけ近接で撮影したクリアな動画も少ないので、このDVDのもつ価値は高いといえる。通常の書物はどういうわけか縦横が黄金比でできていることが多いが、古代末期の地中海文化の地域ではシナイ写本のように正方形に近いものが制作されている。ページに4欄、見開きページなら8欄の本文が書かれており、これは写本形態がパピルスの巻物から羊皮紙の冊子に移行する時期

「ウィンチェスター聖書」

の興味深いレイアウトといえよう。

さて、シナイ写本から800年が経過した頃、イギリスの大修道院で大がかりな装飾写本として聖書が制作された。ラテン語のウルガタ聖書の本文をプロトゴシックの書体で転写し、複雑に絡み合うデザイン（インターレース）に金や青（ラピスラズリ）をふんだんに用いて装飾を施した豪華な聖書写本が、カンタベリー、ダラム、ベリー・セント・エドマンズなどで生まれた。しかし、16世紀前半のヘンリー8世による修道院改革の結果、これらは破壊されたり放擲されたりした。誕生の地に今も残る「ウィンチェスター聖書」は奇跡とも呼べるだろう。この写本の特徴は、ゴシック体の優劣順序で最高位に位置するプレスキッサまたはシネ・ペディブス（足なし）と呼ばれる、熟練を要する書体で書かれていることで、カリグラファーにはよい研究材料となるだろう。

中世の詩篇書とチョーサー刊本

「中世の傑作」と題された第2巻では、13世紀のイングランド東部で制作された装飾写本、「ラトレル詩篇書」と、1400年のチョーサーの死によって未完に終わった『カンタベリー物語』の印刷本が取り上げられる。

サー・ジェフリー・ラトレルが委嘱して制作させた詩篇書とは、聖書の詩篇の本文におびただしい装飾を施した写本である。13世紀から200年間にわたって詩篇書写本は多く制作されたが、これほど見る人を楽しませてくれる装飾も少ない。数年前にマクルズフィールド卿の居城の蔵書が競売に付されたとき、同時代に制作された極小の詩篇書（後にケンブリッジ大学フィッツウィリアム博物館蔵）に、よく似たグロテスクな、エロティックな装飾が発見されて話題となったが、「ラトレル詩篇書」は規模がまったく違う。

本来詩篇書は、聖書の代わりに教会や個人の礼拝堂でのミサで用いられるものだったはずだが、「ラトレル詩篇書」は一家の裕福さを誇示するディスプレイ用だったと考えられる。訪問客は、壮大な写本の大きさや分厚さと、豪華な装飾と、当時の生活ぶりを活写したユーモラスでグロテスクな絵に魅了されたに相違ない。

一方、英詩の父チョーサーが描く、カンタベリーへの巡礼者たちが語る面白おかしい物語は、当時のベストセラーであった。黙読のためというより、誰かが読み上げるのをみなで聞いて笑い、しんみりしたはずだ。巡礼者たちは王様と乞食という社会構造のトップと底辺にいた人物を除く、あらゆる階層からの代表30名からなる。チョーサー自身も参加した。ロンドンから聖地カンタベリーへの往復に、巡礼が夕食後に二つずつ話を聞かせ、ロンドンに戻ったおりには一番うまい話をした巡礼を選んで、みなでご馳走してやろうという趣向だった。そこで語られる話も、わいせつな滑稽譚にはじまって、

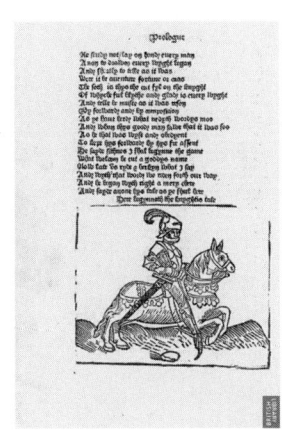

「ラトレル詩篇書」

キャクストン版『カンタベリー物語』
第2版（1483）

騎士ロマンスのパロディ、誰もが横を向いてしまう抹香臭いお説教まで、中世文学のあらゆるジャンルにわたっていた。チョーサーは中世文学の集大成を作ろうと目論んだのかもしれない。ボッカチオの『デカメロン』から借りて、枠物語の構造を取り入れた『カンタベリー物語』ほど面白い作品はない。その猥雑な話ばかりを集めてあのパゾリーニ監督が映画化（1972）したとしてももっともだ。

15世紀後半に大陸で活版印刷術を学んだキャクストンが1475年ごろに帰国して、真っ先に『カンタベリー物語』を出版しようとしたことに不思議はない。初版で成功した後、しばらくして第2版を出したとき、巡礼姿を木版画で加えた。その後近世にはいると、中世文学はほとんど忘れ去られたのに、『カンタベリー物語』は連綿として出版が続いた。

英国絵本の黄金時代

第3巻「ヴィクトリア時代の絵本」は、挿絵不毛の時代が長く続いた英国出版史に燦然と輝く、19世紀の『不思議の国のアリス』を中心とする挿絵本の黄金時代を紹介する。ルイス・キャロルことチャールズ・ドジソンは、オクスフォードのクライストチャーチという大きなコレッジの数学教師だった。コレッジでは男子の学生と教員がともに住み、ともに勉学するが、コレッジの長（マスター、プロヴォスト、プレジデント、ウォーデンなどと呼ばれる）は家族とともにコレッジの一画に住むのが習わしである。当時のクライストチャーチのリデル学長（ディーン）にはかわいい女の子アリスがいて、ドジソンと仲良くなった。

数年前、私はクライストチャーチに学長を訪ねており、学長は親切にも今なお昔のたたずまいを残すアリスの寝室や遊戯室を案内してくれた。ドジソンがアリスの写真を現像した暗室などはなくなっていたが、アリスが首を伸ばして外を見た場所がそこにあるではないか。私は妙に感動した。

お礼を言って学長の邸宅を辞する時、学長は「ここはアリスとドジソンが使った秘密の出口だよ」と言って、ハイストリートに続く扉を教えてくれた。「ここから博物館は近いからね。昼食後二人はよく博物館にドードー鳥を見に行ったのさ」。

ドジソンがアリス姉妹に夏のボート遊びで、面白おかしく語った話を基に作られた『不思議の国のアリス』は、当時社

テニエルの『アリス』挿絵

会風刺で有名だった『パンチ』誌のジョン・テニエルを挿絵画家に迎えて、不滅の作品となった。DVDではその効果に関して、ドジソン自身の手書き原稿や初版初刷り、初版後刷りなどが示されている。また、ドジソン亡きあと、多くの挿絵画家が刺激されて次々に新たな挿絵を発表しているさまも分かる。わが国でも、例えば山本容子のようにアリスに夢中になった現代画家もいるのである。

『不思議の国のアリス』以降、イギリスの挿絵本はずっと隆盛を続けている。現代の画家たちもみなドジソン＋テニエルの卓抜な芸術に影響を受けていることが分かる。

ペーパーバックの登場と変遷

第4巻「ペーパーバックとカバーデザイン」には驚かされた。ペンギン・ブックスが誕生して75年を経て、誰もこの書籍の形態に慣れてしまっているが、書物史のうえでも、また社会に与えたインパクトの大きさでも、想像を超えているのである。

それなのに、「読んだら捨てる」のが当たり前と考えられたペーパーバック（確かに紙質は悪く、製本は脆弱だった）だっただけに、これを系統的に集める動きはひどく遅かった。イギリスのわが友人が、ペンギン・ブックス・コレクターズ・クラブを設立して30年がたった。ようやくほとんどの初版が蒐集されて、某大学図書館に収蔵されたという。

神田の神保町に行っても、もはや英米のペーパーバック小説を新刊でも中古でも入手することは難しい。本ならなんでもそろうはずの神保町でも不可能になってきた。需要がないのか、ネットで買うからか？

DVDを見ると、衝撃的な事実が紹介される。読者を恐怖に陥れるジョージ・オーウェルの未来社会小説『1984』は、ペンギン初版から60年の間に15以上の異なるカバーデザインで出版されたという。それには作品の問題意識を表紙絵で訴えるものもあり、逆に社会の意識を反映したものもある。どの時代に、誰のために、どういったカバーデザインを用いるかは、出版戦力としてきわめて重要なことが分かる。

すでに数年前に、本務校の研究会では村上春樹の英語訳ペーパーバックのデザインの比較とその効果を扱う卒業論文を

リック・ゲコスキー

提出した女子学生がいた。いま考えれば、書物史や書籍出版史の意義ある主題の取り組みだったことが分かる。

終わりに、解説者の一部をご紹介しよう。中世写本といえば必ず登場するクリストファー・ド・ハメル博士は、25年間サザビーズの中世写本部長として、目録解題に革命を起こしたと評価された。翻訳書に『聖書の歴史図鑑―書物としての聖書の歴史』(川野美也ほか訳、東洋書林、2004)がある。ケンブリッジ大学コーパス・クリスティ学寮のパーカー図書館長として、所蔵のすべての中世写本のデジタル化を行った。

随所に登場するリック・ゲコスキー (Richard Abraham "Rick" Gekoski, 1944-) はアメリカ人である。オクスフォード卒業後ウォリック大学で英文学を講じていたが、趣味の古書収集から販売に転じた変わり者、とはいっても英米ではこの種の物知り古書店主は多い。BBC 4で放送して評判をとったエッセイ集『トールキンのガウン―稀覯本ディーラーが明かす、稀な本、稀な人々』(髙宮利行訳、早川書房、2008)がある。

書物史全般で活躍するデイヴィッド・ピアソン博士 (David Pearson, 1955-) は新刊『本―その歴史と未来』(原田範行訳、ミュージアム図書、2011)で、この DVD と同じく、書籍のデジタル化の行方についても扱っている。

デイヴィッド・ピアソン

(2011年11月)

[2011年BBC制作のドキュメンタリー番組 Beauty of Books『美しき書物の世界』の日本語字幕版(DVD全4巻)は、2011年12月に丸善から出版された。]

おわりに

　本書を通覧された方は、これだけ海外に出ていれば大学教授の本務に影響が出なかったのかと思われたかもしれません。わが国の大学では、研究プロジェクトの重責を担う立場であっても、他の教員と同じように授業のコマ数や教授会出席などで優遇されることはありません。特に退職前の数年間は大学評議員など、より重要な立場になりました。私は講義を休まない、海外出張などで授業ができない場合には、主題に関係するDVDを見せる、図書館ツアーに当てる、また神保町に出かけて古書渉猟というフィールドワーク的な実習？をさせるなど、さまざまな工夫をしました。その結果、1800年以前の手漉き紙には透かし模様（ウォーターマーク）が入っていることを知った学生が、古書店で手にする洋古書のページを照明にかざして店主に不思議がられるといった事態も起きたようです。

　内向きな若者世代が、わが国の将来に不安材料だとして取り沙汰されています。「若いうちは借金してでも旅をせよ」といったのはゲーテだそうですが、私も自分の体験に即してその通りだと思います。一ヶ月、できれば一年以上の留学や卒業後の遊学は、将来を考える大きなきっかけを与えてくれるはずです。海外留学しても帰国後の就職活動にプラスにならないから行かない、という学生諸君の声を聞きますが、そうでしょうか。私の学生時代でも就職は厳しい状況にありましたが、あの頃は機会があれば留学を目指す、という時代でした。

　さて、私が関心をもつ分野ではすでに次のような書物を出版していますので、本書をお読みになった読者がさらに知識を深めたい場合を考えてご紹介しましょう。いずれも若いころの海外経験と無縁ではありません。

リチャード・バーバー著・髙宮利行訳『アーサー王―その歴史と伝説』（東京書籍、1983）

マーク・ジルアード著・髙宮利行・不破有理訳『騎士道とジェントルマン―ヴィクトリア朝社会精神史』（三省堂、1986）

ロッテ・ヘリンガ著・髙宮利行訳『キャクストン印刷の謎―イングランドの印刷事始め』（雄松堂出版、1991）

髙宮利行著『西洋書物学事始め』（青土社、1993）

アリス・チャンドラー著・髙宮利行監訳『中世を夢みた人々―イギリス中世主義の系譜』（研究社、1994）

髙宮利行著『愛書家のケンブリッジ』
（図書出版社、1994）

髙宮利行著『愛書家の年輪』（図書出版社、1994）

髙宮利行著『アーサー王伝説万華鏡』（中央公論社、1995）

ニコラス・バーカー他著・髙宮利行監訳『大英図書館—秘蔵コレクションとその歴史』（ミュージアム図書、1996）

髙宮利行・原田範行著『図説—本と人の歴史事典』（柏書房、1997）

髙宮利行著『グーテンベルクの謎—活字メディアの誕生とその後』（岩波書店、1998）

髙宮利行著『アーサー王物語の魅力—ケルトから漱石へ』（秀文インターナショナル、1999）

スタン・ナイト著・髙宮利行訳『西洋書体の歴史—古典時代からルネサンスへ』（慶應義塾大学出版会、2001）

ウィリアム・ブレイズ著・髙橋勇訳・髙宮利行監修『書物の敵』（八坂書房、2004）

髙宮利行監修『BOOK TV 書物5000年』DVD 全13巻（丸善、2006）

髙宮利行監修『書物5000年II—自然科学書は語る』DVD 全3巻（丸善、2006）

リック・ゲコスキー著・髙宮利行訳『トールキンのガウン—稀覯本ディーラーが明かす、稀な本、稀な人々』（早川書房、2008）

髙宮利行・松田隆美編『中世イギリス文学入門—研究と文献案内』（雄松堂出版、2008）

なおHUMIプロジェクトの貴重書デジタル化の活動については、次の2点に詳述されています。いずれもデジタル書物学の技術的な、そして研究主題の可能性を追究したものとしてお勧めできます。

樫村雅章著『貴重書デジタルアーカイブの実践技法　HUMIプロジェクトの実例に学ぶ』（慶應義塾大学出版会、2010）

安形麻理著『デジタル書物学事始め　グーテンベルク聖書とその周辺』（勉誠出版、2010）

本書の出版にあたっては、多くの方のご協力を得ました。エッセイの転載をお許しくださった雄松堂書店の新田満夫会長、アルファ・クラブ主宰者の木根淵絵美子女史、精力的に編集の手伝いをしてくださった吉岡利之氏、雄松堂書店出版部、写真を提供してくださった相田周一氏、Richard Linenthal氏、HUMIプロジェクトのメンバーたち、とりわけ樫村雅章氏、各図書館に厚くお礼申し上げます。

2012年10月26日

髙宮利行

人 名 索 引

ア行

アダムズ, ハリー (Adams, Harry) 223, 225
アーマー, アンドルー (Armour, Andrew) 63, 125
荒俣宏 22, 68, 69, 177, 242, 243
アンジェリコ, フラ (Angelico, Fra) 117, 119
イーヴリン, ジョン (Evelyn, John) 17, 18
ヴィナーヴァ, ウジェーヌ (Vinaver, Eugène) 96-98, 137, 144
ウェルズ, ゲイブリエル 82, 179
ウォード, ウィンキン・ド (Worde, Wynkyn de) 32, 44, 45
エーコ, ウンベルト (Eco, Umberto) 41, 254, 255
エギー, オットー・F. (Ege, Otto F.) 178, 179, 181
エクレズ, デイヴィッド (Eccles, David) 146
エクレズ, メアリー・ハイド (Eccles, Mary Morley Crapo Hyde) 145-148
エドワーズ, トニー (Edwards, Tony) 154, 178
エラズムス, デジデリウス (Erasmus, Desiderius) 26, 35-38, 57
オッフェンバッカー, エミル (Offenbacher, Emil) 157

カ行

加藤知巳 97

カーター, ジョン (Carter, John) 25, 145
カミーユ, マイケル (Camille, Michael) 155, 204, 205
カリエール, ジャン・クロード (Carrière, Jean-Claude) 254, 255
河井寛次郎 251, 252
紀田順一郎 68-71, 226
キャクストン, ウィリアム (Caxton, William) 32, 44, 45, 77, 96, 120, 121, 127, 136-138, 142, 144, 158, 259, 260
ギャスケル, フィリップ (Gaskell, Philip) 105-107, 188, 189
キンダズリー, デイヴィッド (Kindersley, David) 15, 235, 236
キンダズリー, リーダ (Kindersley, Lida Lopes Cardozo) 15, 234-236
クータ, リチャード (Kuhta, Richard) 18, 35, 37
クランマー, トマス (Cranmer, Thomas) 54-57
グリフィス, ジェレミー (Griffiths, Jeremy) 109-112, 176, 217
グリーン, グレアム (Green, Graham) 12, 239, 240, 243
厨川白村 102-104
厨川文夫 96, 102, 103
ゲイツ, ビル (Gates, Bill) 21, 42
ゲコスキー, リック (Gekoski, Richard Abraham) 12, 239-244, 261, 262
コッカレル, サー・シドニー (Cockerell, Sir Sydney) 15, 113, 207-213, 220, 224

サ行

サール, エドワード(Searle, Edward) 14, 187, 188
サンヴィート, バルトロメオ(Sanvito, Bartolomeo) 113-115, 181-183
シェイラー, バーバラ(Shailor, Barbara) 178, 181, 182
寿岳文章 251, 252
庄司浅水 15, 21
ジョーンズ, テリー(Jones, Terry) 12, 13, 87, 88, 221, 226
ジョンストン, エドワード(Johnston, Edward) 208, 212, 223-225
スコーヤン, マーティン(Schøyen, Martin) 63, 78, 79, 262
スタートン, ジェイムズ(Stourton, James) 161
ズッチー, パトリック(Zutshi, Patrick) 74, 131
スパロウ, ジョン(Sparrow, John) 66, 67, 78, 145
スピエリンク, ニコラス(Spierinck, Nicholas) 36-39
芹沢銈介 251-253

タ行

チョーサー, ジェフリー(Chaucer, Geoffrey) 32, 88, 93, 95, 96, 121, 132, 133, 158, 159, 175, 179, 214-216, 218, 219, 221, 226, 259, 260
デ・ラ・メア, アルビニア・キャサリン(De la Mare, Albinia Catherine) 113, 115, 117, 118, 182
デ・ラ・メア, リチャード(De la Mare, Richard) 224

ドイル, イアン(Doyle, Ian) 49, 217, 219
ド・ハメル, クリストファー(De Hamel, Christopher) 39, 48, 63, 66, 67, 77-85, 116, 130-133, 137, 159, 160, 162, 182, 221, 262
ドライヴァー, マーサ(Driver, Martha) 37, 117

ナ行

ナボコフ, ウラディミール(Nabokov, Vladimirovich) 12, 239, 240, 243
新田満夫 61, 133
野口俊一 96-98

ハ行

バーカー, ニコラス(Barker, Nicolas) 25, 66, 67, 148, 194
パーカー, マシュー(Parker, Matthew) 39, 128
パークス, マルカム(Parkes, Malcolm) 110, 230
ハーディング, ロバート(Harding, Robert) 16-18
パーモア, マイロ(Parmoor, Lord Milo) 99, 100
ピンクハースト, アダム(Pinkhurst, Adam) 214, 217-219
ピンソン, リチャード(Pynson, Richard) 32, 44
フィールド, ピーター(Field, Peter) 97, 110
フォイル, ウィリアム(Foyle, William) 77, 78
フォード, マーガレット(Ford, Margaret) 32, 38, 152

フランクリン, コリン (Franklin, Colin)　63, 67, 224
フリギオ, パウル (Phrygio, Paul)　56, 57
ブルーア, デレク (Brewer, Derek)　15, 67, 88, 95, 96, 235
ブレイク, ノーマン (Blake, Norman Francis)　120-122, 216, 219
ヘリンガ, ロッテ (Hellinga, Lotte)　32, 137
ヘンリー8世 (Henry Ⅷ)　33, 44, 50-55, 57, 95, 128, 142, 204, 245, 258
ホール, デイヴィッド (Hall, David)　16, 67, 72, 187, 225
ホブソン, アンソニー (Hobson, Anthony)　62, 63, 84, 116, 137, 182
ホロビン, サイモン (Horobin, Simon)　109, 112, 122

マ行

マキトリック, デイヴィッド (McKitterick, David)　16, 187
マキトリック, ロザモンド (McKitterick, Rosamond)　221, 227, 228
マスカティン, チャールズ (Muscatine, Charles)　93-95
マックラフラン, ローレンシア (McLachlan, Dame Laurentia)　209-212
マッデン, フレデリック (Madden, Frederic)　150, 171, 172
松原秀一　5, 48

丸谷才一　239, 242, 243
マロリー, トマス (Malory, Thomas)　66, 96-98, 135-137, 232, 233
ミラー, ウィリアム・ヘンリー (Miller, William Henry)　149-151, 244
ムーニー, リン (Mooney, Linne)　214, 216-219
モリス, ウィリアム (Morris, William)　15, 63, 175, 207, 208, 225, 251

ヤ行

八木福次郎　7
柳宗悦　251, 252

ラ行

ライランズ, エンリケタ・オーガスティーナ (Rylands, Enriqueta Augustina)　141, 142, 144
ライランズ, ジョン (Rylands, John)　141
ラスキン, ジョン (Ruskin, John)　174-178, 207, 235
リネンタール, リチャード (Linenthal, Richard)　47, 84, 99, 160, 165, 220
ローゼンバッハ, A. S. W. (Rosenbach, Abraham Simon Wolf)　146, 147, 158
ロバーツ, ジェーン (Roberts, Jane)　229, 230

事　項　索　引

ア行

アーサー王の死（*Le Morte d'Arthur*）　96, 135-137, 144, 232
ウィンチェスター写本（Winchester Manuscript）　66, 135-138
エルズミア写本（Ellesmere Manuscript）　121, 133, 214-217, 219
エドワード・カペル協会　16, 65-67, 165

カ行

クォリッチ書店（Bernard Quaritch Ltd.）　30, 45, 47, 99, 101, 110, 162, 163, 165, 166, 220
グーテンベルク聖書（Gutenberg Bible）　23, 25, 26, 33, 42, 61, 62, 72, 73, 82, 100, 125-128, 133, 136, 138, 143, 163, 179, 209, 256, 258
クラウス書店（H. P. Kraus Rare Books）　100, 179
クリスティーズ（Christie's）　17, 21, 32, 38, 42-44, 77, 147, 148, 152, 153, 155, 162, 193, 243, 244
グロリア・クラブ　191
グロリエ・クラブ　18, 146, 147, 191, 192
慶應愛書家倶楽部　5, 6, 8, 65, 68, 69
ケルムスコット・プレス（Kelmscott Press）　10, 77, 207, 211, 225
ケンブリッジ大学図書館（Cambridge University Library）　4, 72-74, 85, 165, 216, 225

国際ビブリオフィル協会（AIB）　61, 62, 64, 78, 115, 182

サ行

サー・トマス・マロリー著作集（*The Works of Sir Thomas Malory*）　96, 137
サザビーズ（Sotheby's）　21, 22, 37, 48, 62, 63, 66, 77, 84, 85, 100, 137, 162, 173, 182, 222, 249, 262
G. デイヴィッド書店（G. David, Bookseller）　14, 15, 145, 165
静嘉堂文庫　62, 63, 141
西洋をきずいた書物（PMM）　10, 24-27

タ行

大英図書館（British Library）　17, 18, 22, 32, 33, 49-51, 53, 56, 66, 67, 125-128, 131, 135-138, 147, 152, 153, 178, 194, 205, 223, 224, 231, 235, 239, 252, 258
大英博物館（British Museum）　56, 149-151, 171, 172, 176, 207, 208, 212

ハ行

パーカー図書館（Corpus Christi College, Parker Library）　39, 85, 128, 131-133, 262
ピラージュ書店（Phillip J. Pirages Fine Books and Medieval Manuscripts）　81, 227

フィッツウィリアム博物館（Fitzwilliam Museum）　114, 208, 220, 222, 259
フォルジャー・シェイクスピア図書館（Folger Shakespeare Library）　18, 23, 35, 37, 141
HUMIプロジェクト　32, 39, 42, 62, 72, 73, 85, 121, 125-127, 131-136, 138, 143, 152, 204, 221, 255
ベリー聖書（Bury Bible）　39, 85, 128-135, 204, 221
ヘングルット写本（Hengwrt Manuscript）　121, 216-218

マ行

マッグズ書店（Maggs Bros. Ltd.）　16, 18, 35, 37, 80, 258
モホリン（Mauchline）　187-190

ラ行

ライランズ図書館（The John Rylands Library）　141-144

髙宮利行（たかみや　としゆき）

1944年生まれ。中世英文学者、慶應義塾大学名誉教授。ロンドン好古家協会フェロー、シェフィールド大学・グラスゴー大学名誉文学博士。日本中世英語英文学会会長、新チョーサー学会理事、国際アーサー王学会日本支部会長等を歴任。主な著書に『西洋書物学事始め』（青土社、1993）、『グーテンベルクの謎』（岩波書店、1998）、訳書に『キャクストン印刷の謎』（雄松堂出版、1991）、『西洋書体の歴史』（慶應義塾大学出版会、2001）、『トールキンのガウン』（早川書房、2008）など。

本の世界は へんな世界

2012年11月27日　初版発行
2014年 9月26日　第2刷発行

著　者　　髙宮利行
発行者　　新田満夫
発行所　　株式会社 雄松堂書店
　　　　　〒160-0002 東京都新宿区坂町27
　　　　　電話 03-3357-1449

印刷・製本　藤原印刷

© Toshiyuki Takamiya 2012　　ISBN 978-4-8419-0618-9